John-John
ou
la malédiction des Kennedy

Du même auteur
aux Éditions J'ai lu

Citizen Jane, *J'ai lu* 3338
Mick Jagger le scandaleux, *J'ai lu* 3771
Le dernier jour de Diana, *J'ai lu* 5107
Jackie après John, *J'ai lu* 5122

Pour mon père, Edward Andersen

Titre original :
THE DAY JOHN DIED
William Morrow and Company, Inc., New York

Christopher Andersen

John-John
ou
la malédiction des Kennedy

Traduit de l'américain
par Florence Mortimer, Isabelle Deparis
et Julie Guinard

J'ai lu

« Il était dépositaire d'un héritage qu'on lui avait appris à chérir. Il faisait partie de la légende et il savait vivre avec. »

Ted Kennedy
lors de l'éloge funèbre de John

« Si John se révélait être le plus grand président de ce siècle et que ses enfants tournent mal, quelle tragédie. »

Jacqueline Kennedy Onassis

Préface

Où étiez-vous le jour de la mort de John Kennedy ? Pendant trente-cinq ans, il fut inutile d'être plus précis : l'assassinat de JFK a si profondément choqué les Américains nés avant 1960 qu'ils n'ont jamais oublié où ils se trouvaient au moment où ils ont entendu la nouvelle. Il était donc plus que concevable que, le 16 juillet 1999, la nation et le monde plongent à nouveau dans un océan de chagrin quand la chute de l'avion qui transportait John Kennedy Jr., sa femme Carolyn Bessette et sa sœur Lauren provoqua leur mort prématurée.

C'était trop douloureusement familier. Le monde venait à peine de se remettre du choc de la mort de la princesse Diana à la fin de l'été 1997, quand John prit ce vol qui lui serait fatal. Grâce à l'omniprésence des médias qui avaient traqué et Diana et John pratiquement toute leur vie, les gens du monde entier partagèrent le même chagrin : avoir perdu quelqu'un qu'ils avaient l'impression de connaître. Ici, aux États-Unis, la mort de John touchait une corde encore plus sensible parce qu'il représentait la quintessence de l'Américain : nous le considérions comme l'un des nôtres. Son décès soudain, absurde, plus que la disparition récente de toute autre personnalité, nous donna l'impression de perdre un membre de notre famille.

Effectivement, les parallèles entre la princesse britannique de contes de fées et le prince charmant d'Amérique abondent : ils étaient tous deux follement séduisants, incroyablement sains, élégants, énergiques et excitants. Diana et John personnifiaient la jeunesse, la gloire, le sexe, le pouvoir et l'argent – sans parler des rêves et des aspirations de leur génération. Bien que lui soit né célèbre et qu'elle ait acquis la célébrité par le mariage, tous deux assumèrent les pressions de la vie publique et vécurent leurs tragédies personnelles avec une grâce particulière et instinctive. Comme dit James Stewart de Katharine Hepburn dans *Philadelphia Story*, John et Diana, contrairement à tant d'autres, nés dans le luxe et les privilèges, semblaient illuminés de l'intérieur.

Nous étions indiscutablement hypnotisés par leur beauté. Mais ce qui nous impressionnait le plus, c'était leur humanité – et leur désir commun de mener la vie la plus normale possible. Diana était – comme Jacqueline Bouvier Kennedy Onassis avant elle – la reine du style avec un grand S. Et pourtant, elle conduisait elle-même sa voiture pour aller au club de gym, emmenait ses enfants au MacDonald et à Disney World et bafouait la tradition royale en s'amusant ouvertement. John préférait le métro aux limousines, jouait au frisbee à Central Park, faisait la queue au cinéma et, en général, allait travailler en vélo ou en rollers.

Comme Diana, John aimait les gens. Même lorsqu'il était jeune procureur à Manhattan, il souffrait d'envoyer les jeunes délinquants en prison.

« Chaque fois que je dois envoyer un gosse en taule, avait-il confié à un ami, une partie de moi a envie de le ramener à la maison. J'ai souvent l'impression que ce dont tous ces petits criminels ont besoin, c'est d'une mère comme la mienne, d'un travail et d'un suivi thérapeutique pour sortir de la drogue. Mon premier mouvement, c'est de les aider, pas de les punir. »

Il y eut, comme c'était prévisible, les soirées de bienfaisance en smoking, les rubans à couper aux inaugurations et les photos pour soutenir des causes valables : Diana berçant les bébés du crack, consolant des femmes battues, traversant des champs de mines ; John encourageant les participants aux Jeux olympiques des handicapés, siégeant au conseil d'administration de divers organismes de charité et remettant, en compagnie de sa sœur Caroline, à des fonctionnaires – qui avaient nagé à contre-courant politique – les Trophées du courage.

Ce n'est qu'après leur mort à tous les deux que nous avons eu connaissance des actes de générosité qu'ils accomplissaient loin de toute publicité – les visites secrètes aux enfants gravement malades, le temps et l'argent qu'ils leur consacraient, et leur compassion pour les familles et les quartiers subissant la criminalité, la pauvreté et les problèmes de drogue. Peut-être était-ce parce que l'un et l'autre avaient perdu l'un de leurs parents très jeune – la mère de Diana avait abandonné sa famille quand Diana avait six ans et John n'avait pas trois ans lorsque son père fut abattu à Dallas – qu'ils étaient tous deux si sensibles aux souffrances d'autrui.

Leurs manies et leurs échecs les rendirent encore plus émouvants. Le public compatit lorsque Diana révéla publiquement les détails sordides de son mariage désastreux, ses tentatives de suicide, sa boulimie et sa dépression. Quand John échoua deux fois à l'examen d'accès au barreau, lorsqu'il se disputait avec sa future femme dans un jardin public, qu'il échappait aux paparazzi ou se battait pour trouver sa voie dans l'ombre gigantesque de ses parents légendaires, nos vœux l'accompagnaient. Même si les Américains ont toujours considéré John comme le prince héritier de Camelot, il était plus que royal : il était réel.

« Irréel » est le mot qui revient le plus souvent pour qualifier la mort violente et soudaine de Diana à l'âge de trente-six ans. Les mêmes sentiments de choc, de consternation et de chagrin se combinèrent de façon exponentielle lors de l'accident d'avion qui tua John à l'âge de trente-huit ans. Il semblait totalement impossible qu'en l'espace de vingt-deux mois la planète ait pu perdre deux de ses plus précieuses icônes.

Pourtant, il y avait une différence d'importance. Autant Diana paraissait toujours tendue, autant John semblait serein – ce n'était pas la moindre des prouesses pour un membre de ce clan Kennedy maudit par le sort. Contrairement à tant de ses cousins, John n'a versé ni dans la drogue, ni dans l'alcool. Pas plus qu'il n'a eu d'ennuis avec la loi. Il était l'un des célibataires les plus courus de New York ; même ses ex-petites amies n'ont que des choses gentilles à dire sur lui. Et pendant que le comportement grossier et amoral des autres Kennedy faisait la une des journaux, John était universellement reconnu comme un gentleman.

Bien sûr, cela n'était pas dû au hasard. Même si Jackie avait permis à ses enfants de partager l'héritage des Kennedy en les emmenant aux réunions de famille de Hyannis Port, elle s'était donné un mal fou pour protéger John et Caroline de l'influence de la progéniture incontrôlable de tante Ethel. Aussi, lorsqu'elle mourut d'un lymphome en mai 1994, la certitude que les enfants de JFK avaient échappé à la malédiction des Kennedy l'aida à partir apaisée.

Mais Jackie s'était tristement trompée. Les événements du 16 juillet 1999 furent, plus que tout, une véritable tragédie américaine – de celles qui vous brisent le cœur, surtout quand on pense au lien exceptionnel qui unissait John à Caroline et Jackie. Personne n'a vécu ce qu'ils ont vécu, ni ne peut imaginer ce qu'ils ont enduré. Cependant, malgré toute la force et la dignité dont elle a fait preuve durant les mois qui ont suivi l'assassinat de son mari, il ne fait aucun doute que même Jackie, pourtant si résistante, n'aurait pu survivre à ce dernier coup du sort – la mort de son fils unique et chéri.

Comme tant d'autres Kennedy, John semblait béni des dieux. Nous n'aurions donc pas dû être surpris que sa brève et remarquable vie prenne la dimension d'une tragédie grecque. Oui, remarquable – non pas pour ce qu'il a fait, mais pour ce qu'il *était*, pour la place spéciale qu'il occupait dans l'esprit du peuple américain.

Du salut militaire le plus célèbre de toute l'histoire jusqu'à cet accident d'avion qui, par un étrange coup du sort, eut lieu en vue de la propriété maternelle, l'histoire de John est à la fois poignante et évocatrice. Une saga douce-amère faite d'amour, de chagrins, de destin et de promesses non tenues. Voilà pourquoi sa mort si brutale, si impensable et pourtant, rétrospectivement, si inévitable, nous a tous tant émus – et voilà pourquoi personne n'oubliera où il se trouvait et qui il était le jour où John est mort.

1

« Tu sais juste assez piloter pour être dangereux. »

John Perry à son ami

« À la Flight Safety Academy,
Aux hommes les plus courageux du monde de l'aviation, parce que si j'ai un accident d'avion, les gens ne s'intéresseront qu'à une seule chose : savoir où j'ai appris à piloter.

Amicalement, John. »

Inscription de JFK Jr sur la photo donnée à ses instructeurs de vol à Vero Beach en Floride

« John n'avait pas peur d'affronter le danger. En fait, il adorait les défis. C'était sa façon de s'échapper. »

Charlie Townsend, le guide d'escalade de JFK Jr

« Voler est la chose la plus amusante que je fais habillé. »

John

John agrippa fermement les commandes à deux mains pour tenter d'empêcher le minuscule appareil de se retourner dans le vent violent qui soufflait en rafales au-dessus de l'Atlantique.

Deux ans plus tôt, en 1997, ce sont des pilotes chevronnés qui avaient recommandé au jeune homme de ne pas décoller par un temps pareil et il avait, jusque-là, suivi leurs conseils. Mais il avait maintenant beaucoup plus confiance en ses capacités d'aviateur – suffisamment, en tout cas, pour prendre ce risque calculé et survoler Martha's Vineyard.

Dans le lointain, John pouvait distinguer les contours des falaises de calcaire blanches, grises et rouges de Gay Head, qui se découpaient nettement sur le ciel obscurci. Planant comme une mouette, John embrassa du regard Red Farm Gate, la propriété de quatre cent soixante-quatorze acres que leur mère Jacqueline leur avait léguée, à lui et à Caroline. D'un côté se trouvait l'étang de Squibnocket et de l'autre la plage privée qui s'étirait sur plus d'un kilomètre. Entre les deux, il y avait un paysage merveilleux de pins sylvestres, de chênes-lièges, de dunes de sable et de marais.

« C'était un endroit de rêve, baigné de soleil, avait dit un jour George Plimpton, un ami de la famille Kennedy. Il est difficile d'expliquer les sensations que cet endroit provoquait en nous – toutes ces variations de couleurs, l'eau qui étincelait comme des diamants partout où l'on posait les yeux. »

Tout en haut dans le ciel, John était plongé dans la contemplation du domaine quand une brusque bourrasque le tira hors de sa rêverie. Il serra les commandes encore plus fort, mais une deuxième rafale déporta l'appareil sur le côté, puis une troisième, violente comme un coup de massue, le rabattit vers le bas. Il perdit rapidement de l'altitude et piqua droit vers l'océan.

La situation aurait été dramatique si John avait été à bord d'un avion.

Mais, ce week-end du 4 juillet, il s'était envolé à bord de son Buckeye à 14 300 dollars, un genre d'ULM à parachute, ou paramoteur. Un appareil plus que frêle, constitué d'une sorte de kart muni d'une hélice à l'arrière du siège. En vol, l'ensemble est suspendu à une aile de parapente, qui, une fois déployée, maintient l'appareil dans les airs.

« Dès son premier vol, il en maîtrisait le pilotage, c'était naturel chez lui », se remémore Ralph Howard, des industries Buckeye, qui lui avait vendu et appris à piloter son premier ULM, un Falcon 582 à parachute de 13 000 dollars. « John en était littéralement muet d'excitation. »

Une fois revenu au sol, John supplia Howard de le laisser repartir.

« Le coucher de soleil est si beau. Est-ce que je peux refaire un tour ? »

Après avoir emmené son élève plusieurs fois dans les airs, Howard décida que John était prêt à voler en solo. Il n'avait pas besoin d'un papier officiel ; piloter un ULM n'exigeait pas de permis.

De prime abord, les gens du coin « ne savaient pas ce que c'était », rapporte Brenda Hayden qui tenait la sandwicherie où John faisait souvent halte avant de s'envoler. « Ce truc faisait un bruit vraiment bizarre, comme une tondeuse à gazon volante. Mais cette machine devait l'exciter beaucoup car il était toujours dedans. »

Un après-midi de la fin du mois de mai 1999, certaines personnes s'affolèrent en apercevant cette « tondeuse à gazon volante » frôler les lignes haute tension.

« Est-il stupide à ce point-là ? demanda l'une d'entre elles. Il suffit qu'une bourrasque le pousse dans la mauvaise direction pour qu'il soit grillé à point. »

Il n'était pas équipé non plus pour survivre à un plongeon dans les eaux glacées de l'Atlantique. Avec son pantalon, sa chemise et sa casquette au lieu d'une combinaison de plongée, John n'aurait pas survécu longtemps dans cette eau à environ 4 °C.

Pendant que John essayait de redresser son ULM pour pouvoir atterrir, la ligne téléphonique de la police fut encombrée d'appels frénétiques de gens terrifiés à l'idée que le jeune homme dans sa drôle de machine risquait la mort. Au sol, les yeux aigue-marine de Carolyn, écarquillés d'horreur, suivaient l'engin volant de John qui semblait totalement hors de contrôle. À la dernière minute, un courant d'air ascendant stoppa miraculeusement sa chute. Au lieu de s'écraser au sol, il entra en collision avec l'un des arbres chéris de sa mère. Carolyn se précipita vers l'ULM froissé, juste à temps pour voir John, qui clopinait dans sa direction, s'effondrer sur le sol.

« Je vais bien ! cria-t-il. C'est... c'est juste ma cheville. Je crois qu'elle est cassée. »

Carolyn, soulagée mais encore sous le choc, s'agenouilla dans l'herbe, auprès de son mari et secoua la tête.

« Ne me fais plus jamais peur comme ça, soufflat-elle en essuyant une larme sur sa joue. Tu m'entends ? *Plus jamais*. »

2

« Il était dans un super état d'esprit. Il était au meilleur de sa forme. »

Un ami

« S'il te plaît, ne fais pas ça. Il y a déjà eu trop de morts dans la famille. »

Jackie à son fils
lorsqu'elle apprit qu'il prenait
des leçons de pilotage en secret.

15 juillet 1999, un jeudi

Un murmure monta des quarante-neuf mille personnes présentes au Yankee Stadium – non à cause du lancer de Roger Clemens contre les Atlanta Braves, mais parce que, sur l'écran géant Mitsubishi Diamond Vision, venait d'apparaître en gros plan le visage d'un fan. Souriant au-dessus de la foule, flottait le visage bronzé et beau comme celui d'une vedette de cinéma de John F. Kennedy Jr. Des milliers de têtes se tournèrent en vain à la recherche de John, pour le voir en chair et en os. Habitué aux réactions que provoquait souvent sa simple présence, John se rencogna dans son siège près du banc de touche (une faveur du propriétaire de l'équipe des Yankees, George Steinbrenner) et fit passer son Lemon Chill d'une gorgée d'eau minérale.

John, élégant dans sa chemise blanche aux manches retroussées, se levait pour partir avec ses trois amis quand Anthony Hanh, dirigeant d'une entreprise de sécurité de Staten Island, assis à quelques mètres de lui, sauta sur ses pieds et l'aborda.

« Si je n'obtiens pas votre autographe, ma sœur Karen va me tuer. John, ça ne vous dérange pas de m'en signer un ? » demanda-t-il timidement.

Kennedy sourit et gribouilla son nom sur l'un de ces programmes roses que l'on distribuait aux occupants des tribunes privées. Ce fut son dernier autographe.

Puis John empoigna les deux béquilles blanches qui

reposaient contre le siège voisin et entama la difficile ascension des marches qui menaient à la sortie la plus proche. Il y avait six semaines qu'il s'était cassé la cheville en s'écrasant sur Martha's Vineyard avec le Buckeye et l'on venait juste de lui retirer le plâtre inconfortable qui, quelques heures plus tôt, le démangeait. Mais il avait encore besoin de ses deux béquilles pour marcher et il vacillait notablement chaque fois qu'il s'appuyait sur sa jambe blessée.

Assister au match des Yankees contre les Braves ce soir-là valait bien un effort, ne serait-ce que pour oublier d'autres soucis, plus graves. Depuis quelques semaines, John courtisait de nouveaux financiers pour *George*, le magazine politique irrévérencieux qu'il avait créé en 1995. Les cadres dirigeants de Hachette-Filipacchi, le conglomérat d'édition français qui avait financé le magazine dès le commencement, n'étaient plus impressionnés par le fils unique de John et Jackie Kennedy. Après des débuts plutôt fracassants – alimentés en grande partie par la célébrité et le charisme personnel de JFK Jr., les ventes et les recettes publicitaires du magazine avaient chuté. À l'été 1999, Hachette avait perdu 10 millions dans l'aventure et était maintenant prêt à se retirer.

John plaida sa cause, entre autre, auprès des financiers d'Armani Investissements et autres entrepreneurs prêts à prendre des risques – quiconque ayant suffisamment de répondant pour maintenir *George* à flot.

« Je connais les durs à cuire avec qui il devait négocier, écrivit plus tard le journaliste Michael Wolff. Il en a sérieusement bavé. »

Le lundi précédent, John, incapable de piloter à cause de sa fracture à la cheville, avait décollé de Martha's Vineyard pour Toronto – cette fois-ci avec son instructeur de vol –, pour rencontrer Keith Stein et Belinda Stronach, des investisseurs potentiels. Alors qu'ils se dirigeaient tous en voiture vers le Nord, en direction des bureaux de Stein, à Aurora, dans l'Ontario, John était incontestablement optimiste – et curieux. Il passait la tête par la fenêtre de la voiture de Stein.

« [...] En quelque sorte comme un chiot. Il regardait partout, curieux de tout, s'imprégnant de tout. C'était visiblement quelqu'un de réellement intéressé par ce qui l'entourait. Il posait des questions sur à peu près tout. »

Stein, aussi, avait quelques questions à poser. Pourquoi, par exemple, Kennedy venait-il jusqu'au Canada alors que les poches les plus pleines se trouvaient dans sa ville, à New York ? « J'aime opérer, avait répondu John avec malice, hors du champ de détection des radars. »

« Si John s'inquiétait pour le magazine, dit Stein, en tout cas, cela ne se voyait absolument pas. Ce qui m'a frappé, c'est qu'il était le genre de type qui ne se laisse pas atteindre. »

John, qui avait confié à Stein qu'il était venu avec son instructeur de vol parce que sa cheville brisée l'empêchait d'être aux commandes de l'avion, paraissait de plus en plus impatient qu'on lui retire son plâtre.

« Il sautait sur l'autre pied, il ne pouvait vraiment pas s'appuyer sur cette jambe-là, se souvint Stein plus tard. Visiblement, voler le passionnait. »

Effectivement, John ne se plaignait que d'une chose : sa cheville cassée l'empêchait de faire ce qu'il aimait – du roller blade, du vélo et, plus que tout, piloter.

« J'adore les avions depuis que je suis tout petit, expliqua-t-il à ses hôtes canadiens. Et à cause de cette cheville, je ne vais pas pouvoir piloter ce soir pour retourner sur New York. C'est vraiment dommage, j'adore le défi que représente le fait de voler de nuit. En plus, c'est tellement plus beau quand on approche de New York et que l'on regarde toutes les lumières en bas. »

La conversation prit soudain un tour bizarrement plus philosophique.

« Quel âge avez-vous ? demanda Kennedy à Stein.

— Trente-cinq ans. Et vous ?

— Trente-huit, répliqua John, en secouant la tête. Mon Dieu, comme le temps file. »

Puis, ils discutèrent du destin et du fait que « personne ne sait combien de temps il lui reste ».

Kennedy haussa les épaules : « Il ne faut pas s'inquiéter de ce que l'on ne peut pas maîtriser. »

Un peu plus tard, John demanda des nouvelles du charismatique ancien Premier ministre Pierre Trudeau, l'homme politique canadien si souvent comparé au président Kennedy. Lorsque Stein lui apprit que le fils de Trudeau avait récemment trouvé la mort dans une avalanche, l'humeur de John changea du tout au tout.

« Il devint soudain très silencieux. De toute évidence, cette nouvelle l'avait vraiment affecté. »

Quand John invita Leslie Marshall, la femme d'affaires américaine qui avait arrangé cette rencontre avec Stein, à rentrer à New York en avion avec lui, Stein protesta : « Leslie, je vous ai fait venir sur une ligne régulière, et j'aimerais que vous repartiez de la même façon ! » insista-t-il.

« Quelque chose me disait que je ne devais pas la laisser monter dans cet avion, expliqua Stein par la suite. Plus tard, Leslie me demanda pourquoi j'avais été si catégorique. Elle avait trois enfants et l'idée de la laisser voler avec John Kennedy cette nuit-là m'avait angoissé. »

John et son copilote retournèrent à New York sans encombre. Le mardi soir, Kennedy parut d'excellente humeur lors de son apparition à la soirée donnée par une agence de publicité anglaise au cœur de Manhattan. Il ne resta néanmoins que quarante minutes, s'excusant auprès du P-DG de l'agence : il craignait de tomber sur la piste de danse plutôt glissante.

« Ce serait bien ma chance de me casser l'autre cheville alors que l'on doit m'enlever mon plâtre dans quelques jours. »

Le mercredi matin, John et Carolyn reçurent dans le bureau de John le conseil d'administration de la fondation Robin Hood, une association de riches résidents de Manhattan ayant des relations, qui collectait des fonds pour des projets de quartier dans Harlem ou dans le Bronx. Comme très souvent, la conversation roula sur l'avenir politique de John. Avant que la First Lady, Hillary Clinton, n'exprime son intérêt pour le siège de sénateur de New York laissé vacant par Daniel Patrick Moynihan, les leaders démocrates avaient sondé John. À l'insu de ceux qui étaient assis autour de cette table, c'était John, en fait, qui, dès janvier 1997, avait approché la présidente du parti démocrate de l'État de New York, Judith Hope, pour lui annoncer qu'il songeait à se présenter aux sénatoriales de 2000. John, conscient que sa femme, hypersensible, ne supporterait peut-être pas la virulence d'une campagne électorale, ne donna jamais suite.

Même s'il avait trente-huit ans – huit ans de plus que son père, lorsqu'il fut élu pour la première fois au Congrès –, John confia aux membres de la fondation Robin Hood qu'il ne se sentait pas tout à fait prêt à se lancer. En outre, quand il se déciderait, il chercherait probablement à obtenir un poste dans la branche exécutive plutôt qu'au Congrès ; il avança qu'il préférerait être gouverneur – vraisemblablement de New York – plutôt que sénateur.

Mais pour le moment, se hâta-il d'insister, il consacrait toute son énergie à *George*.

« J'aime les choses comme elles sont actuellement, affirma-t-il tandis que le visage de sa femme de trente-trois ans s'illuminait. J'adore ma vie. »

Cet après-midi-là, John et sa femme se retrouvèrent à nouveau avec Lauren, la sœur de Carolyn, cette fois-ci pour déjeuner au Cafe M de l'hôtel Stanhope. Alors qu'ils dégustaient du bar et du saumon, le trio évoqua le futur mariage de la cousine de John, Rory Kennedy, à Hyannis Port. Quelques mois plus tôt, John avait échangé son Cessna monomoteur pour un Piper Saratoga, un appareil plus luxueusement aménagé, et il était impatient de montrer aux sœurs Bessette comme il le manœuvrait bien. Ils prirent la décision de voler jusqu'à Cape Cod le vendredi suivant après le travail, déposer Lauren à Martha's Vineyard avant de faire un saut jusqu'à Hyannis.

Selon un convive assis à portée de voix, Carolyn semblait clairement peu disposée à voler avec son mari et John avait réclamé l'aide de Lauren pour la convaincre.

« Allez ! s'était exclamée Lauren, trente-quatre ans, sur un ton faussement grondeur en s'adressant à sa petite sœur, cela va être amusant. »

Mais Carolyn n'était pas entièrement convaincue. Même avant son accident à Vineyard, elle nourrissait de sérieuses réserves à propos des vols de John. Exactement comme Jackie avait interdit à son fils de prendre des leçons de pilotage, Carolyn ne cessa d'essayer de le convaincre d'abandonner l'idée de passer son brevet de pilote.

Vu le bilan de la famille Kennedy quand il s'agissait de voler, il y avait amplement de quoi s'inquiéter. Joseph P. Kennedy Jr, l'oncle de John et le fils aîné de Joseph P. Kennedy, fut tué lors de l'explosion de son bombardier, au-dessus de la Manche, pendant la Seconde Guerre mondiale. Quatre ans plus tard, en 1948, la tante de John, Kathleen « Kit » Kennedy Hartington, partit de Paris pour rejoindre Cannes par avion, avec son amant, Earl Fitzwilliams : leur appareil s'écrasa dans les Cévennes, ne laissant aucun survivant.

En 1964, une nouvelle tragédie s'abattit sur la famille quand l'un des oncles de John, Edward Kennedy, insista malgré le mauvais temps, pour rejoindre en avion Springfield. Il devait y accepter sa nomination par les démocrates pour une deuxième élection au siège de sénateur.

Le petit avion dans lequel il se trouvait s'écrasa dans un verger. Le pilote et l'assistant de Ted furent tués. Le dos de Ted fut brisé dans l'accident.

« Quelqu'un là-haut ne nous aime pas », déclara Robert F. Kennedy, prophétique, à Jackie, quand il arriva à l'hôpital.

Sa femme, Ethel, avait perdu ses deux parents dans un accident d'avion en 1955 ; son frère George Shakel Jr. mourut dans un accident d'avion en 1966. Sept ans plus tard, le fils unique d'Aristote Onassis, donc quasiment le demi-frère de John, périt lui aussi dans un accident peu après le décollage de son appareil.

Quatre jours seulement après que John eut commencé ses leçons de pilotage en Floride, en décembre 1997, son cousin Michael se tua en jouant à un jeu idiot, du football à skis. Dès lors, Ted se joignit à Carolyn pour supplier John d'abandonner l'école de pilotage. Ils obtinrent gain de cause. Momentanément. Car il y retourna quelques semaines plus tard.

Pour John, voler était davantage qu'un passe-temps, qu'un hobby, c'était une façon de s'échapper.

« Lorsqu'il était sur un vol commercial, les autres passagers lui posaient des questions, lui demandaient des autographes, évoquaient des souvenirs, raconte Arthur Schlesinger, un vieil ami de la famille Kennedy. John comprenait bien que ce n'était pas méchant et il ne supportait pas d'être impoli, mais l'intérêt bienveillant du public lui pesait. Une fois qu'il obtint son brevet de pilote, il parut libéré ; libre de voyager où il voulait sans perte superflue de temps ou d'énergie. »

Le camarade d'université de John, Richard Wiese, confirme encore plus simplement : « Vous savez, il était seul là-haut, seul avec lui-même, loin de tout le monde et cela lui donnait une sensation de liberté. »

Et, comme ajoute le vieil ami de John, John Perry Barlow : « Il voulait juste éviter aux autres passagers tous ces torticolis qu'ils attrapaient à force de se tourner et se retourner pour essayer de le voir le mieux possible. »

Tout le monde ne partageait pas l'enthousiasme du jeune Kennedy pour l'aviation de tourisme – en tout cas, pas avec lui aux commandes. Après avoir obtenu son brevet en avril 1998, John plaisantait souvent et ouvertement à propos des membres de sa famille et de ses amis qui refusaient purement et simplement de monter dans son avion. Son oncle Ted, se rappelant à quel point Jackie avait peur pour son fils, déclinait non seulement chacune des invitations de son neveu, mais tentait aussi de le convaincre d'abandonner cette passion, chaque fois que l'occasion s'en présentait.

Tout comme le fit l'ancien champion du monde poids lourd, Mike Tyson, avec lequel John, fan de boxe, avait réussi à établir une curieuse amitié au cours de ses recherches pour un article dans *George*. En mars 1999, John se rendit en avion, accompagné de son instructeur, jusque dans le Maryland où Tyson purgeait une peine de prison d'un an, au centre de détention du comté, pour avoir agressé deux automobilistes.

« Tu es dingue de voler, dit Tyson à John, de l'autre côté de la vitre en Plexiglas.

— Tu ne sais pas ce que c'est d'être là-haut, tout seul, essaya d'expliquer John. Tu ne peux pas imaginer cette sensation. »

John n'ignorait pas que Tyson avait échappé de peu à la mort, en 1997, après un accident de moto qui lui avait valu une fracture de la colonne vertébrale et une perforation du poumon.

« Et toi, pourquoi tu ne laisses pas tomber la moto ? »

Mais Tyson riposta :

« Ce n'est pas pareil. Voler dans un petit avion, c'est idiot. Il n'y a pas assez de métal là-haut, pour moi. Je préfère être mis K.-O. sur le ring que de me retrouver dans un de ces petits monomoteurs en bois et papier d'alu. »

John éclata de rire, mais Mike lui demanda de lui faire une promesse.

« J'ai dit à ma femme et à mes enfants de ne jamais voyager dans l'un de ces petits coucous. John, si jamais tu montes dans un de ces trucs, jure-moi de n'emmener personne que tu aimes avec toi. »

John ignora le conseil de son ami.

« La seule personne que j'aie réussi à emmener avec moi, qui aime ça autant que moi, c'est ma femme, raconta John à un écrivain. Dès que cela a été possible, elle m'a accompagné. Maintenant, chaque fois que nous avons envie de nous en aller, on prend l'avion et l'on s'envole. »

Carolyn avait déjà volé avec John, mais elle était loin d'être enthousiaste. Bien qu'il semblât être un pilote consciencieux, déterminé à ne pas prendre de risques inutiles, Carolyn savait combien son mari aimait pousser la machine.

« Il avait besoin de tester ses limites, un peu comme son père, rapporte Douglas Brinkley qui travaillait avec John à *George*. Sur un bateau, il voulait se retrouver à la proue, le visage au vent. »

Carolyn avait entendu de nombreuses histoires. Comme celle où, des années plus tôt, en Californie, un groupe d'amis avait regardé John partir de la côte à la nage et... disparaître. Les compagnons de John, horrifiés, commencèrent à paniquer quand, selon les mots exacts de l'un d'entre eux, « il réapparut brusquement ». Lorsqu'il partait faire des raids en kayak avec des amis, il s'en allait seul, parfois pendant des jours, puis réapparaissait soudain au camp de base – épuisé et euphorique.

« À plusieurs reprises, nous nous sommes retrouvés, lui et moi, dans des situations difficiles, raconte Billy Straus, un ami de JFK, et il s'en est toujours sorti. »

Si souvent, en fait, que la plupart de ses amis reconnaissent que John – bien que moins insouciant que ses cousins Kennedy – aimait vivre dangereusement.

« John était un casse-cou, reconnaît John Whitehead, un ami de la famille Kennedy. Il avait une grande confiance en ses capacités de se tirer de n'importe quelle difficulté. »

Effectivement, à peine quelques jours avant qu'il ne se brise la cheville, John se trouvait dans le Dakota Sud et avait demandé l'autorisation de descendre en rappel les mille huit cents mètres du mont Rushmore. Elle lui fut refusée. Les quelques copains qui accompagnaient discrètement John dans ses aventures ne doutaient pas que, quel que soit le défi, il l'emporterait. Ils avaient surnommé John le « Maître du Désastre ».

Cependant, Carolyn avait des doutes. Même si elle était déjà montée avec John dans un ULM et qu'elle eût voyagé avec lui à de nombreuses reprises à bord du Cessna, elle n'avait embarqué dans le nouveau Piper Saratoga qu'une seule fois – deux semaines plus tôt, lorsqu'ils s'étaient rendus à Martha's Vineyard pour le 4 juillet – et un instructeur était alors présent dans la cabine de pilotage.

En fait, cet été-là, ils avaient pratiquement passé tous les week-ends à Vineyard.

John était un familier du hangar de l'aéroport ; il prenait visiblement grand plaisir à simplement y admirer son nouveau coucou.

« Tu sais comment c'est quand on a une nouvelle voiture ? Eh bien, il époussetait les grains de poussière sur le fuselage », se rappelle Arthur Marx qui commença à donner à John des leçons de pilotage dès 1988.

Le week-end précédent, John et Carolyn recevaient à Vineyard leur vieille amie, Christiane Amanpour, correspondante de CNN, et son mari, James Rubin, le porte-parole du ministère des Affaires étrangères. L'instructeur de John était, cette fois-ci, dans le cockpit.

Même avec un professionnel à bord, Carolyn préférait souvent payer une place sur un vol régulier ou faire le trajet, de cinq heures, en voiture jusqu'à Hyannis, puis prendre le ferry pour rejoindre l'île. Joan Ford, qui travaillait au café de l'aéroport de Vineyard, servit une bonne demi-douzaine de fois une soupe de palourdes et un café au couple. Ils arrivaient et repartaient toujours séparément, remarqua-t-elle. Une fois, alors qu'elle attendait John, Carolyn confia à Joan Ford pourquoi elle ne voulait pas voler avec son mari : « Je ne lui fais pas confiance. »

Les craintes de Carolyn étaient moins dues au penchant supposé de John pour le danger qu'à – il le reconnaissait lui-même – sa distraction chronique. John avait l'habitude d'égarer ses affaires – son portefeuille, ses gants, ses cartes de crédit. Rien qu'au cours des dix-huit derniers mois, John avait perdu trois fois sa carte American Express. Et bien qu'il accrochât ses clefs à une chaîne rattachée à sa ceinture, il se débrouillait pour les perdre régulièrement.

Cela arrivait si souvent qu'il dissimula un trousseau de secours de son appartement du 20, North Moore Street quelque part sous le porche de son immeuble.

Pour Carolyn, qui était presque aussi méticuleuse que sa fameuse belle-mère, ce manque d'attention aux détails était particulièrement perturbant.

« Nous passons des heures chaque jour à chercher ses affaires, se plaignit Carolyn à une amie. Cela me rend folle. »

Pourtant, la jeune femme était prête à céder. Tant qu'un moniteur se trouvait à bord, elle semblait toujours heureuse de voler avec son mari aux commandes. Jay Biederman, l'instructeur de vol qui avait récemment aidé John à réussir son examen écrit sur les instruments et le préparait à son examen pratique, devait en fait les accompagner à Martha's Vineyard ce week-end-là. Mais, une semaine plus tôt, Biederman annula pour conduire ses parents en Suisse.

JFK Jr aurait eu largement le temps de trouver un remplaçant à Biederman et de demander à bon nombre d'instructeurs qualifiés de les escorter, mais il décida de piloter seul son avion. Il n'avait pas d'instruments d'évaluation, mais si le temps était clément, John pourrait voler à vue. Cela signifiait qu'il pouvait prendre la route qu'il voulait pour rejoindre Martha's Vineyard sans déposer de plan de vol – tant que, bien sûr, il pouvait voir où il allait.

*

* *

John passa le reste du mercredi après-midi dans un bureau, au quarante et unième étage du Paramount Plaza, mais il revint au Stanhope Hotel à 20 heures et prit la chambre 1511. Sautillant sur ses béquilles devant la réception, John révéla au directeur adjoint pourquoi il ne passait pas la nuit dans son loft de TriBeCa à 2 millions de dollars. « Ma femme, précisa-t-il avec un clin d'œil, m'a fichu dehors. »

En vérité, l'ambiance, ces derniers temps, était plutôt houleuse chez les Kennedy-Bessette. John et Carolyn avaient l'un et l'autre besoin de prendre un peu d'air. Ce fut avec la bénédiction de Carolyn que John emporta ses projets financiers et ses maquettes de magazine au Stanhope où il pouvait, sans être dérangé, accorder toute son attention au destin de *George*. Le choix de cet hôtel était logique : depuis les débuts de *George*, le magazine avait un compte au Stanhope et les interviews comme les séances photos et les conférences de rédaction s'y tenaient fréquemment. Avant même de se lancer dans la presse, John avait toujours considéré le Stanhope, situé sur la Cinquième Avenue, juste en face du Metropolitan Museum of Art et à quelques pas de l'immeuble où avait vécu et était morte sa mère Jacqueline, comme une sorte de sanctuaire. Quand le service d'étage lui monta, une heure plus tard, un club-sandwich et de l'eau minérale, John était encore plongé dans les rapports financiers – des maquettes de couverture représentant Harrison Ford jonchaient le sol.

Peu de temps après, une brune élancée du nom de Julie Baker frappa à la porte de la chambre. John était sorti avec ce mannequin aux longues jambes, spécialisée dans la lingerie, au début des années 1990. Et, même après leur rupture, en 1994, elle était restée l'une de ses confidentes les plus proches. C'était vers cette femme de trente-sept ans qu'il se tournait le plus souvent en temps de crise. Officiellement, il avait invité « Jules » comme il l'appelait affectueusement à le rejoindre dans sa chambre d'hôtel pour regarder une vidéo. Mais, depuis qu'il était marié avec Carolyn, Julie Baker savait parfaitement ce que cela signifiait réellement.

« Ce n'est pas sexuel, expliqua-t-elle à une amie. Il a juste besoin de parler à quelqu'un. Nous avons toujours été présents l'un pour l'autre. »

Comme il l'avait déjà si souvent fait par le passé, John s'épancha auprès de Julie – cette fois à propos des tensions dans son couple et de la mauvaise posture financière de son magazine. Julie Baker le quitta peu avant minuit, mais seulement après avoir promis de revenir le lendemain matin pour le petit déjeuner.

Le jeudi, le *New York Post* rapporta que le monde de la presse bruissait de rumeurs : Hachette-Filipacchi était sur le point de couper les vivres à *George*. Mais John était de bonne humeur. Ne serait-ce que parce c'était le jour où les médecins du Lenox Hill Hospital avaient prévu de retirer son plâtre.

À 8 heures du matin, John entra dans le Cafe M du Stanhope et se glissa sur une banquette en coin dans le fond du restaurant. Dix minutes plus tard, Julie Baker le rejoignit, s'asseyant stratégiquement dos aux autres clients. En dégustant des pancakes et des œufs Bénédicte, John et « Jules » reprirent la conversation là où ils l'avaient laissée la veille. À un moment, elle avança la main et toucha tendrement la sienne : « Tout va s'arranger, fit-elle, rassurante. Allez, va te faire enlever ce plâtre. »

Peu après 10 h 30, John, habillé d'un tee-shirt blanc, d'un pantalon en gabardine et d'un béret noir, retourna dans son appartement du 20, North Moore Street. Il était toujours sur béquilles, mais son plâtre avait été remplacé par un bandage bleu ciel protégé par une botte en caoutchouc découpée sur les orteils. Il monta revêtir un costume d'homme d'affaires bleu nuit, ôta le bandage et parvint, Dieu sait comment, à enfiler une paire de chaussures vernies noires.

Lorsqu'il réapparut deux heures plus tard, John se servait encore de ses béquilles et dut se faire aider par le chauffeur de la Lincoln qui l'attendait.

« Il faisait une grimace chaque fois qu'il s'appuyait sur son pied, raconte un voisin. Visiblement, il souffrait encore beaucoup et il lui fallut un bon moment pour s'installer confortablement sur la banquette arrière de la voiture. »

Peu de temps avant 13 heures, le silence se fit dans le San Domenico bondé, le restaurant à l'auvent rouge vif de Central Park South où John venait souvent. Ses lunettes de soleil sur le nez et se déplaçant rapidement malgré ses béquilles, John fut conduit à sa table habituelle au fond de la salle. Il dit bonjour d'un signe de la main à son amie de longue date, la journaliste d'ABC, Diane Sawyer, et déjeuna seul d'un plat de spaghettis à la tomate et au basilic, suivi d'un bar grillé. Un ami de Maurice Tempelsman, l'homme qui avait partagé les quinze dernières années de la vie de Jackie Kennedy Onassis, se pencha vers les gens avec qui il déjeunait et murmura : « L'idée qu'il pilote son avion inquiète Maurice. Il a peur que John ne soit trop... »

En vérité, Tempelsman honorait la promesse qu'il avait faite à Jackie sur son lit de mort : prendre soin de ses enfants. Le riche diamantaire avait aidé Jackie à faire fructifier les 26 millions de dollars qu'elle avait hérités de son dernier mari Aristote Onassis en une fortune de plus de 100 millions de dollars. Continuant à suivre les conseils financiers avisés de Tempelsman après la mort de leur mère en mai 1994, John et Caroline virent leur héritage doubler. À l'été 1999, c'est chacun d'eux qui pesait plus de 100 millions de dollars.

Cependant, malgré son sens aigu des affaires, Maurice se sentait impuissant à protéger JFK Jr de lui-même. Depuis la menace d'assassinat qui avait suivi son mariage avec Aristote Onassis, Jackie avait mis un point d'honneur à accepter, à encourager même les instincts aventuriers de John. Qu'il fasse de la plongée sous-marine, du ski, de l'escalade, du roller, qu'il joue au football ou qu'il slalome en vélo entre les voitures à Manhattan, Jackie était manifestement fière de son intrépide athlète de fils. Elle ne protesta même pas quand il disparut dans la nature pendant plusieurs jours.

Mais voler, c'était une autre histoire. Elle interdit à John de passer son brevet de pilote et, sur son lit de mort, elle fit promettre à Maurice qu'il découragerait John de continuer à voler. Elle ne voulait pas alarmer son fils, mais elle confia à Maurice la raison principale de son inquiétude : durant les dernières années de sa vie, Jackie avait eu la prémonition récurrente que John allait mourir aux commandes de son propre appareil. Elle supplia Maurice de faire tout ce qui était en son pouvoir pour empêcher John de devenir pilote.

Par respect pour les sentiments de sa mère, John avait mis de côté son rêve de devenir pilote tant qu'elle était en vie. Mais maintenant, ni Maurice, ni son oncle Ted ne pouvaient le convaincre de laisser tomber, et Caroline avait depuis longtemps abandonné l'idée d'influencer ce frère si têtu.

« John refuse d'écouter, confia un Tempelsman frustré à un ami. Sa mère aurait été hystérique. Mais je ne vois pas ce que je peux faire de plus... »

Plus tard dans l'après-midi, John se rendit au Palestra, la salle de gym très chic de la 67th Street que possédait son ami Pat Manocchia. Sans se laisser décourager par sa blessure à la cheville, John passa les deux heures suivantes à travailler son torse et ses bras sur un appareil de musculation. Un autre membre du club aperçut John qui descendait d'une des machines « tressaillir à l'instant où il posait le pied gauche par terre. Un peu plus tard, je le vis sautiller jusqu'aux douches ».

Après le match des Yankee, ce soir-là, John retourna à North Moore Street pour passer un peu de temps avec Carolyn. Il revint au Stanhope à 2 heures du matin.

*
* *

Le lendemain matin, John pénétra en boitant dans le restaurant du Stanhope vers 9 heures, grimaça en allongeant sa jambe et commanda pour le petit déjeuner des fraises, un jus d'orange et des céréales. Une heure plus tard, il rencontrait, au Paramount Plaza, Jack Kliger, le nouveau président de Hachette. Ils se mirent d'accord sur le fait qu'il manquait à *George* « un plan de financement et de gestion bien pensé » depuis le début.

« Essayons de voir comment avancer », dit Kliger.

John, soulagé d'apprendre que son magazine venait de gagner un sursis, acquiesça. Kliger trouva que Kennedy paraissait « plutôt optimiste », quant à l'avenir, lorsqu'il le quitta. « Nous sommes tous deux sortis de cette réunion contents de nous », rapporte Kliger.

Un autre ami, avec qui John a parlé ce jour-là, confirme : « Il était très en forme. Au meilleur de lui-même. »

Kennedy repassa par le Stanhope récupérer ses papiers ; il serra la main de l'homme qui lui avait donné sa chambre.

« On se reverra la prochaine fois que votre femme vous jettera dehors », plaisanta le directeur-adjoint de l'hôtel.

John sourit, puis, avec quelques difficultés, se déplaça jusqu'à la Lincoln qui l'attendait, avant de se rendre compte qu'il avait oublié de payer. Lentement, il sortit à grand-peine de la voiture, boita jusqu'à la réception et régla. Dix minutes plus tard, la voiture déposa John devant le Trionfo Ristorante sur la 51st Street où il déjeuna, la jambe allongée sur une chaise, avec plusieurs de ses journalistes.

Déterminé à travailler tard en ce vendredi après-midi, John embraya, après son déjeuner, sur une flopée de conversations téléphoniques, conférences de rédaction et autres réunions. À l'origine, il avait prévu de dîner à Nantucket avec son ami Billy Noonan, mais comme il avait été décidé de déposer Lauren Bessette à Martha's Vineyard, il téléphona à Noonan pour annuler. Lorsque le bureau de Janet Reno, l'Attorney General, appela pour dire qu'elle était d'accord pour être interviewée par John pour le numéro d'automne de *George* sur les femmes et la politique, ses collègues remarquèrent qu'il était maintenant capable de se déplacer dans les bureaux avec une simple canne.

Quoi qu'il en soit, à 16 heures, la plupart de ceux qui travaillaient dans la presse new-yorkaise étaient partis en week-end depuis longtemps quand John envoya un e-mail à son ami John Perry Barlow pour le consoler de la mort de sa mère. Comme John, Barlow était auprès de sa mère lors de son dernier souffle. « Je n'oublierai jamais ce moment, macabre entre tous..., écrivit John. Essayons de passer du temps ensemble cet été pour en discuter. »

Barlow n'allait avoir connaissance de cet e-mail que le lendemain et il aurait l'impression de lire « un message d'outre-tombe ».

Peu après 17 heures, John joignit Sterling Lord, l'agent littéraire, pour lui annoncer que *George* n'allait pas publier un poème inédit de Jack Kerouac. « Je suis désolé, s'excusa John, mais j'ai bien peur que ce ne soit vraiment trop littéraire pour nous. »

Lord était surpris que John ait pris la peine de l'appeler. « J'ai eu l'impression, lui dit-il, que nous étions les deux seules personnes de cette ville à travailler encore. »

Après avoir conversé avec Sterling Lord, John donna un dernier coup de fil. À sa sœur Caroline, sur son téléphone portable. Elle s'apprêtait à partir faire du rafting dans l'Idaho avec son mari, Edward Schlossberg, et leurs trois enfants, Rose, Tatiana et Jack. John, qui savait combien ses nièces et son neveu attendaient avec impatience ce raid en pleine nature, pressa sa sœur de ne pas annuler ses projets. Parce que sa mère avait toujours tenu à ce que sa famille soit présente à toutes les réunions importantes du clan Kennedy, John et son épouse représenteraient leur famille au mariage de Rory Kennedy.

Depuis la mort de leur mère cinq ans auparavant, les liens qui unissaient le frère et la sœur étaient plus forts que jamais. « C'est ma sœur aînée, vous savez, avait un jour confié John. Nous sommes très proches. Comme tout petit frère, je la respecte et je l'admire. »

« Caroline s'inquiétait beaucoup pour lui, rapporte un ami de la famille. Un peu comme si elle avait pris la relève de Jackie, elle lui disait de faire attention, de ne pas prendre de risques. Mais Jackie n'était pas du genre étouffant. Et Caroline non plus. »

Quand John apprit à sa sœur son intention de piloter son nouvel avion jusqu'à Martha's Vineyard, puis Hyannis Port, Caroline ne tenta pas de le faire changer d'avis.

« Bon, mais fais attention, fit-elle à son frère.

— Ne t'inquiète pas, la rassura John. Je ne prendrai pas de risque. J'ai l'intention de vivre très vieux. »

Puis il se tourna vers son ordinateur et se connecta avec www.weathertap.com pour s'informer des conditions climatiques sur Martha's Vineyard et la région alentour. « Pas de conditions défavorables, disait le bulletin météo. Visibilité de neuf à douze kilomètres. » Ni nuages ni brouillard, et des vents légers.

Quelques immeubles plus loin, dans les studios de la NBC à Manhattan, un autre pilote qui allait plus ou moins emprunter la même route que Kennedy pour rejoindre Nantucket consulta le même site Internet et lut les mêmes informations. Le reporter de la NBC, Bob Arnot, qui était resté au bureau plus tard que d'habitude pour écrire un article pour *Dateline*, alla plus loin et téléphona deux fois aux services de vol de la Federal Aviation Administration.

« On me dit que j'allais bénéficier d'une visibilité de douze à quinze kilomètres, se souvient Arnot à qui l'on assura l'absence de tout brouillard ce soir-là dans la région. "Pas de conditions défavorables, m'a-t-on dit avec emphase. Passez un bon week-end." »

Mais ce qu'ignorait John, c'est qu'aucun être humain n'avait, ce jour-là, vérifié la météo du ciel de Martha's Vineyard. Les données sur la visibilité venaient d'un nouveau système automatique d'observation de la FAA – une sorte d'œil électronique que l'agence avait installé pour économiser de la main-d'œuvre et de l'argent. Mais au lieu de balayer les cieux, l'appareil est pointé vers le haut, ne permettant donc d'analyser que l'espace situé directement au-dessus de lui.

« Cela n'observe qu'une toute petite portion du ciel », expliqua Kyle Bailey, un autre pilote qui avait prévu de décoller du Essex County Airport cette nuit-là. « Si un brouillard épais recouvre toute la région autour de la machine, mais qu'au-dessus d'elle, il y ait une trouée de ciel bleu, alors elle rapportera que toute la région bénéficie d'un ciel clair et d'une visibilité parfaite. Aucun pilote n'aime ces appareils. Ils sont pires qu'inutiles, ils sont dangereux, car ils peuvent vous donner un sentiment de fausse sécurité. »

Tandis que John lisait le bulletin météo – et recevait de fausses informations –, Carolyn était occupée à régler les détails de dernière minute. Leur chien, Friday, un fringant Canaan noir et blanc que John avait acheté quatre ans plus tôt pour cinq cents dollars à une éleveuse d'Illinois, Donna Dodson, fut déposé chez des amis pour le week-end.

C'était aussi bien : Friday détestait voler. Au mieux, le chien des Kennedy était tendu ; il devait être traîné jusque dans l'avion et, une fois à bord, il était difficile à contrôler.

« On savait toujours quand ils emmenaient le chien, raconte un pilote qui faisait la ligne de Martha's Vineyard. Il aboyait furieusement du moment où ils sortaient de la voiture jusqu'à ce que John le prenne dans ses bras et le mette dans l'avion. Chaque fois que je voyais ce chien monter dans le coucou, je savais qu'un instructeur accompagnait John. Je ne pense pas qu'il aurait pu gérer son chien et piloter seul en même temps. »

Peu de temps après 16 heures, Carolyn se rendit chez Saks sur la Cinquième Avenue afin d'acheter une robe pour le mariage de Rory. Alors qu'elle déambulait avec une amie dans les allées du rayon des créateurs au troisième étage du grand magasin, Carolyn confia à une vendeuse qu'elle « n'avait pas très envie » de voler avec John et Lauren le soir même.

« Il vient juste de se faire retirer son plâtre et je ne sais pas s'il peut déjà piloter. »

Carolyn essaya une tenue Armani avant de se décider pour une robe de cocktail bustier en crêpe de soie noire de la ligne Rive gauche, créée par Albert Elbaz pour la collection d'automne de Yves Saint-Laurent. Alors qu'elle s'en allait, après avoir payé avec sa carte de crédit cette robe à 1 639 dollars, la vendeuse lui souhaita bonne chance pour le vol de la soirée. « Merci, répondit Carolyn. Je vais en avoir besoin. »

Une heure plus tard, elle était de retour dans leur loft dépouillé du 20 North Moore Street pour préparer ses bagages. Aux environs de 18 h 30, la femme de John monta dans une Lincoln noire pour un trajet de quarante-cinq minutes en direction du Essex County Airport à Fairfield.

Après leur mariage, ils avaient vécu à TriBeCa, un quartier décidément en transition, où les stars et les nababs du cinéma longeaient des entrepôts abandonnés et des immeubles miteux pour se rendre dans leurs appartements à plusieurs millions de dollars. Mais au bout de quelque temps, Carolyn et John confièrent à leurs amis qu'ils en avaient marre du bruit, de la pollution et – surtout – du harcèlement constant des médias.

Bien sûr, John connaissait la vie dans l'aquarium des médias. Cela faisait longtemps qu'il avait accepté la place qu'il occupait dans la conscience collective de ses compatriotes ; plus que toute autre célébrité de sa stature, il gérait les intrusions constantes dans son intimité avec une grâce peu commune.

En revanche, Carolyn, qui avait grandi dans les hôtels particuliers et les country club de Greenwich, n'était pas préparée à assumer les flashes aveuglants et la tempête des unes des tabloïds. Pourtant, en dépit de l'insatiabilité des journalistes, Carolyn restait, quelles que soient les circonstances, aussi pleine d'entrain que belle.

« Elle était fabuleuse dans beaucoup de domaines, avait raconté un ancien petit ami, mais elle était également infernale à vivre. Il était difficile de s'y retrouver, avec les changements d'humeur de Carolyn. Je lui souhaite bonne chance. »

Même avant leur union, qui eut lieu en 1996, le couple avait été filmé en vidéo en train de se disputer férocement dans Washington Square Park à New York, puis de se réconcilier dans les larmes. Et après leur mariage de conte de fées dans cette minuscule chapelle de Georgie – l'un des secrets les mieux gardés de la décennie –, John et Carolyn continuèrent à se disputer en public. Corroborant les rumeurs de tensions dans leur couple, Mme John F. Kennedy était avare de ses sourires – même lors de soirées caritatives alors que, à son côté, son mari les distribuait généreusement aux photographes. Tout comme pour la princesse Diana – dont le langage du corps laissait peu de doutes sur l'état de son mariage –, le comportement glacial de Carolyn signalait des problèmes dans le couple Kennedy-Bessette.

En 1999, les Kennedy avaient atteint un moment crucial de leur relation. John racontait à ses amis que, depuis des mois, Carolyn, malheureuse malgré les antidépresseurs qui lui avaient été prescrits, refusait tout simplement de coucher avec lui. Frustré et désorienté, le couple avait commencé à consulter un conseiller conjugal en mars.

Au cours de ce printemps-là, John et Carolyn parurent faire beaucoup d'efforts pour sauver leur mariage. Leur plus grand différend, semblait-il, était de déterminer quand et comment fonder une famille. John voulait des enfants presque tout de suite. S'ils avaient un fils, étaient-ils convenus, ils le prénommeraient Flynn plutôt que de lui coller le fardeau d'être JFK III. Mais Carolyn craignait l'inévitable frénésie des tabloïds et son effet éventuel sur un enfant.

« Elle avait toujours été abasourdie par la capacité de John, non seulement de survivre, mais d'apprécier sa vie en dépit de son manque d'intimité, raconte John Perry Barlow. C'était quelque chose qu'il avait subi toute sa vie, mais pour elle, c'était tout nouveau et, on le comprend, effrayant. Elle pouvait seulement imaginer que cela deviendrait pire encore avec un enfant. »

Cela lui avait pris quatre ans, mais Carolyn avait enfin réussi à s'accommoder de cette vie en permanence surexposée. Et là, alors qu'elle montait dans la limousine qui l'attendait, la femme de John pensait sérieusement à la maternité et, peut-être, à une nouvelle vie en banlieue, entourée de ses enfants.

Pendant son voyage à Toronto quelques jours plus tôt, John avait confié à l'homme d'affaires Keith Stein qu'il attendait avec impatience d'être père.

« Il parlait d'avoir des enfants comme d'un projet sur le point de se réaliser, dans un futur très proche. Il mentionna très souvent sa femme. C'était une vraie référence. Il était clair que leur relation était très forte. »

À deux pâtés de maisons des bureaux de *George*, Lauren Bessette bouclait une autre semaine de folie chez Morgan Stanley Dean Witter & Co. Avec un MBA de Wharton et une maîtrise de chinois mandarin, Lauren était une étoile montante de cette entreprise d'investissements où elle dirigeait une équipe formidable de jeunes opérateurs. L'année précédente, cette brune élancée était revenue d'une mission pour Morgan Stanley à Hong Kong et avait acquis un superbe appartement pour 2 millions de dollars à deux pas de celui de John et Carolyn. Bien que Lauren eût un lien naturel et unique avec sa sœur jumelle Lisa, elle était maintenant plus proche que jamais de Carolyn. Elle s'entendait fabuleusement bien avec John et elle était sur le point « d'attraper » un Kennedy pour elle toute seule – le cousin de John, Robert Shriver.

Ce jour-là, il était prévu que Lauren viendrait à pied jusqu'aux bureaux de *George*, pour se rendre ensuite à l'aéroport, dans l'Hyundai blanche décapotable de son beau-frère. Comme John devait voler à vue, il voulait profiter de la lumière du jour. Si Lauren et lui quittaient l'aéroport à 18 h 30, ils pourraient être dans les airs vers 19 h 15. Comme la vitesse de croisière du Piper était de deux cent soixante-dix kilomètres à l'heure, ils pensaient arriver à Martha's Vineyard pour 20 h 30 au plus tard – juste avant la tombée de la nuit.

Quand il avait appelé Billy Noonan plus tôt pour annuler leur dîner, John lui apprit qu'il était en retard sur son programme parce que sa belle-sœur devait travailler tard. Il s'avéra, selon l'un des employés de Lauren, que celle-ci avait passé une grande partie de l'après-midi à « traîner ». À 18 h 20, elle prit son sac de voyage, dit au revoir à ses collègues et partit retrouver John à son bureau.

Tout le monde était en route pour l'aéroport à 18 h 30. Mais ils avaient tous sous-estimé le temps qu'il leur faudrait pour effectuer ce trajet un vendredi après-midi de juillet. Les piétons et les automobilistes tournaient la tête sur le passage de la voiture décapotable de John qui se frayait un passage dans les encombrements de Times Square avant de déboucher sur l'inévitable rétrécissement précédant le Lincoln Tunnel. Carolyn était en train de connaître la même chose une cinquantaine de pâtés de maisons plus au sud. Elle s'enfonça sur la banquette arrière de la limousine, derrière les vitres teintées, et feuilleta le magazine *Vogue* tandis que le véhicule progressait lentement dans un Holland Tunnel saturé de vapeurs d'essence.

Émergeant sur l'autre berge de l'Hudson dans la drôle de brume jaunâtre estivale, les deux automobiles tentèrent ensuite de rejoindre la route n° 3, embouteillée, vers Fairfiels et l'aéroport. John avait l'habitude de s'arrêter à la station-service de John, en face de l'aéroport, entre 17 et 19 heures. Mais Mesfin Gebreegziabher, qui tenait la caisse ce vendredi-là, remarqua qu'il était déjà 20 h 15 quand John apparut. Il avait déposé à l'aéroport Lauren qui en profitait pour se rafraîchir dans les toilettes de l'aérogare.

À peu près au même moment, l'homme qui lui avait vendu le Piper Saratoga, le fabricant de meubles Munir Hussain, atterrit à Essex après un vol extrêmement pénible en provenance de Long Island. Non seulement la visibilité n'était pas bonne comme l'avait pourtant affirmé la FAA, mais le brouillard et la pollution s'étaient combinés pour créer une étrange brume opaque qui rendait le pilotage dangereux.

En descendant de l'avion, Hussain aperçut Ricardo Richards, un employé de l'aérogare, en train de faire le plein de l'appareil de Kennedy.

« John ne va pas voler ? demanda-t-il.

— Si, répondit Ricardo.

— Mais la visibilité est mauvaise ! Très mauvaise. »

Hussain partit aussitôt à la recherche de John, en vain. « Si seulement je l'avais trouvé, dit-il plus tard, je lui aurais dit : "N'y va pas." »

Hussain n'était pas le seul. Deux heures plus tôt, le pilote de ligne Robert Hine avait atterri avec son King Air 90 dans ce même aéroport. Alors qu'il s'en approchait, l'avion qui le précédait tenta de se poser, mais le pilote prévint les contrôleurs aériens qu'il avait « perdu » la piste dans le brouillard. Du coup, l'appareil dut renoncer, faire demi-tour et réessayer. Une fois lui-même en sécurité au sol, Hine dut s'efforcer de convaincre un de ses élèves qu'il ne pouvait pas lui donner de leçon ce même soir.

Pendant que Munir Hussain tentait de trouver John, Mesfin Gebreegziabher, lui, aperçut le jeune homme, en pantalon et tee-shirt blanc, s'extrayant avec difficulté de la voiture à l'aide d'une béquille. « Il regarda longuement le ciel, rapporte Gebreegziabher, puis inspira profondément. »

Bien que le soleil fût en train de se coucher, John prit son temps et bavarda avec Gebreegziabher et les autres personnes présentes dans le magasin. Il fit les mêmes emplettes que d'habitude – une banane et une bouteille d'Evian – et acheta aussi un paquet de six petites piles.

« Comment va votre jambe ? l'interrogea Gebreegziabher.

— On vient de m'enlever mon plâtre, répondit John. Mais cela va déjà beaucoup mieux. »

Particulièrement de bonne humeur, John accéda chaleureusement à la demande d'un autre client qui lui demandait un autographe. En sortant, il s'arrêta devant le présentoir à journaux pour lire la une du *New York Post* et du *New York Dailies News*.

« Bon vol ! » le salua Gebreegziabher tandis que son client le plus célèbre passait la porte.

John se retourna et le regarda droit dans les yeux. « Ça ira très bien, répliqua-t-il avec un geste de la main. Très bien. »

Mais même remonter dans sa Hyundai paraissait lui être pénible. « Comment pouvait-il conduire sa voiture avec une cheville dans un état pareil, commente Gebreegziabher. Je ne sais pas. »

Kyle Bailey vit Kennedy arriver, sortir de sa « petite voiture blanche » et boiter jusqu'à son Piper Saratoga rayé rouge et blanc qui l'attendait dans le hangar. Le numéro d'enregistrement de l'appareil, N92539A, était peint en grosses lettres blanches sur son fuselage. John avait enclenché une procédure pour transférer le numéro d'enregistrement de son ancien Cessna sur son nouveau coucou. Le numéro – N529JK – était une référence au 29 mai, la date de l'anniversaire de son père.

Dix minutes plus tard, Carolyn, en chemisier et pantalon noir, émergea de sa limousine. Lauren, vêtue de la même robe taupe qu'elle avait portée toute la journée au bureau, s'avança pour retrouver sa sœur et l'embrasser. Puis, remontant leur sac de voyage sur leur épaule, les deux ravissantes jeunes femmes se dirigèrent d'un pas décidé vers le hangar. Elles aidèrent John à charger les bagages – y compris un canoë-kayak monoplace et la béquille – dans la petite soute de l'appareil. Deux adolescentes les aperçurent à ce moment-là et, selon Kyle Bailey, « se mirent à hurler : “Regardez, c'est John F. Kennedy ! Waouh !” ».

Le personnel de l'aéroport et les autres pilotes s'étaient accoutumés à voir le jeune couple sur le tarmac. En fait, John était devenu, au cours de l'année précédente, une figure familière de cet aéroport. Il traînait souvent autour du petit terminal et échangeait avec les autres pilotes du week-end des histoires d'aviation.

« On était tout simplement habitué à le voir par ici, explique Larry Lorenzo, propriétaire de la Caldwell Flight Academy. Il venait avec ses sweat-shirts fatigués et sa casquette de base-ball à l'envers et il plaisantait et riait avec les autres gars. »

Kyle Bailey, qui n'avait pas encore décidé s'il allait voler jusqu'à Martha's Vineyard, regarda John opérer les vérifications d'usage avant le décollage. Avec quatre cent cinquante litres d'essence dans le réservoir du Piper, il y en avait plus qu'assez pour effectuer le trajet aller et retour jusqu'à Martha's Vineyard.

Si consciencieux que fût John – et il l'était vraiment –, Bailey et les autres estimaient malgré tout que Kennedy « ne faisait pas toujours aussi attention qu'il aurait dû. Il avait déjà été négligent par le passé ». Plus d'une fois, on lui avait demandé de bouger son avion parce qu'il était mal garé – la queue dépassait sur la piste.

Bailey avait eu accès aux mêmes informations météorologiques officielles, mais il doutait de la fiabilité des systèmes automatiques d'observation.

« À plusieurs reprises, les prévisions officielles avaient fait état d'un ciel parfaitement dégagé, raconta Bailey, alors que le brouillard était tellement épais qu'on ne voyait pas à vingt centimètres. » Bailey fit donc son propre test : il choisit un point spécifique à l'horizon – une montagne qu'il savait pouvoir distinguer... « Impossible de la discerner dans le lointain, se souvient-il. Il y avait un brouillard vraiment bizarre, épais – lourd, mais miroitant en même temps. Je ne crois pas avoir déjà vu quelque chose comme ça auparavant. La nuit commençait à tomber et le vent était en train de se lever. J'ai donc décidé que cela ne valait pas le coup. »

À peine deux semaines auparavant, John Perry Barlow avait justement prévenu son ami de ce danger : « John était toujours en retard – et cela signifiait qu'il avait tendance à prendre des risques pour rejoindre sa prochaine destination, son prochain rendez-vous. Il n'avait pas un goût du risque pathologique, mais il comptait trop sur sa bonne étoile, ajouta Barlow. Il adorait ça. Alors, je lui ai dit : "Tu es trop sûr de toi là-haut. Méfie-toi, cela pourrait se révéler dangereux. Un jour, tu vas voler dans des conditions qui exigent les instruments parce que tu vas t'en croire capable. Promets-moi quelque chose : si tu ne peux pas voir l'horizon, n'y va pas." Il m'a promis qu'il le ferait... »

En général, John était considéré par les autres pilotes comme quelqu'un de prudent, quelqu'un qui évitait de prendre des risques inutiles.

« C'était un gars tellement consciencieux », rapporte Harold Anderson, un pilote de ligne opérant à partir du County Essex Airport.

Deux mois auparavant, John, accompagné de Carolyn, venait de décoller pour rejoindre Martha's Vineyard Cod quand il découvrit un problème électrique à bord du Cessna. Il fit immédiatement demi-tour et embarqua sur l'appareil d'Anderson à la place. D'après Anderson, en trois occasions au moins, John avait changé au dernier moment son plan de vol en direction de la Nouvelle-Angleterre à cause du mauvais temps.

Cette fois-ci, cependant, John était décidé à voler en solo. Les adolescentes qui continuaient à pouffer l'observèrent pousser son moteur dans un rugissement à vous crever les tympans – une procédure de vérification de routine qui s'effectue normalement en bout de piste à cause des dangers que représentent l'hélice et d'éventuels débris.

« J'ai vraiment trouvé ça bizarre, qu'il fasse ronfler ses moteurs comme ça, juste à côté du hangar, commente Bailey. Ça ne se fait pas, c'est tout. Sauf si l'avion a un problème. C'est ce que j'ai pensé sur le moment : que son appareil avait un problème. »

Mais au bout de quelques secondes, John stoppa les moteurs et Bailey rejoignit sa voiture. Alors que John était seul dans le cockpit, Carolyn et Lauren s'installèrent côte à côte sur les luxueux sièges en cuir et bouclèrent leurs ceintures. Elles se trouvaient dans le sens de la marche et faisaient face à deux autres fauteuils. Une fois tout le monde installé, le Piper Saratoga roula sur la piste.

« John Kennedy va se tuer dans ce petit coucou, avait prédit Bailey quelques semaines plus tôt à ses parents. Le Piper Saratoga est plus rapide et plus complexe que l'avion dont il a l'habitude. Quelquefois, j'ai la sensation qu'il ne s'en rend pas tout à fait compte. Dans un sens, on dirait un petit garçon avec un nouveau jouet. »

Ses doutes quant au sérieux de John mis à part, Bailey n'avait aucune raison de croire que John allait prendre des risques inconsidérés cette nuit-là. En fait, cette fois-là, Bailey n'avait pas vu d'instructeur dans l'avion, mais il savait que John n'aurait jamais décollé avec ce nouveau coucou sans un copilote habitué à piloter avec les instruments. Sinon, selon Bailey, c'était « une mission suicide ».

Néanmoins, alors qu'il marchait vers sa voiture, quelque chose fit se retourner Bailey. « C'était à vous donner le frisson, se rappela-t-il après. J'ai suivi des yeux l'appareil qui avançait lentement sur la piste et se mettait en position en attendant le feu vert de la tour de contrôle. »

Lauren se trouvait de l'autre côté de l'avion et donc hors de vue de Bailey, mais il distinguait parfaitement les profils de John et Carolyn durant toute la manœuvre. « Il y avait de la brume, cependant leurs silhouettes se détachaient nettement. Sur le coup, le côté éthéré, lugubre de cette scène me frappa de plein fouet. »

On ne demanda pas à John de soumettre un plan de vol, mais il informa la tour de contrôle de son intention de naviguer vers le nord, en direction de Teterboro dans le New Jersey, puis vers l'est pour rejoindre Martha's Vineyard. À 20 h 30 – douze minutes après le coucher du soleil –, la tour autorisa John à décoller.

John accéléra et l'avion roula sur la piste 22. Quelques secondes plus tard, les roues quittèrent le tarmac et le Piper Saratoga de John s'envola sans à-coups vers un ciel crépusculaire – vers le sud tout d'abord, au-dessus d'un parcours de golf, puis il vira sur l'aile vers le nord-est. « Nord de Teterboro, informa-t-il la tour, pendant l'unique communication radio de ce vol. Direction, vers l'est... »

La grâce avec laquelle le Piper Saratoga décolla impressionna Bailey – apparemment la cheville de John ne le gênait pas tant que ça, sinon il n'aurait pas pu appuyer sur les pédales de l'avion. « S'il se retrouve dans un tourbillon, il aura besoin de se servir de ce pied pour s'en sortir », pensa Bailey. Mais cela ne risquait guère d'arriver avec un copilote instructeur à bord.

Tandis que l'avion s'élançait vers l'est à une vitesse de quatre-vingt-dix nœuds (environ cent soixante kilomètres à l'heure), le bruit des moteurs était assourdissant. Mais, dans la cabine, des écouteurs leur permettaient à tous les trois de bavarder. Là où étaient assises Lauren et Carolyn, il y avait des lampes de lecture réglables et une petite table pliante où elles étalèrent leurs magazines.

Le Piper survola l'Hudson et gronda en se dirigeant vers Long Island tandis qu'il atteignait une altitude de croisière de cinq mille six cents pieds.

Soudain, un contrôleur aérien de Long Island remarqua qu'un petit coucou approchait dangereusement d'un jet d'American Airlines. Comme John n'avait pas fourni de plan de vol, il n'y avait aucun moyen de déterminer qui il était, d'où il venait, où il se rendait.

Le contrôleur se précipita pour prévenir l'équipage de l'avion de ligne. Vu l'épaisse purée de pois dans laquelle il évoluait, le pilote d'American Airlines fut stupéfait de découvrir, au bout de son aile droite, le Piper Saratoga. Promptement, mais en douceur pour ne pas inquiéter les passagers, il dévia de sa route pour éviter la collision.

John, de toute évidence, ne s'était pas rendu compte de la proximité du jet. Inconscient d'avoir échappé de peu à une catastrophe, il se dirigea vers l'est. Longeant la côte de près, il pouvait apercevoir Greenwich, Bridgeport, New Haven et New London – un scintillant collier de lumières parant la côte du Connecticut –, au bout de son aile gauche.

Mais quarante minutes après le décollage, le brouillard était devenu si dense que John ne distinguait plus rien – ni les étoiles, ni la lune argentée pourtant présente cette nuit-là, ni la longue suite rassurante de points lumineux qui bordaient l'océan. Aurait-il pleinement su évaluer les capacités de son nouvel avion, John aurait dû, à cet instant, brancher le Piper Saratoga sur le pilote automatique qui l'aurait guidé directement à sa destination. En fait, cet appareil aurait pu gérer entièrement le vol, à partir du New Jersey, et même effectuer un atterrissage parfait en tous points sur l'aéroport de Martha's Vineyard. Mais personne ne lui avait apparemment parlé de cette particularité du Piper Saratoga, ni de lui montrer comment l'utiliser.

C'est à peu près à ce stade du vol que Bob Arnot, qui voyageait avec son jeune neveu, affronta les mêmes conditions avec seulement vingt minutes d'avance sur Kennedy.

« Quand j'ai baissé les yeux pour regarder Martha's Vineyard, raconte Arnot, je ne l'ai pas vu. Je n'ai rien vu du tout. Comme si l'on venait de nous jeter dans un placard et que l'on eût refermé la porte sur nous. »

En fait, Arnot pensa qu'une panne d'électricité avait plongé le Vineyard dans le noir.

« Il n'y avait ni horizon, ni lumière, la nuit était d'un noir d'encre. J'étais perplexe, reconnaît Arnot. Je n'arrivais pas à m'expliquer pourquoi la visibilité était si mauvaise alors qu'on nous avait prédit de si bonnes conditions de vol. »

Arnot passa en vol aux instruments et se posa sans dommage à Nantucket.

« Je n'avais pas été confronté à de telles conditions depuis des années, dit Arnot en ajoutant qu'il avait cinq mille heures de vol à son actif – John n'en avait que trois cents –, et j'avais un problème. »

Si incroyable que cela puisse paraître, tout ce que John Kennedy avait à faire, pour passer en pilotage automatique, c'était appuyer sur deux boutons. Au lieu de ça, à 21 h 24 – après quarante-six minutes passées dans le ciel –, l'avion de Kennedy dépassa Westerly, Rhode Island. Scrutant l'obscurité, il tenta, en vain, d'apercevoir sur sa gauche les lumières de Westerly. Balayant des yeux le ciel sur sa droite, il chercha un autre point de repère rassurant – le tomahawk – qui se dessinait normalement sur Block Island. Rien.

La procédure habituelle pour les pilotes naviguant à vue aurait voulu qu'il tourne à gauche à Point Judith et qu'il continue à longer la côte pendant environ quarante-cinq kilomètres jusqu'à Buzzard's Bay, puis effectue un virage serré sur la droite en direction du sud pour rejoindre le Vineyard. Sur ce chemin, ils n'auraient eu à survoler l'océan que sur une douzaine de kilomètres.

Mais, à cet instant critique, John décida de maintenir son cap. Au lieu de se diriger vers le nord-est et de rester au-dessus de la côte, il se dirigea directement vers Martha's Vineyard – ce qui signifiait traverser plus de cinquante kilomètres de haute mer.

« Il n'y a pas de repères visuels sur l'océan, explique le pilote Tom Freeman. Seulement un vaste espace obscur. Cela peut être effrayant et complètement déconcertant. Ce n'est pas une route que je prendrais. »

D'autant plus que ce raccourci ne faisait gagner que six minutes à John Kennedy.

Sans réclamer de l'aide par radio ou – comme l'ont fait nombre de pilotes cette nuit-là – demander la permission d'atterrir sur un autre aéroport à l'intérieur des terres, John continua sa route. Sans indices visuels d'aucune sorte et avec une connaissance superficielle des instruments à sa disposition, le premier réflexe de John fut d'essayer de descendre sous le brouillard. Donc, à 21 h 34, le compteur de vitesse en haut à gauche de son tableau de bord indiquant cent cinquante nœuds (260 km/h), il entama une descente, plus rapide que la normale, de sept cents pieds par minute avant de se stabiliser à deux mille trois cents pieds d'altitude. Enfin sorti du brouillard, John aperçut le phare de Gay Head et la grande propriété de bord de mer que Jackie avait laissée à ses enfants.

Le soulagement que John a dû éprouver s'évanouit rapidement. Au bout de cinq minutes, Kennedy et ses passagères se retrouvèrent à nouveau dans une véritable purée de pois. John n'avait jamais volé dans des conditions ne serait-ce qu'approchantes auparavant ; c'était comme si les vitres du Piper Saratoga avaient été peintes en blanc. Il se souvint de ce qu'on lui avait appris à l'école d'aviation sur la désorientation spatiale : sans aucun repère visuel, le cerveau peut confondre le haut et le bas. Mais le savoir et l'expérimenter sont deux choses différentes. Et il fut rapidement complètement désorienté.

L'esprit de John nageait en pleine confusion. Le regard passant du tableau de bord au blanc absolu de l'extérieur, il essaya désespérément de réconcilier ce que son corps lui disait et ce que ses instruments indiquaient. Un regard rapide sur l'indicateur de direction, dans le coin gauche en bas du tableau de bord, lui aurait appris que la bille n'était pas centrée, contrairement à ce que ses sens lui disaient, de même que les minuscules ailes blanches indiquant le bon axe n'étaient pas dans la bonne position. Le gyromètre au bas du centre du tableau de bord aurait, lui aussi, contredit ce qu'il ressentait. À cet instant, John vira à droite abruptement et – vraisemblablement pour passer au-dessus d'une nappe de brouillard – remonta de trois cents pieds.

« John, John, qu'est-ce qui se passe ? »

L'inquiétude de ses passagères s'était maintenant transformée en panique – une autre chose à laquelle JFK Jr était mal préparé. Pendant le cours de vol aux instruments qu'il n'avait pas encore suivi, le moniteur tente de distraire son élève en faisant du bruit ou par tout autre moyen – une façon d'apprendre aux novices à se concentrer en cas d'urgence.

« Ils essaient de vous déstabiliser de toutes les façons possibles, explique Kyle Bailey. Sans vous prévenir, ils se mettent à hurler, vous sautent dessus, font exploser un sac en papier. Ils vous aident à acquérir des nerfs d'acier et à ne tenir compte que de l'essentiel en cas de problème grave. »

Le pilote Tom Freeman mit son entraînement à profit lorsqu'il perdit un moteur au-dessus des Caraïbes.

« Ma petite amie et une de ses amies m'accompagnaient, se souvient Freeman. J'essayais de nous ramener à bon port et elles criaient, pleuraient, me tiraient. C'était un véritable charivari, mais il faut être capable de se concentrer à cent pour cent sur la situation – c'est obligatoire, ou sinon... »

À deux mille six cents pieds d'altitude, à plus de trente kilomètres de l'aéroport de Martha's Vineyard, John parvint, Dieu sait comment, à stabiliser son coucou à peu près une minute. Mais il ne savait pas exactement où il était, ni où il allait. Ignorant sa position, à 21 h 40 mn 24 secondes, John tourna à nouveau à droite. Il commença à perdre de l'altitude. Une rapide vérification de la jauge de vitesse verticale, en bas à droite du tableau de bord, lui indiqua deux mille deux cents pieds. Le Piper Saratoga prit de la vitesse. En quelque secondes l'avion se précipita vers la mer à une vitesse de cinq mille pieds par minute – dix fois plus que la vitesse normale.

« Dans une situation pareille, votre corps vous joue toutes sortes de tours, explique le pilote vétéran Edward Francis. On peut être la tête en bas et virer sur la gauche et votre corps peut vous faire croire que vous êtes dans le bon sens et que votre avion vole tout droit. »

En regardant son altimètre qui s'affolait, le premier instinct de John fut de tirer d'un coup sec sur le manche à balai dans l'espoir de ralentir la descente de l'appareil et de regagner de l'altitude.

« C'est la pire chose que l'on puisse faire, explique Francis. *Avant* de faire quoi que ce soit, il faut absolument équilibrer les ailes et stabiliser l'appareil. *Après*, on redresse le nez. »

Mais John a fait ce que font les pilotes les moins expérimentés et a tiré d'un coup sec sans équilibrer au préalable les ailes. L'avion s'est mis à tourner dans le sens des aiguilles d'une montre de plus en plus vite – accélérant rapidement dans ce que les aviateurs appellent « la spirale de la mort ».

Alors même que le Piper Saratoga amorçait sa chute, il y avait encore un mince espoir. John aurait pu reprendre le contrôle de son appareil. Cela avait déjà été fait.

« Si tu crois à ce que disent les instruments et que tu te concentres pour remettre les ailes dans l'axe, explique Francis, tu peux redresser la situation – même à la dernière minute. Mais le degré de concentration requis est *total*. »

L'avion partit dans une vrille folle, complètement hors de contrôle maintenant, tournant, tournant et tournant encore dans une spirale de plus en plus étroite au fur et à mesure qu'il se rapprochait de la surface de l'Atlantique. Dans la cabine, John, Carolyn et Lauren étaient rivés à leur siège, le visage tordu par les forces impitoyables de la gravité. Pendant quinze secondes, ils purent encore entendre le son perçant et terrifiant du vent hurlant contre les vitres alors qu'ils tombaient à pic vers la surface implacable de l'océan, à la vitesse de quatre-vingt-dix nœuds par seconde...

3

« C'est difficile de parler d'un héritage ou d'une mystique. C'est ma famille. C'est ma mère. C'est mon père. [...] Les difficultés, les épreuves et les obstacles nous ont rapprochés. »

John

« Maintenant, ma femme et moi, nous nous préparons à un nouveau mandat et à un nouveau bébé. »

Le discours de la victoire de JFK,
le 9 novembre 1960

« J'ai tellement peur de perdre ce bébé. Je ne peux prendre de risque. Je ne peux pas prendre de risque. »

Jackie à JFK, un mois
avant la naissance de John

« Je ne suis jamais là quand elle a besoin de moi. »

JFK dans l'avion pour Palm Beach,
apprenant que Jackie
faisait une hémorragie

9 novembre 1960

« D'accord, les filles », dit John Kennedy à Jackie et à son amie Tony Bradlee, également enceinte, le lendemain de l'élection présidentielle. « Vous pouvez ôter vos coussins maintenant. On a gagné. »

Une fois les élections gagnées, Jackie espérait que son mari allait enfin passer du temps avec elle et leur fille Caroline. Après tout, les dernières semaines de la campagne électorale, Jackie – contre l'avis des médecins – s'était laissé fléchir et avait rejoint John durant sa tournée à New York. Elle avait parlé italien aux foules du quartier de La Petite Italie et espagnol à celles du Harlem espagnol.

La tourmente atteignit son point culminant lors de l'énorme parade dans les rues de New York, à travers le « Canyon des Héros » ; JFK et sa femme enceinte de huit mois assis à l'arrière de la voiture décapotée, tandis que des milliers de New-Yorkais surexcités se pressaient pour essayer de les toucher. À un moment, la cohue secoua si violemment la limousine que ses occupants faillirent se retrouver sur le macadam.

Après tout ce que Jackie avait enduré pendant ses grossesses, il était inconcevable qu'elle prenne de tels risques. Au début de leur mariage, elle avait fait une fausse couche qui avait été dissimulée au public. Plus tard, quand le jeune sénateur du Massachusetts se présenta pour la vice-présidence du parti démocrate à la convention nationale de 1956 qui avait lieu à Los Angeles, Jackie fit tout ce qu'il demandait. Puis, lorsqu'il perdit, elle le supplia de passer du temps avec elle, mais il s'envola pour faire une croisière en Méditerranée avec son frère Teddy et le sénateur de Floride, un autre grand amateur de femmes, George Smathers.

Le 23 août 1956, Jackie s'effondra et les médecins durent pratiquer en urgence une césarienne pour tenter de sauver le bébé. On ne donna pas de nom à l'enfant mort-né, une fille. Jackie faillit mourir pendant cette opération. Même après plusieurs transfusions sanguines, son état était tellement critique qu'un prêtre fut appelé à son chevet pour lui administrer les derniers sacrements.

Officiellement, cette fausse couche fut mise sur le compte de « l'épuisement et les tensions nerveuses dus à la convention nationale des démocrates ». John était toujours en croisière avec ses amis – impossible à joindre et ignorant que son épouse devait affronter seule la perte de leur enfant.

Plus tard, JFK se révéla être un véritable papa gâteau. Mais, en 1956, il était simplement sur les traces de son père, Joseph Kennedy, qui fut absent à chacune des naissances de ses neuf enfants. Épris de son indépendance, John n'avait jamais voulu être un époux, encore moins un père. Comme beaucoup d'hommes, il ne découvrit les attrait de la paternité que lorsque lui-même devint père.

Le 27 novembre 1957 – la veille de Thanksgiving –, Jackie mit au monde une petite fille de près de trois kilos deux cent cinquante, à la maternité du Cornell University Medical Center à New York. Lorsque les effets de l'anesthésie se dissipèrent et que Jackie revint à elle, ce fut John qui lui déposa son bébé dans les bras. C'était la première fois que Jackie posait les yeux sur Caroline Bouvier Kennedy.

Vu l'insensibilité dont John avait fait preuve lors de la naissance de leur enfant mort-né quatorze mois plus tôt, Jackie fut surprise par le naturel avec lequel son mari endossa sa paternité. Janet Auchinschloss, la mère de Jackie, fut impressionnée par « le ravissement absolu que Caroline provoqua chez lui dès le premier jour. L'expression de son visage, une expression que je n'avais jamais vue auparavant, était radieuse ».

Caroline n'avait que onze jours et se trouvait encore à l'hôpital quand une nourrice anglaise, Maud Shaw, commença à s'occuper d'elle. « Il adorait vraiment Caroline, rapporte Maud Shaw de JFK. Quand il rentrait à la maison, il se précipitait toujours à la nursery au premier étage. Ce bébé lui souriait toujours alors qu'elle ne souriait à personne d'autre. Dès le début, il l'adorait et elle le vénérait. »

Cependant, quand il devint le porte-étendard de son parti, John avait oublié les leçons du passé. Il avait mis en danger la santé de sa femme et de son bébé à naître pour gagner des votes qu'il avait obtenus, grâce à Jackie. Dans une élection qui s'était jouée à 118 550 voix près – moins d'un cinquième d'un pour cent –, la charmante et séduisante femme de John avait probablement fait pencher la balance en sa faveur.

Jackie était décidée à ne plus prendre de risques maintenant qu'ils avaient gagné cette campagne. Trois semaines avant la date prévue de l'accouchement, son obstétricien, le Dr John Walsh, lui avait ordonné de ne pas bouger de leur maison de ville en brique rouge au 3307 N Street à Georgetown. Immédiatement après avoir passé un Thanksgiving tranquille, chez eux, avec Jackie et Caroline, John avait décidé de s'envoler pour Palm Beach en Floride où les Kennedy possédaient une propriété afin de discuter du choix de ses ministres avec son père.

Mais Jackie, sentant que cette naissance ne serait pas aussi facile que celle de Caroline, le supplia de rester près d'elle. Il refusa et partit, laissant derrière lui une Jackie profondément blessée. Une heure plus tard, Maud Shaw entendit un cri et se précipita à l'étage où elle trouva Jackie assise sur le bord de son lit, se tenant le ventre à deux mains. Le couvre-lit était taché de sang. Une ambulance l'emmena à toute allure au Georgetown University Hospital.

John dégustait un daiquiri et échangeait des plaisanteries avec ses assistants à bord de son avion de campagne, Le *Caroline*, quand la radio de l'appareil délivra en crachotant la nouvelle. « John était rongé par le remords, se souvient son assistant Kenneth Donnel, parce qu'il n'était pas aux côtés de sa femme. »

En atterrissant à Palm Beach, John réquisitionna l'avion le plus rapide disponible – le DC6 qui transportait la presse et suivait le *Caroline* – pour retourner auprès de son épouse.

Il se cramponna aux écouteurs du cockpit et attendit les nouvelles. Juste avant 1 heure du matin, en ce 25 novembre 1960, John sourit enfin pour la première fois depuis des heures. Il venait d'apprendre que Jackie avait accouché par césarienne d'un petit garçon de deux kilos huit cents.

Lorsque le porte-parole de la Maison-Blanche, Pierre Salinger, annonça la naissance de John Fitzgerald Kennedy dans le haut-parleur du DC6, les journalistes applaudirent. JFK, à qui les médecins avaient assuré que la mère et l'enfant allaient bien, alluma un Panatella et les gratifia d'un large salut.

Malgré l'optimisme des communiqués de presse, Jackie et le bébé restaient sous surveillance médicale. Dès que l'anesthésie cessa de faire son effet, Jackie, qui souffrait encore, demanda à voir son fils.

On lui permit de voir John, mais *uniquement* de le voir. Le bébé passa les six premiers jours de son existence dans une couveuse. Sa mère mettrait du temps à s'en remettre et tous deux ont souffert les mois suivants des séquelles de l'accouchement.

Et la presse, dont l'entière attention s'était focalisée sur Jackie et son superbe bébé, ne faisait qu'empirer les choses. « J'avais l'impression d'être devenue une sorte de bien public, racontait Jackie. C'est vraiment terrorisant de perdre tout anonymat à l'âge de trente et un ans. »

Même lorsque Luella Hennessy, la nourrice attachée à la famille Kennedy, poussa la chaise roulante de Jackie pour qu'elle puisse admirer son fils en couveuse, un photographe surgit d'un placard de l'hôpital et la mitrailla avec son appareil. Une demi-douzaine de flashes l'aveuglèrent avant que les agents des services secrets, complètement pris au dépourvu, immobilisent finalement l'homme au sol et arrachent la pellicule de son appareil photo.

Pendant ce temps-là, John était décidé à compenser ses précédentes absences. Dès que son avion se posa, il se précipita dans la suite de Jackie, au troisième étage de l'hôpital, puis alla voir son fils à la nursery. « Voilà le plus beau petit garçon que j'aie jamais vu. Peut-être, plaisanta-t-il, vais-je l'appeler Abraham Lincoln. »

Déterminé à prouver à Jackie qu'il était là pour elle, il lui rendit visite, ainsi qu'au bébé, trois fois par jour – le matin, à l'heure du déjeuner et à nouveau après le dîner.

« L'ambiance était gaie, légère, presque une ambiance de fête », se rappelle le journaliste de *Life*, Gail Wescott en décrivant l'atmosphère régnant à l'hôpital de Georgetown. « La sécurité était réduite au minimum et le président Kennedy nous saluait de la fenêtre de la chambre de sa femme, puis s'arrêtait discuter avec nous quand il redescendait. Sur N Street, on a pris de très belles photos de lui promenant Caroline dans sa poussette. C'était innocent et euphorisant. On avait l'impression que rien de mauvais ne pourrait jamais survenir. »

Ce fut une période particulièrement heureuse pour Caroline dont le petit frère était né deux jours seulement avant son troisième anniversaire. On présenta l'arrivée de John à la petite fille « comme un cadeau d'anniversaire, rapporte Maud Shaw. Et Caroline crut très longtemps qu'il lui appartenait pour de bon ».

Lorsque John eut une semaine, John et Caroline vinrent à l'hôpital assister à son baptême. Alors que John poussait la mère et le bébé dans une chaise roulante vers la chapelle de l'hôpital, ils aperçurent un groupe de photographes qui les attendaient à l'autre bout du couloir.

« Oh, mon Dieu, gémit Jackie. Ne t'arrête pas, John. Continue à avancer. » Mais John ne voulait pas décevoir la presse et le peuple américain. Il s'arrêta un instant, pour leur laisser le temps de prendre quelques clichés du nouveau-né vêtu d'une robe de baptême vieille de quarante-trois ans, celle de son propre père.

Un peu plus tard, alors qu'ils sortaient de la chapelle, Jackie regarda son fils et s'exclama : « Regarde ces jolis yeux. Il est mignon, non ? » John, préoccupé par la composition de ses ministères, acquiesça distraitement.

Diamétralement opposée à Jackie – à l'exception d'une volonté de fer similaire – la First Lady sortante était plus douairière qu'impératrice. Maintenant qu'elle était sur le point de lever le camp après huit ans d'exercice, Mamie Eisenhower proposa aimablement de faire visiter la Maison-Blanche à la jeune femme qui allait lui succéder, le jour où elle sortirait de la maternité.

« Je n'ai pas envie d'y aller, John, confia-t-elle à son mari. Je ne me sens pas suffisamment en forme. » Mais JFK insista et Jackie ne voulut pas le décevoir.

L'intendant en chef de la Maison-Blanche, J.B. West, fut frappé par la pâleur et l'air épuisé de Mme Kennedy lorsqu'elle arriva à 11 h 30 ce matin-là. Les deux heures suivantes, Jackie et Mamie arpentèrent chaque pièce de la Maison-Blanche.

Jackie faillit s'évanouir à plusieurs reprises, mais réussit chaque fois à se ressaisir. Son hôtesse ne semblait guère s'en soucier, ni lorsqu'elles montaient ou descendaient les nombreux escaliers, ni lorsqu'elles posèrent ensemble pour les photographes.

Quelques jours après cette visite épuisante, le *Caroline* s'envola pour Palm Beach avec à son bord toute la famille du Président nouvellement élu. Tandis que John dissertait avec ses conseillers, un nuage de fumée de cigare enveloppait le couffin du bébé.

Jackie avait fumé cigarette sur cigarette pendant toutes ses grossesses en dépit des avertissements répétés du Dr Walsh. Mais comme elle voulait cacher au public cette sale habitude, elle avait, en fait, encouragé John à fumer le cigare afin de couvrir l'odeur de ses propres cigarettes. Cependant, cette fois-ci, elle ordonna à JFK et ses copains d'emporter leurs cigares à l'autre bout de la cabine.

Fatiguée par sa longue marche en compagnie de Mamie Eisenhower dans les couloirs de la résidence présidentielle, Jackie resta alitée les deux semaines suivantes, dans la demeure de Joseph P. Kennedy, à Palm Beach. Dans le même temps, la santé de son fils John se mit à décliner. « John n'allait vraiment pas bien, raconta-t-elle plus tard. Il y avait, Dieu merci, ce pédiatre exceptionnel de Palm Beach qui lui a vraiment sauvé la vie. »

En fait, John souffrait d'une inflammation de la membrane hyaline du poumon – une forme bénigne de l'affection respiratoire qui emporterait quelques années plus tard son petit frère Patrick.

« Cela est resté secret, dit le Dr Janet Travell, médecin de JFK, mais Jackie, après la naissance de John Jr, frôla la mort – et le bébé aussi. L'idée qu'elle puisse perdre son fils bouleversait profondément Jackie – cela la terrifiait davantage que l'idée de sa propre mort. »

À peine quarante-huit heures après que le pédiatre « exceptionnel » de Palm Beach eut tiré John des griffes de la mort, Richard P. Pavlick attendait, dans une voiture garée devant la propriété de Palm Beach des Kennedy, que le Président nouvellement élu sorte pour aller à l'église St. Edward assister à la messe dominicalc. Pavlick avait placé sept bâtons de dynamite dans sa voiture et avait prévu d'entrer en collision avec l'automobile de JFK au moment où il apparaîtrait, dans une tentative d'attentat suicide.

Mais, avant que Pavlick n'appuie sur l'accélérateur, Jackie et Caroline, âgée de trois ans, sortirent dire au revoir à John. Luella Hennessy apparut, elle aussi, avec le petit John dans les bras. Touché, Pavlick renonça à son sinistre projet. Il déclara ensuite à la police qu'il « ne voulait pas faire de mal à Mme Kennedy ou aux enfants » et qu'il décida à la place « d'avoir » John « à l'église ou ailleurs ». Quelques jours plus tard, la police l'arrêta pour conduite en état d'ivresse et découvrit son projet criminel. Pavlick fut inculpé pour tentative d'assassinat et envoyé en prison.

Jackie était horrifiée. « Nous ne sommes que des canards en bois dans un stand de tir », déclara-t-elle.

Mais John ne pouvait pas se permettre de s'inquiéter. Il ne lui restait qu'un mois avant d'entrer en fonctions et il était très occupé à mettre en place son nouveau gouvernement. Pendant la campagne, Jackie s'était souvent sentie submergée par les hordes de membres de l'état-major politique et de copains présents dans les coulisses qui tournaient autour de son époux jour et nuit. Convalescente et avec deux petits enfants à charge, Jackie ne tarda pas à connaître à Palm Beach une situation tout aussi intolérable.

« Il y avait tant de monde partout, raconta-t-elle, que je pouvais aller prendre un bain et, en sortant, trouver Pierre Salinger installé dans ma chambre en train de tenir une conférence de presse. »

Pour ajouter à la confusion qui régnait, Caroline ne cessait de voler la vedette à son père lors des conférences de presse. Une fois, elle serpenta entre les jambes des journalistes en tricycle ; une autre fois, elle apparut en pyjama et en talons aiguilles qu'elle avait chipés à sa mère.

Jackie, comme bon nombre d'autres femmes des années 1960, n'imaginait même pas allaiter ses enfants ; c'était donc à Luella Hennessey de préparer le lait maternisé, changer les couches et se lever au milieu de la nuit pour bercer John afin de le rendormir.

Pendant ce temps-là, la mère du petit John restait allongée seule dans sa chambre aux rideaux tirés.

« Je ne gardais aucune nourriture, rapporta-t-elle plus tard. Je suppose que j'étais physiquement et nerveusement épuisée parce que le mois qui a suivi la naissance du bébé a été tout sauf reposant. »

Avant de s'envoler pour Palm Beach, Jackie avait engagé une vieille amie, Laetitia Baldrige, alors directrice de la publicité pour Tiffany, afin de gérer sa vie sociale. Après sa visite guidée avec Mamie, Jackie dit à Tish que la Maison-Blanche ressemblait à « [...] un de ces hôtels chics appartenant à une chaîne, décoré avec des meubles achetés pendant les soldes de janvier dans un magasin de gros ».

À une autre amie, elle raconte encore : « C'est l'endroit le plus épouvantable du monde. Tellement froid, tellement lugubre. Je n'ai jamais vu une chose pareille. Je ne supporte pas l'idée d'y emménager. Je déteste cette maison, je la déteste, je la déteste. »

Malgré sa fatigue et sa faiblesse, Jackie était décidée à marquer la Maison-Blanche de son empreinte quand elle retourna à Georgetown, en janvier, quatorze jours avant l'investiture. Caroline et son petit frère restèrent à Palm Beach avec leur père, Maud Shaw et Elsie Philips, la nouvelle nurse qui avait été engagée pour s'occuper de John Jr. Vu son état de santé encore fragile, Jackie expliqua à John qu'elle ne pouvait en aucune façon à la fois aider les enfants à s'installer dans leur nouveau foyer et déballer leurs affaires.

À midi exactement, le 20 janvier 1961, Jackie apparemment insensible au froid de canard qui régnait dans le bureau de Earl Warren, couvait d'un regard émerveillé – un regard qu'elle avait longuement travaillé – John, en train de prêter serment. JFK, quarante-trois ans, devint le plus jeune président de l'histoire des États-Unis et succédait au plus vieux, Ike, soixante-dix ans. John était aussi le premier président né au XXe siècle et le premier catholique à entrer à la Maison-Blanche.

Le discours d'inauguration de John, avec son fameux « ne vous demandez pas ce que le pays peut faire pour vous », réveilla la nation. Mais Jackie ne put féliciter son mari sur l'estrade. Contrairement à la tradition, il n'embrassa pas sa femme immédiatement après avoir prêté serment. Et dès que Marian Anderson clôtura la cérémonie d'une vibrante interprétation de l'hymne national, il sauta de l'estrade et dévala l'escalier moquetté de rouge – laissant sans aucune explication Jackie derrière lui.

En dépit du froid polaire, le nouveau Président et sa First Lady menèrent la parade inaugurale dans une voiture décapotée du Capitole à la Maison-Blanche. Au bout d'une heure de ce régime, Jackie, fatiguée, frigorifiée et qu'une longue soirée attendait, s'éclipsa.

« Je suis épuisée, John, dit-elle. Retrouve-moi à la maison. »

« La maison », se trouvait maintenant pour les Kennedy au 1600 Pennsylvania Avenue. Tandis que les peintres et les menuisiers mettaient la touche finale à la nursery de John Jr, au deuxième étage, et à la salle à manger familiale entièrement refaite à neuf, Jackie s'était installée dans la Chambre Royale (appelée ainsi parce que cinq reines y avaient dormi). John, lui, dormait dans la Chambre de Lincoln, dans le couloir est.

Ce soir-là, le jeune et fringant Président et sa ravissante épouse apparurent au premier des cinq bals d'investiture prévus. Jackie était éblouissante, mais vers minuit, elle commença à s'éteindre.

« Je me suis tout simplement décomposée, dira-t-elle plus tard. Toutes mes forces m'avaient abandonnée. »

Elle s'excusa et demanda à John de se rendre sans elle aux deux soirées restantes.

Son infatigable mari n'avait pas besoin qu'on l'encourage. Le Président, rapidement, s'acoquina avec son ami Paul « Red » Fay et la petite amie de celui-ci, la très séduisante actrice Angie Dickinson. Mais quand Fay proposa que son autre amie Kim Novak les rejoigne, John changea soudainement d'avis.

« Je vois d'ici la une des journaux de demain, dit John à son vieux compagnon d'armes de la Seconde Guerre mondiale : "Notre nouveau Président finit sa première journée d'investiture en s'enfonçant dans la nuit en compagnie de Kim Novak et Angie Dickinson pendant que sa femme se remet seule de la naissance de leur premier fils." »

Ironiquement, Jackie, elle aussi, culpabilisait à cause des doutes qu'avait éveillés en elle la naissance difficile de John.

« J'aurais tant voulu être plus présente auprès de mon mari durant ces premières heures de triomphe, dit-elle. Mais, au moins, je pensais que je lui avait donné notre John, le fils qu'il attendait avec tant d'impatience. »

Après l'investiture, John et Caroline furent enfin autorisés à rejoindre leurs parents à la Maison-Blanche. Mais le bébé ne prenait pas de poids et pleurait constamment ; rapidement, Jackie s'inquiéta. Elle se tourna vers Maud Shaw qui doubla la dose de lait maternisé et lui donna de l'extrait de bœuf qu'il prenait le matin à l'heure du déjeuner. Quand John eut quatre mois, sa nurse fut heureuse d'annoncer qu'il ne pleurait plus continuellement et qu'il avait développé un solide appétit pour la soupe, les céréales, les fruits, la viande hachée et les légumes.

« Ce n'est pas juste pour ces enfants qui vivent en permanence sous les feux de la rampe, plaida Jackie. On les met sous la garde d'autres gens et l'on s'attend à ce que tout aille bien. Alors qu'ils ont besoin de l'affection de leur mère, de ses conseils et de longs tête-à-tête avec elle. C'est ce qui leur donne un sentiment de sécurité dans ce monde trop souvent en pleine confusion. »

Peut-être. Mais pour les enfants d'individus privilégiés comme Jacqueline Lee Bouvier et John Fitzgerald Kennedy – ni l'un ni l'autre n'avait eu une mère vraiment maternante –, les nurses étaient indispensables à la vie de famille. Changer les couches et donner le biberon – John et Jackie étaient d'accord sur ce point – faisaient partie des tâches qu'il valait mieux confier à des professionnelles.

Avant même l'entrée en fonctions de son mari, la priorité des priorités pour Jackie était ses enfants. En fait, leurs jouets furent les premiers objets à arriver dans la Maison-Blanche. On les fit entrer secrètement, emballés dans des cartons, deux semaines avant la passation officielle de pouvoirs.

« Très bien, s'exclama Jackie lorsque J.B. West la prévint qu'il les avait dissimulés dans son propre placard, loin des regards. Nous les sortirons dès que les chambres des enfants seront prêtes. »

Avant que Jackie ne se lance dans la transformation des pièces ouvertes au public de la Maison-Blanche, les appartements privés, à l'étage, subirent des changements radicaux. En face du Salon Ovale Jaune, dont les portes-fenêtres s'ouvraient sur le Balcon Truman, se trouvaient les chambres des enfants, Jackie éradiqua avec soin toute trace du « mobilier d'hôtel » qu'aimaient les Eisenhower.

La spacieuse nursery de John était blanche avec des moulures bleues. La chambre de Caroline, blanche et rose avec des rideaux et le ciel de lit de son baldaquin parsemé de boutons de roses, abritait des chevaux à bascule, des animaux en peluche, un tableau de Grandma Moses sur le mur et, plus tard, une superbe maison de poupées offerte par Charles de Gaulle.

Entre les deux chambres d'enfants, il y avait une petite pièce occupée par leur gouvernante.

« Maud Shaw n'a pas besoin de grand-chose, écrivit Jackie à J.B. West. Trouvez-lui une corbeille en osier pour y jeter ses peaux de banane et une petite table pour qu'elle puisse y poser son dentier la nuit. »

Au bout de trois mois, Jackie avait accompli toutes les modifications qu'elle avait désirées dans les appartements privés.

« Elle a transformé en un tournemain cet endroit sinistre, vieux, froid et plein de courants d'air, raconte Tish Baldrige, en un chaleureux foyer pour sa jeune famille. »

Tout aussi rapidement, la petite famille s'installa dans une routine qui ne varierait guère chaque fois qu'elle résidait dans la Maison-Blanche au long des mille jours suivants. Le Président et la First Lady ne se voyaient quasiment jamais le matin.

« La matinée, se rappelle Miss Baldrige, était réservée aux enfants. »

Habituellement, aux alentours de 8 heures, John dévorait un énorme petit déjeuner avant d'étudier dans son bain la presse du matin et les câbles urgents. Puis, Maud Shaw amenait les enfants lui dire bonjour. Après avoir embrassé son père, Caroline s'asseyait par terre devant le téléviseur et regardait des dessins animés. Jack LaLanne arrivait à 9 heures et le Président riait et applaudissait tandis que Caroline, et plus tard John, imitait les exercices de gymnastique de LaLanne.

Une fois qu'il était habillé, Caroline l'accompagnait, main dans la main, jusqu'au Bureau Ovale. Puis elle allait à l'école, la petite école qu'avait créée Jackie au troisième étage pour Caroline et une petite vingtaine d'enfants d'employés de la Maison-Blanche et d'amis proches.

Sur le chemin de l'école, Caroline (et quand il sut marcher, John) s'arrêtait chez maman. Selon l'heure à laquelle elle s'était couchée la veille, Jackie prenait son petit déjeuner sur un plateau dans sa chambre entre 8 heures et midi.

Après avoir dicté son courrier à sa secrétaire, Mary Gallagher, Jackie marchait d'un pas vif pendant une heure dans les jardins de la Maison-Blanche. Puis, elle retrouvait John et Caroline dans ce qu'ils appelaient la « High Chair Room » où ils déjeunaient ensemble – un déjeuner composé, en général, d'un hamburger ou d'un hot dog servi sur un plateau d'argent par un maître d'hôtel. À un moment ou à un autre dans l'après-midi, Jackie se débrouillait pour pousser le landau, puis la poussette de John, sur l'allée circulaire.

Le plus souvent, Jackie retrouvait à nouveau ses enfants à l'heure du dîner, même si, à la Maison-Blanche, elle mangeait rarement avec eux. À la place, après avoir pris l'apéritif dans le Salon Ovale Jaune, le Président et la First Lady montaient dans la salle à manger du premier étage avec un petit cercle d'amis proches – mais pas avant que Maud Shaw ait emmené les enfants dire bonsoir à leurs parents.

Fréquemment, le rituel de l'après-dîner des Kennedy incluait la projection d'un nouveau film produit par Hollywood. Peu de temps après l'assassinat de JFK, la catéchiste de Caroline, sœur Joanne Frey, demanda à ses élèves de poser leur tête sur leur bureau et de penser à Jésus. Après quelques minutes, les enfants relevèrent la tête et elle leur demanda à quoi leur avait fait penser ce petit exercice.

Caroline leva la main.

« Au fait que maman regardait toujours des westerns avec papa, parce que papa adorait les westerns. Maman les détestait, mais elle les regardait quand même parce qu'elle adorait papa. »

Durant leurs jeunes années, John et Caroline assistèrent à très peu de vraies marques d'affection entre leurs parents – une conséquence logique de l'éducation reçue par le premier couple du pays. Le mariage des parents de Jackie s'était soldé par un divorce plein d'acrimonie et la mésentente de Joe et Rose Kennedy était palpable. Et si Jackie adorait son play-boy de père, Black Jack Bouvier, l'absence de contact physique entre les parents

Kennedy et leurs enfants provoqua chez John une aversion définitive pour les contacts physiques non sexuels.

Quoi qu'il en soit, John et Jackie grandirent à une époque où les grandes démonstrations d'affection étaient mal vues – en particulier chez les gens huppés du nord-est des États-Unis, élevés par des nurses et envoyés très jeunes dans des pensions chic.

« Ils n'étaient peut-être pas tout le temps l'un sur l'autre, reconnaît Tish Baldrige, mais ils avaient leurs moments de tendresse où il la prenait par la taille ou lorsqu'elle posait sa tête sur son épaule. »

La nuit, lorsque son dos empêchait John de dormir dans sa chambre, Jackie, pieds nus sur le carrelage froid, le rejoignait pour mettre sur sa platine le disque de la comédie musicale, *Camelot* écrite par Lerner et Loewe.

« John et Jackie étaient très proches, très amoureux l'un de l'autre, insiste le demi-frère de Jackie, Hugh "Yusha" Auchincloss. Ils s'appréciaient énormément, ils s'amusaient ensemble. Et c'est dans cette ambiance que John a grandi. Il est né dans un foyer rempli d'amour, de joie et de rires, comme des millions d'autres enfants. »

Peut-être, mais pas *exactement* comme des millions d'autres enfants.

John était « Lark » et Caroline « Lyric ». Leurs parents, respectivement « Lancer » et « Lace ». Malgré ces noms de code choisis par le *Secret Service* [1], Jackie craignait moins la possibilité que l'on puisse faire du mal à ses enfants que celle qu'ils puissent être blessés émotionnellement, volés de leur enfance.

« Je veux que mes enfants grandissent dans un environnement plus intime, insistait Jackie, pas dans les salles de réception. Et je ne veux pas qu'ils soient élevés par des nurses et des gardes du corps. »

1. Agents chargés de la protection du Président.

Donc, en plus de l'école qu'elle avait installée sur le solarium, au troisième étage, elle conçut une aire de jeux pour Caroline et John, juste sous les fenêtres du Bureau Ovale du président. Les menuisiers de la Maison-Blanche suivirent à la lettre les plans de la First Lady et construisirent un tunnel en bois, un toboggan, une balançoire en cuir, un clapier à lapins et un trampoline entouré d'arbres (« tout ce qu'ils pourront voir, c'est ma tête apparaissant et disparaissant au-dessus des arbres, remarqua Jackie) et perchée sur le chêne blanc préféré de Herbert Hoover, une cabane avec un autre toboggan.

« Le toboggan arrive exactement où il faut, déclara Jackie à J.B. West. En fait, Caroline rêve de pousser son petit frère dessus, avec son landau et tout. »

En fait, le premier souvenir d'enfance de John est d'avoir regardé un des animaux domestiques de la famille dévaler ce toboggan.

« Nous avions un chien du nom de Pushinka, qui avait été donné à mon père par un apparatchik soviétique, raconta plus tard John. Et nous avions entraîné ce chien à glisser sur le toboggan que nous avions derrière la Maison-Blanche. Voir ce chien glisser sur ce toboggan est probablement mon premier souvenir. »

Les enfants Kennedy possédaient plus d'une douzaine d'animaux et Pushinka était l'un d'entre eux. Ils emménagèrent à la Maison-Blanche avec un seul chien – leur Welsh terrier, Charlie –, mais Pushinka ne tarda pas à rejoindre la ménagerie de la Maison-Blanche. Vint ensuite Wolf, le bien nommé chien-loup irlandais, cadeau d'un prêtre de Dublin. Joe Kennedy donna ensuite à sa belle-fille préférée un berger allemand, Clipper.

« Sortez-moi ces foutus chiens d'ici », était la réaction habituelle du Président, sévèrement allergique à ces animaux, chaque fois qu'il tombait dessus – même si son allergie aux chats était encore plus violente. Tom Kitten, le chat de Caroline, dut être donné pour cette raison.

Jackie fit construire une étable pour l'animal domestique des Kennedy le plus célèbre, Macaroni, le poney de Caroline. La First Lady, cavalière accomplie, avait aussi adopté un poney, Leprechaun, pour John, jusqu'à ce que l'on se rende compte que si le petit garçon n'était pas allergique aux chiens, il l'était aux chevaux.

Il y avait aussi, dans les jardins de la Maison-Blanche, des enclos pour les agneaux, les canards, les cochons d'Inde et Zsa Zsa, le lapin buveur de bière de la famille. Marybelle et Bluebell, les hamsters des enfants, vivaient dans la chambre de Caroline en compagnie de son animal préféré, un canari du nom de Robin.

« Jackie se rendit compte dès le début, rapporte Tish Baldrige, qu'il fallait plus que des jouets et des animaux pour offrir à John et Caroline une existence s'approchant le plus possible d'une enfance normale. Elle ne voulait pas que ses enfants grandissent dans un aquarium. »

Protégeant férocement leur intimité, Jackie ordonna que l'on plante des arbres et des buissons à différents endroits stratégiques autour de la Maison-Blanche pour se protéger des badauds. Quand John protesta que les Américains avaient le droit de voir la Maison-Blanche (« Pour l'amour de Dieu, Jackie, c'est *eux* qui l'ont payée ! »), elle se calma un peu.

« Ils ont droit à *certaines* vues de la Maison-Blanche, concéda Jackie. Mais j'en ai marre de jouer les vedettes dans les films amateurs de tout le monde ! »

Cela devint un refrain habituel.

« Je ne supporte plus tous ces gens en train de nous regarder par-dessus les grilles, se plaignit-elle. Je vais finir par abdiquer. »

S'agissant de la couverture médiatique de John et Caroline, les photos publiées dans *Life* et *Look* ne la dérangeaient pas tant qu'elle pouvait en contrôler la fréquence et les circonstances. Dans les mois qui suivirent, le public eut la joie de découvrir les clichés réconfortants de Caroline montant son poney, Macaroni ; la fillette assise dans une carriole avec sa mère, à Glen Ora, la maison de campagne que la famille avait louée dans les collines de Virginie ; Caroline et John dansant la gigue dans le Bureau Ovale devant leur père, radieux, qui tapait dans ses mains ; les enfants exhibant au personnel ravi de la Maison-Blanche leurs déguisements de Halloween. En 1962, le soir d'Halloween, Arthur Schlesinger découvrit sur le pas de la porte de sa maison à Georgetown un groupe de farfadets surexcités.

« Au bout d'un moment, une mère qui portait un masque et qui se trouvait derrière eux leur dit qu'il était temps de frapper à la porte d'une autre maison, se rappelle Schlesinger. C'était, sans aucun doute possible, la voix de Jackie. Avec des agents du *Secret Service* dissimulés dans l'obscurité, elle accompagnait John, Caroline et leurs cousins dans leur tournée d'Halloween. »

Quelques images soigneusement contrôlées de la vie de la Première Famille de la nation étaient une chose. Les photos non autorisées prises par des photographes trop zélés en étaient une autre.

« Mme Kennedy, se rappelle le photographe de *Look*, Stanley Tetrick, savait vous terrifier si nécessaire. C'était une jeune femme résolue et coriace. »

Tetrick l'apprit à ses dépens quand il assista, en 1961, à la célébration annuelle du 4 juillet du clan Kennedy qui se tenait à Hyannis Port. Il devait prendre des clichés pour un reportage sur les Shriver et il avait été prévenu qu'il ne devait pas photographier Caroline en train de jouer avec ses cousins, mais il ne put résister. *Look* retarda la publication de son travail pendant un an, espérant recevoir une autorisation qui ne vint jamais.

Quand *Look* se décida finalement à utiliser ces clichés, « Kennedy s'énerva parce que Jackie était fâchée », se remémore Tetrick.

Pierre Salinger savait trop bien combien la lionne pouvait devenir féroce lorsque l'on s'attaquait à ses petits.

« Jackie voulait à tout prix protéger leur intimité. Elle

devenait féroce, dit Salinger. Dès qu'elle eut mis le pied à la Maison-Blanche, elle chercha à leur épargner les feux des projecteurs. »

« Jackie ne voulait pas que John et Caroline soient traités comme des stars, commente Tish Baldrige. Mais, évidemment, *c'était* des stars. Les Américains étaient tout simplement tombés amoureux d'eux. »

« Elle devint très paranoïaque envers la presse, dit le photographe Jacques Lowe. Mais John savait que ses enfants étaient un grand atout pour son gouvernement. Il était fier d'eux. Il voulait les montrer. Cela devint une sorte de jeu entre eux deux. Avec moi au milieu. »

Un jour, JFK s'approcha de Lowe et lui proposa :

« Jacques, prends des photos de Caroline et donne-les à Ben Bradlee. »

Ben Bradlee travaillait alors à *Newsweek*.

« Monsieur le Président, vous savez bien que je ne peux pas faire ça, répliqua-t-il. Jackie ne veut pas de photo de Caroline en train de courir autour de la Maison-Blanche.

— Et alors ? Ne lui dis pas », rétorqua JFK en haussant les épaules.

« Je les ai prises et, quand elles sont parues dans *Newsweek*, Jackie a évidemment été furieuse. Bien sûr, le Président a joué les innocents. C'est donc moi qui ai tout pris. »

Salinger aussi était victime de ce genre de petit jeu présidentiel. Lorsque Jackie se plaignit qu'un autre cliché non autorisé des enfants venait de paraître, il tenta de lui expliquer que JFK lui-même avait demandé que l'on prenne cette photo.

« Je m'en fous, répondit Jackie. Il n'a pas le droit d'annuler mes ordres lorsqu'il s'agit des enfants. »

Même le Président n'avait pas le courage d'affronter sa femme lorsqu'il s'agissait des enfants et de la presse. Donc, la plupart du temps, on profitait de son absence pour outrepasser ses directives.

« Dès qu'elle s'en allait, se remémora Tetrick, je débarquais. »

Tetrick avait abondamment photographié JFK pendant la campagne électorale. L'affection, la tendresse que le Président montrait à ses enfants – en particulier à son jeune fils – l'impressionnaient.

« C'était incroyable l'intérêt qu'il portait à ce petit garçon. C'était presque sensuel. Un soir, dans le Bureau Ovale, John était assis par terre et le Président lui parlait. John dit quelque chose, et son père, penché sur lui, lui répondit. Puis, il avança les mains, remonta son pyjama et caressa la peau nue du petit garçon au-dessus de la ceinture de son pantalon. Il avait envie de le toucher. »

« Une autre fois, ils étaient dehors tous les deux et John a pris son fils et l'a renversé sur ses genoux comme s'il allait lui donner une fessée, mais on pouvait voir, à la façon dont il le tenait, qu'il cherchait seulement à s'amuser avec lui. Vous savez, il y avait vraiment quelque chose entre eux, quelque chose d'authentique. Le garçon éprouvait le même sentiment à l'égard de son père. Ce sentiment mutuel n'aurait, je crois, pu aller que crescendo. »

Ce ravissement grandissant que le petit garçon provoquait chez son père était visible pour tout le monde. En fin d'après-midi, il ouvrait les portes qui donnaient sur la roseraie, tapait dans ses mains et les enfants accouraient.

« Les enfants pouvaient jouer près de lui, pratiquement lui monter sur la tête, il n'en continuait pas moins à animer une réunion ou à écrire un discours », se rappelle Baldrige.

JFK passait aussi de temps en temps voir Caroline et ses camarades de classe dans la petite école que Jackie avait créée dans la Maison-Blanche.

« Il montait ici constamment pour voir les enfants. Il jouait et parlait avec eux sur la pelouse sud, et ils se précipitaient dans son bureau en un millième de seconde dès qu'il leur envoyait le signal. »

Jackie se démenait pour que John et Caroline ne se sentent pas isolés des autres enfants – peu importe le côté solennel ou officiel du moment.

« Nous avons reçu tous les membres du gouvernement avec leurs enfants, dit-elle. Chaque fois que c'était possible, j'essayais que leurs enfants les accompagnent. Dès que nous apprenions qu'il y avait des petits enfants, on essayait de les inviter. »

« La maison était pleine d'enfants, matin, midi et soir, se souvint Baldrige. Je ne savais jamais quand une avalanche de mouflets risquait de me tomber dessus – avec des nez qui coulent, des gants oubliés dans le hall, des bicyclettes... »

L'un des trésors d'antiquité que Jackie exhuma du sous-sol de la Maison-Blanche dans le cadre de son ambitieux projet de rénovation devint l'un des objets avec lesquels John préférait jouer. En 1878, la reine Victoria avait donné au président Rutherford B. Hayes un bureau monumental sculpté dans le bois du navire de guerre britannique, le H.M.S. *Resolute*. Woodrow Wilson s'en était servi et FDR y était attablé lors de sa fameuse allocution « conversation au coin du feu » radiophonique. Jackie l'avait fait restaurer et le fit installer dans le Bureau Ovale.

Il arrivait que des conseillers présidentiels, des ministres et même des chefs d'État en visite soient en pleine discussion, quand soudain un étrange grattement émanait de l'intérieur du bureau.

« Y aurait-il un lapin là-dedans ? » s'exclamait le Président d'une voix faussement horrifiée.

Puis un panneau du meuble s'ouvrait en grand et John surgissait en riant et faisait le tour de la pièce en sautant comme un lapin. John, dont les jeux de cache-cache avec son père dans le Bureau Ovale furent immortalisés par Stanley Tretick et d'autres photographes, gagna le surnom de « John-John » parce que, chaque fois que le président criait son nom encore et encore, il lâchait tout et accourait. Pour les autres membres de la famille, cependant, il a toujours été seulement « John ».

« John-John et JFK se faisaient rire l'un l'autre, tout simplement, observa Ben Bradlee. Kennedy aimait rire et faire rire les gens et son fils est son meilleur faire-valoir. »

Le conseiller présidentiel Theodore Sorenson se souvient du jour où John s'était glissé dans le Bureau Ovale lors d'un petit déjeuner de travail.

« Après avoir salué et serré les mains de chacun, John-John s'installa sur une chaise qu'on lui proposait et ne fut pas loin de prendre la direction de la réunion. Son père eut beau lui suggérer, tentant même de le soudoyer, de quitter la pièce, il résista bruyamment. Décidé, finalement, à l'ignorer, le Président demanda s'il y avait des questions en disant comme d'habitude "Qu'avons-nous aujourd'hui ?"

« La première réponse qui fusa venait de John : "J'ai un verre d'eau." »

Caroline qui se comportait, en général, beaucoup mieux, avait elle aussi ses moments de caprice. Un soir, alors que des invités au dîner du couple présidentiel sortaient de l'ascenseur, ils faillirent être renversés par Caroline, nue comme un ver, qui courait dans le couloir, poursuivie par une Maud Shaw tout à fait confuse.

Lorsqu'ils ne se trouvaient pas à la Maison-Blanche ou dans l'une des propriétés des Kennedy, à Palm Beach ou à Hyannis Port, la Première Famille se réfugiait à Hammersmith Farm, à Newport, Rhode Island, qui appartenait au riche Hugh D. Auchincloss. La mère de Jackie, Janet, avait épousé Auchincloss après avoir divorcé de Black Jack Bouvier. Jackie appelait son beau-père « oncle Hughdie ».

Pendant ces sorties, le Président aimait raconter des histoires à ses enfants.

« Des histoires, se souvient Schlesinger, qui mettaient en scène Caroline – qu'il appelait "Bouton" – en train de chasser à courre avec la meute d'Orange County et gagnant le Grand National ou encore John-John à bord de son petit bateau coulant un destroyer japonais. Il leur parlait de Bobo le Lobo, un géant, et de Maybelle, une petite fille qui se cachait dans les bois, ou du Requin Blanc et du Requin Noir. Le Requin Blanc se nourrissait des chaussettes des gens ; un jour, alors que le Président et Caroline faisaient de la voile à Newport avec Franklin Roosevelt Jr Kennedy prétendit avoir vu le Requin Blanc et s'exclama : "Franklin, donne-lui tes chaussettes, il a faim." Franklin jeta prestement ses chaussettes dans l'eau, ce qui fit grande impression sur la petite Caroline. »

Les autres invités n'échappaient pas à ce genre d'injonctions.

« Nous avons tous vite compris que lorsque John se mettait à parler du Requin Blanc à Caroline, dit Lem Billings (un confident de la famille Kennedy depuis toujours), il était temps de se réfugier de l'autre côté du yacht. »

Le jeu préféré de John avec son papa, c'était de « passer dans le tunnel », ce qui arrivait en général quand JFK se dirigeait vers son bureau.

« Le président Kennedy devait se tenir très droit, se rappelle Maud Shaw, pendant que John passait et repassait entre ses jambes. Il ne se lassait jamais de ce jeu. Contrairement, j'en suis sûre, au Président. »

En tout cas, le Président se fatigua de la coupe de cheveux européenne de son fils, beaucoup trop longue par rapport aux coupes en brosse à la mode dans les années 1960. La Maison-Blanche ne tarda pas à recevoir une flopée de lettres demandant que l'on rase les cheveux du fils du Président ; certains même envoyèrent de l'argent pour payer le coiffeur.

Jackie, qui aimait le style Petit Lord Fauntleroy, résista aux pressions. JFK finit par demander à Miss Shaw de raccourcir au moins sa frange.

« Si l'on vous interroge, dit-il, anticipant la réaction de Jackie, dites que vous avez agi sur ordre du Président. »

L'atmosphère des premières années de la vie de John était l'exact contrepoint du tumultueux mélange de prestige, pouvoir, sexe et crises en tout genre qui caractérisa les mille jours de JFK à la tête de la nation. De leur premier voyage triomphal en Europe, où JFK se présenta comme « l'homme qui accompagnait Jacqueline Kennedy à Paris », aux soixante-six fabuleuses soirées officielles qu'ils présidèrent comme un couple royal américain, jusqu'à la succession de crises nationales et internationales, le Président et la First Lady vécurent une existence frénétique – pour ne pas dire grisante.

Subissant d'impossibles pressions publiques et de fortes tensions dans leur vie privée, les Kennedy avaient trouvé un moyen d'assumer tout ce stress. Comme bon nombre d'autres notables de l'époque, ils se tournèrent vers le médecin new-yorkais Max Jacobson, le tristement célèbre « Dr Feelgood ». Ses cocktails d'amphétamines – surtout de la Dexedrine, en injection, une ou deux fois par jour – leur procuraient le surcroît d'énergie nécessaire. À cette époque, les amphétamines n'avaient pas été déclarées par la FDA substances dangereuses ou provoquant une dépendance.

John et Jackie furent les patients du « Dr Feelgood » pendant tout la présidence – et, dans le cas de Jackie, bien après. Cliniquement parlant, ils étaient dépendants des médicaments que leur dispensait Jacobson. Le Président et la First Lady des États-Unis étaient, sans le savoir, des toxicomanes.

Au grand dam de sa femme, les injections permettaient aussi à JFK de continuer à la tromper allègrement. Suivant l'exemple des frasques adultères de son père, Kennedy trompa Jackie avec d'innombrables autres femmes. Parmi elles : la belle-sœur de Ben Bradlee, Mary Pinchot, Judith Campbell, qui flirtait avec la mafia et, bien sûr, Marilyn Monroe. Quand Marilyn chanta « Happy birthday, Mr Président » à John devant des milliers de gens, à Madison Square, Jackie était avec John et Caroline en Virginie, participant au Loudoun Hunt Horse Show. Ses enfants virent la First Lady, déterminée à éviter une humiliation publique, gagner la troisième place.

En dépit des tensions qui existaient entre eux, John et Jackie mettaient un point d'honneur à ne pas se disputer devant leurs enfants. Et, malgré leurs emplois du temps surchargés, ils couvraient John et Caroline d'affection chaque fois qu'ils passaient un instant avec eux.

Le Président désirait si ardemment communiquer avec son fils que, lorsque John n'avait que dix mois, il demanda impatiemment à Maud Shaw :

« Quand John va-t-il enfin parler ?

— Oh, mais il parle, monsieur le Président. C'est juste que vous ne pouvez pas le comprendre.

— C'est vrai, papa, intervint Caroline, il me parle, à moi.

— Alors, il va falloir que tu joues l'interprète pour moi », suggéra JFK.

Après un tranquille dîner à la Maison-Blanche, Ben Bradlee écrivit dans son journal :

« John-John a trouvé un nouveau jeu qu'il adore, il vient vers vous et vous murmure tout un charabia incompréhensible à l'oreille. Si vous rejetez la tête en arrière violemment en mimant la surprise, John se roule par terre de rire. »

Que le petit garçon grandisse n'empêchait pas le Président de le taquiner.

« Alors, qu'est-ce que tu fais, Sam ? demandait-il.

— Je ne m'appelle pas Sam, je m'appelle John.

— Quoi, Sam ?

— Non, non, non, s'énervait John. Je ne suis pas Sam, je suis John. John, John, JOHN !

— Oh, je suis désolé, Sam. »

Mais JFK prenait toujours le temps de répondre aux questions de son fils. Le Président emmenait John dans le hangar où était garé l'hélicoptère présidentiel.

« Et, se souvient Maud Shaw, ils restaient assis un bon moment à l'intérieur de l'hélicoptère. Il montrait à John, à qui il avait mis un casque, comment les choses fonctionnaient, les différents gadgets, avec une patience infinie exactement comme s'il était un grand garçon. »

Le dirigeant de la nation laissait « capitaine John » lui donner des ordres, installé sur le siège du pilote, et prétendait même lui obéir.

Dès qu'il a su marcher, et ce n'est pas une figure de style, John a été fasciné par les avions, et surtout les hélicoptères. À treize mois, il fit ses premiers pas en public à l'aéroport de Palm Beach où son père devait s'envoler pour Washington. Trois semaines plus tard, alors que Jackie et les enfants rentraient à leur tour, John enchanta les journalistes qui étaient à bord en montant et redescendant l'allée centrale tout en leur faisant coucou.

À l'âge de deux ans, John avait l'habitude d'attendre, avec une impatience certaine, l'atterrissage de l'hélicoptère de son père sur la pelouse de la Maison-Blanche. De touchantes photos et films d'actualité montrent le Président descendre de l'hélicoptère et attendre, les bras grands ouverts, tandis que le petit garçon court et le dépasse pour rejoindre l'hélico.

John était tellement chagriné, quand l'hélicoptère se posa sur la pelouse sud pour emmener son père à la base aérienne d'Andrews (« papa, ne me laisse pas »), que JFK décida de l'embarquer avec lui. Une fois à Andrews, il l'embrassa, lui dit au revoir et John, accompagné d'un agent du *Secret Service*, retourna à la Maison-Blanche. Dès que l'hélicoptère présidentiel décollait ou atterrissait, John s'amusait à l'imiter : il étendait les bras en riant et tournait jusqu'à l'étourdissement. Le garçon y acquit un nouveau surnom, « Helicopter Head ».

Rien d'étonnant à ce que le jouet préféré de John à cette époque fût un petit hélicoptère.

« Je lui ai tenu la main et je l'ai aidé à écrire son nom dessus, se rappelle Cecil Stoughton, le photographe officiel de la Maison-Blanche. Ce fut son premier autographe. »

Évidemment, son papa ne pouvait pas toujours l'emmener à la base aérienne d'Andrews.

« J'ai bien peur que tu ne puisses pas venir avec moi, cette fois-ci, John, disait-il en tirant de sa poche un petit avion en plastique. Mais voilà un petit avion pour toi en attendant mon retour. Fais-le voler, mon fils, et quand tu seras grand, papa t'en achètera un vrai. »

John courait alors de l'un à l'autre en criant :

« Mon papa va m'en acheter un vrai quand je serai grand ! »

Avant que *Look* ne publie son premier grand reportage sur John-John à la Maison-Blanche, Stanley Tetrick donna au Président un jeu de clichés.

« Il a arpenté toute la Maison-Blanche avec ces photos pour les montrer à tout le monde, raconte Tetrick. On aurait dit le père de famille lambda, avec son portefeuille plein des photos de sa famille. Au retour de Jackie, il monta à l'étage et les lui montra, à elle aussi. Elle les a trouvées très réussies. Elle n'était pas fâchée du tout. »

John éprouvait un besoin grandissant de passer du temps avec John et Caroline, et cela ravissait Jackie.

« Parfois, il prend même le temps de déjeuner avec eux, disait-elle. Si l'on m'avait dit que cela arriverait un jour, je ne l'aurais jamais cru. Mais il est vrai qu'un président se trouve coupé du monde extérieur et que ses proches sont tout ce qui lui reste, après tout. »

« Il aimait être avec ses gamins, commente Cecil Stoughton. Je crois qu'il ne s'attendait pas à ce que cela lui plaise autant. Mais il en est venu à les comprendre et à jouer avec eux de cette merveilleuse manière qui n'est pas donnée à tout le monde. »

JFK et son homonyme étaient, selon Stoughton, « vraiment de grands copains ». Evelyn Lincoln, secrétaire du Président depuis un bon moment, avait dans son bureau un bocal rempli de bonbons roses et bleus. JFK pouvait, toujours d'après Stoughton, « interrompre ses activités, quelles qu'elles soient, pour emmener John devant le bocal du bureau de sa secrétaire et jouer avec lui quelques minutes. Le petit John était si adorable – son père ne se lassait jamais de lui ».

Néanmoins, une chose, chez son fils, ennuyait JFK. En dépit de ses propres exploits dans le Pacifique qui sont légendaires, le Président s'effrayait à l'idée que son fils puisse être exposé aux dangers de la guerre.

« La fascination de John pour les choses militaires m'inquiète, confia-t-il à Stoughton. Dès qu'il voit des pistolets, des épées ou quelqu'un en uniforme, il se passionne. »

La vie de la Maison-Blanche ne manquait effectivement pas de gardes chamarrés, de parades militaires, de dépôts de gerbes aux monuments aux morts et de salves d'honneur.

« Pourquoi ne l'empêchez-vous pas d'assister aux parades militaires ? » s'enquit Stoughton.

Le Président n'avait pas envie de priver son fils d'un de ses plus grands plaisirs.

« Je suppose qu'il doit passer par cette phase, reconnut JFK. John accorde juste plus d'importance à ces choses qu'elles n'en ont en réalité. »

Cependant, John pouvait être, dixit Baldrige, « franchement difficile ». Dans une lettre à sa grand-mère Rose Kennedy où elle lui racontait une récente promenade en traîneau dans les jardins de la Maison-Blanche, Caroline décrivait son frère comme « un méchant garçon qui hurle, qui a essayé de cracher dans le Coca-Cola de maman et qui a très mauvais caractère ».

Le 12 avril 1962, l'impératrice d'Iran, Farah Diba, alors en visite officielle avec son époux le Shah, se pencha vers le petit garçon et lui tendit une jonquille.

« Non ! » cria-t-il en reculant.

Miss Shaw en fut mortifiée.

Avec la bénédiction de Jackie, la nurse élevait John d'une main ferme. Chaque fois qu'il se tenait particulièrement bien, Maud Shaw disait à JFK Jr :

« Tu es mon grand garçon. »

Et John, avide de gagner l'approbation de Miss Shaw, devint sensiblement plus obéissant, se précipitant sur elle en criant « Je suis ton grand garçon ! » chaque fois qu'il s'était lavé les mains, qu'il avait fini son assiette ou qu'il était allé avec succès sur le pot.

Une des grandes fiertés de John était de ne pas avoir peur de l'eau. À la plage, il se précipitait et plongeait dans la mer, le plus souvent sans même avoir pris le temps de mettre son maillot de bain. Ensuite, il retournait en courant auprès de sa nurse et lui posait toujours la même question.

« Je sais nager, Miss Shaw, n'est-ce pas ?

— Oui, John, répondait-elle patiemment, tu nages très bien. »

En réalité, la famille et les agents du *Secret Service* s'affolaient vraiment quand le fils du Président approchait de l'eau. Le demi-frère de Jackie, Jamie Auchincloss, se souvient de son neveu à l'âge de deux ans qui « ne se contentait pas de sauter du petit plongeoir, du côté le plus profond de la piscine de Bailey's Beach à Newport, qu'il y ait ou non quelqu'un pour le récupérer dans l'eau. Non, en fait, il demandait qu'on l'aide à monter sur le plongeoir le plus haut pour courir sur la planche et se jeter de trois mètres de haut. Son père était là le plus souvent pour le recueillir ».

Une fois, John était en train de tenter de grimper l'échelle qui menait au grand plongeoir quand son père le retint par son maillot de bain, mettant à nu ses petites fesses.

« Papa, s'indigna John. Tu es un méchant ! »

Il essaya de retourner sur l'échelle et le Président recommença à lui baisser son slip de bain. John, du coup, devint tout rouge et, cherchant l'épithète la plus cinglante, cria :

« Papa, tu as une tête de crotte !

— John, répliqua JFK faussement indigné. Personne n'appelle le Président des États-Unis "tête de crotte". »

« Tous les autres enfants Kennedy avaient plus ou moins le droit de faire tout ce qui leur plaisait, raconte Maud Shaw. Cependant, ce qui surprenait les gens, c'était de découvrir à quel point Caroline et John étaient de gentils gamins, absolument pas gâtés. Ce n'était vraiment pas des sales gosses. »

Ce n'était pas dû au hasard. Jackie avait des idées précises sur la façon dont ses enfants devaient se comporter. Cela signifiait, par exemple, qu'ils devaient s'adresser à tous les adultes – depuis les femmes de ménage de la Maison-Blanche jusqu'aux ministres du gouvernement – en disant monsieur, madame ou mademoiselle.

« Les enfants étaient bien élevés, dit Baldrige, parce que leur mère n'aurait pas toléré qu'il en soit autrement. »

Cela n'aurait pas dérangé John.

« Il s'est laissé aller, dès le début, à gâter John, se souvient le sénateur George Smathers. Il ne pouvait rien refuser à ce gamin. Que le Président ait une réunion gouvernementale ou qu'il discutât avec un chef d'État quelconque, cela n'avait pas d'importance – il arrêtait tout si son fils entrait dans le Bureau Ovale. Cela ne gênait pas du tout Jackie – elle ne s'était pas attendue à ce qu'il devienne un père aussi affectueux – mais cela rendait sa tâche, contrôler John, beaucoup plus difficile. »

Un jour, le Président avait une réunion particulièrement tendue avec Andrei Gromyko, le ministre soviétique des Affaires étrangères et John fut exclu du Bureau Ovale. Frustré, le petit garçon se planta derrière la porte en hurlant à pleins poumons :

« Gromyko ! Gromyko ! »

Jusqu'à ce que Miss Shaw l'emmène.

Si John avait plus que tendance à gâter son fils, les autres membres du clan Kennedy n'étaient pas en reste. Le 19 décembre 1961, à la suite d'une sévère crise cardiaque, Joseph P. Kennedy, soixante-treize ans, devint hémiplégique, paralysé du côté droit et incapable de parler. John, et Jackie qui avait toujours été particulièrement proche de son beau-père, furent bouleversés par la maladie de Joe. Il était cloué dans sa chaise roulante et ne pouvait plus prononcer qu'un seul mot : NON, mot qu'il répétait encore et encore, avec une misérable frustration.

John et Caroline faisaient partie des rares plaisirs qu'il goûtait encore. Bien que le visage de Joe fût maintenant déformé et qu'il bavât, John et Caroline étaient à l'aise avec le vieil homme. Ben Bradlee décrit ainsi un dîner à la Maison-Blanche en présence de Joe :

« Caroline et John faisaient les fous pendant l'heure de l'apéritif sans être gênés par l'état de leur grand-père qui était visiblement ravi de les avoir près de lui. À un moment, John heurta la petite table sur laquelle était posée le verre de Jo Kennedy qui se renversa sur ses genoux. »

Cela fut immédiatement nettoyé et John continua à courir dans la pièce tandis que son père et son grand-père riaient.

La paternité avait ouvert John à tous les enfants, et pas uniquement aux siens. Ce fut particulièrement évident au plus fort de la crise cubaine d'octobre 1962, quand les services secrets américains découvrirent la présence de missiles offensifs soviétiques à Cuba. Pendant une semaine, des réunions top-secrètes eurent lieu à la Maison-Blanche, derrière des portes closes, où Kennedy décida des mesures à prendre. À l'insu du personnel de la Maison-Blanche, des employés du Pentagone et du ministère des Affaires étrangères dormirent derrière ces portes fermées, sur des canapés et des lits de camp. John expliqua la gravité de la situation à sa femme et insista sur l'importance qu'il accordait à ce que la vie continue normalement à la Maison-Blanche.

Malgré la gravité de la crise qui lui prenait tout son temps, le Président réussit à trouver quelques instants pour les passer avec Caroline et John qui, histoire de compliquer les choses, étaient cloués au lit avec une forte fièvre. Dans un moment inhabituel de mélancolie, John se tourna vers Jackie et lui confia qu'il y avait un vrai danger de guerre nucléaire.

« Nous avons déjà eu notre chance, dit-il. Mais les enfants, tous les enfants ? »

Le lendemain soir, le Président annonça à la nation qu'il avait ordonné le blocus naval de l'île. La crise cubaine des missiles dura en tout treize jours. Puis, le 24 octobre, les navires russes qui apportaient les missiles à Cuba firent demi-tour.

« Nous nous défions les yeux dans les yeux, dit Dean Rusk, le ministre des Affaires étrangères, et je crois que les autres viennent de cligner les yeux. »

Maintenant que le monde avait échappé de peu à un conflit nucléaire, Jackie décida d'organiser une fête d'anniversaire pour célébrer à la fois les cinq ans de Caroline et les deux ans de John. Le frère et la sœur se gavèrent de poulet à la crème, de gâteau et de glace avant d'aller, avec leurs invités, regarder des dessins animés dans la salle de cinéma privée de la Maison-Blanche.

En février 1963, John qui, comme d'habitude, courait comme un fou, trébucha et se brisa une dent sur une marche en béton. La fichue dent partit dans les airs et le petit garçon s'effondra par terre en sanglotant. Maud Shaw parvint à le calmer, mais après quelques instants de réflexion, il se releva brusquement et plongea dans les buissons. Il émergea quelques secondes plus tard avec sa dent qu'il alla faire admirer avec bonheur – ainsi que le trou qu'elle avait laissé dans la bouche – à tout le monde. Peu de temps après, il se cassa une autre dent en jouant dans la grande cabane de la pelouse de la Maison-Blanche. Quand John avait perdu la première dent, le Président était ailleurs, en train de faire un discours sur l'état de l'Union ; cette fois-ci, il put consoler son fils.

Au printemps 1963, John était pratiquement devenu un parfait petit gentleman. On lui avait appris à saluer, comme on avait appris à Caroline à faire la révérence, en prévision de la visite de la grande-duchesse Charlotte du Luxembourg le 30 avril.

Miss Shaw avait promis aux enfants qu'ils auraient un cookie et un soda après avoir accueilli la grande-duchesse, mais John s'impatientait en regardant les adultes se servir au buffet, à l'autre bout de la pièce.

Juste au moment où la First Lady présentait son fils à la grande-duchesse, John piqua une colère, se jeta sur le sol et resta là, immobile.

« John, dit Jackie, relève-toi immédiatement. »

John ne bougea pas d'un millimètre.

« Pourriez-vous demander à Miss Shaw de nous rejoindre ? » demanda Jackie à un employé.

Une Miss Shaw fort chagrinée vint à la rescousse de Jackie, attrapa l'enfant et l'emmena à l'étage.

« Pourquoi as-tu fait ça, grands dieux ? demanda-t-elle à John. Où est passé mon grand garçon ?

— Mais, Miss Shaw, essaya-t-il d'expliquer, ils ne m'ont pas donné de cookie. »

Mais le plus grand faux pas que fit John survint un jour où il se tenait sur le Truman Balcony pour regarder la parade de bienvenue organisée pour le président de Yougoslavie, le maréchal Tito. Pendant que l'orchestre de la marine jouait, John brandit deux pistolets et se mit à crier :

« On veut Kennedy ! On veut Kennedy ! »

Les deux présidents se trouvaient juste en dessous de lui et, quand John laissa accidentellement tomber du balcon un de ces pistolets en plastique, l'objet manqua Tito de peu et atterrit à quelques centimètres de ses pieds.

Par bonheur, l'apparition d'un revolver – jouet ou pas – ne provoqua pas d'incident international, au grand soulagement de JFK.

« En grandissant, confia le Président en soupirant à son assistant et vieil ami Kenny O'Donnel, John développe une personnalité originale. »

JFK était tellement enthousiasmé par son fils à la « personnalité originale », confia Jackie à son amie Roswell Gilpatric, qu'il n'y avait « rien au monde qu'il désirât plus qu'un autre petit garçon aussi merveilleux ».

Le 18 avril 1963, à Palm Beach, Jackie annonça officiellement qu'elle était enceinte.

Ayant déjà vécu une fausse couche, mis au monde un enfant mort-né et après deux grossesses difficiles, Jackie refusa cette fois de prendre le moindre risque. Elle passa la plus grande partie de l'été à peindre, à lire et à se reposer dans la maison qu'ils avaient louée au bord de la mer sur Squaw Island, pas très loin de la propriété des Kennedy, à Hyannis Port.

Le 7 août 1963, cinq semaines avant la date prévue de l'accouchement, Jackie emmena John et Caroline monter à cheval près d'Osterville. Sur le chemin du retour, elle ressentit les premières douleurs.

À 11 h 10, Jackie montait dans l'hélicoptère qui allait l'emmener à l'hôpital militaire de la base aérienne d'Otis.

Jackie, qui avait été jusque-là, comme toujours, très calme, devint soudain très nerveuse.

« Dr Walsh, dit-elle en se tournant vers son obstétricien, je dois arriver à l'hôpital à temps ! Je ne veux pas qu'il arrive quoi que ce soit à ce bébé.

— Nous avons tout le temps qu'il nous faut », lui répondit-il, essayant de la rassurer.

Mais Jackie continua de s'affoler.

« S'il vous plaît, dépêchez-vous ! Ce bébé ne doit pas être mort-né ! »

L'hélicoptère se posa quelques minutes plus tard et, à 12 h 52, Jackie accoucha par césarienne d'un garçon de deux kilos cent qu'on mit immédiatement en couveuse. L'aumônier de la base baptisa le nouveau-né Patrick Bouvier Kennedy, comme le grand-père paternel de John et Black Jack Bouvier.

Le Président arriva quarante minutes après la naissance de Patrick. Avant d'avoir vu Jackie et son nouveau fils, celui-ci fut informé que le bébé souffrait d'un grave problème respiratoire qui affectait la membrane hyaline du poumon, ce qui n'est pas rare chez les enfants prématurés.

On prit la décision de le transporter en ambulance au Children's Hospital de Boston où il pourrait être mieux soigné. Mais avant, John poussa la couveuse de Patrick jusque dans la chambre de Jackie et le lui déposa dans les bras. Elle le tint quelques minutes contre elle avant qu'il ne le remette dans la couveuse. Ce fut la dernière fois qu'elle vit cet enfant.

« Ses cheveux étaient noirs (se souvient la secrétaire de Jackie, Mary Gallagher, qui se trouvait à quelques mètres de là) et ses traits bien dessinés. »

Le père alla voir John et Caroline à Squaw Island pendant que leur petit frère filait vers Boston en ambulance. Puis, il retourna rendre visite à Jackie à l'hôpital de la base aérienne d'Otis avant de s'envoler pour Boston.

Dans la nuit, on déplaça le nouveau-né au Harvard's School of Public Health où on le mit dans une tente à oxygène. John, le lendemain, alla le voir quatre fois ; dans l'après-midi, il prit l'avion pour rejoindre Jackie et lui remonter le moral et revint en hélicoptère à Boston. Cette nuit-là, il refusa de quitter l'hôpital et dormit dans un lit vacant deux étages en dessous de la chambre où Patrick luttait contre la mort sous une tente à oxygène.

Toute la nation pria pour la guérison de Patrick. Mais à 5 heures du matin, le 9 août 1963, il mourut. Patrick avait quarante heures.

« Il s'est bien battu, dit John à son ami Dave Powers. C'était un très beau bébé. »

John se précipita au chevet de sa femme. Lorsqu'ils se retrouvèrent, tous deux s'effondrèrent.

« Oh, John, oh, John, sanglotait Jackie. Il n'y a qu'une seule chose que je ne pourrais pas supporter, maintenant – si jamais je te perdais. »

La mère du bébé était trop faible pour assister aux funérailles. Les frères de JFK, Bobby et Teddy, la sœur de Jackie, Lee Radziwill, Janet et Jamie Auchincloss faisaient partie des rares personnes qui assistèrent à la messe des anges dite par le cardinal Cushing de Boston. À la fin du service, John plaça la médaille de St. Christophe que Jackie lui avait donnée le jour de leur mariage dans le minuscule cercueil.

Le Président quitta la chapelle le dernier.

« J'étais derrière lui se souvient Cushing de sa voix rocailleuse. Il était tellement écrasé de chagrin qu'il a pris le cercueil dans ses bras comme s'il voulait l'emporter avec lui. Je lui ai dit “allons-y, John. Il faut y aller ; Dieu est bon”. »

Au Holyhood Cemetery, non loin de son lieu de naissance, à Brookline dans le Massachusetts, John inconsolable, tendit la main pour toucher le cercueil pendant qu'il descendait en terre. Des larmes coulaient sur ses joues.

« Au revoir, souffla-t-il. On doit se sentir terriblement seul là-dessous. »

John était très inquiet de l'impact que la mort de Patrick pouvait avoir sur ses enfants qui avaient attendu avec impatience l'arrivée de leur petit frère. Pour les réconforter, il apporta à Squaw Island un petit chiot, un cocker, Shannon. Quand Jackie revint à la maison après une semaine de repos à l'hôpital, son mari et elle furent accueillis par John, Caroline et toute la ménagerie canine des Kennedy – Shannon, Clipper, Charlie et les petits de Pushinka, White Tips, Streaker, Butterfly et Blackie – s'ébattant sur la pelouse devant la Maison-Blanche.

Le 12 septembre, un petit groupe d'amis proches aidèrent le Président et la First Lady à organiser la fête de leur dixième anniversaire de mariage. Ben et Tony Bradlee vinrent en hélicoptère avec JFK et, lorsqu'ils atterrirent, ils remarquèrent une nouvelle intimité entre les deux époux Kennedy.

« C'était la première fois que l'on revoyait Jackie depuis la mort du petit Patrick, se souvient Ben. Elle a accueilli JFK et leur étreinte était la plus chaleureuse que nous ayons jamais vue. Ce sont des gens extrêmement réservés et très indépendants, aussi quand ils laissent libre cours à leurs émotions, c'est réellement touchant. »

Ils étaient encore ravagés par la mort de Patrick. Lee Radziwill cherchait comment remonter le moral de sa sœur quand l'armateur grec, Aristote Onassis proposa de mettre son yacht, le *Christina*, à leur disposition pour une croisière dans la mer Égée.

« Lee avait une sorte de relation amoureuse avec Onassis, se rappelle Evelyn Lincoln. Au départ, l'idée ne plaisait pas beaucoup à John (l'idée que Jackie aille sur le *Christina*), mais il se dit ensuite que cela pourrait lui faire du bien. »

Tandis que sa mère naviguait à bord du yacht, Caroline continua à suivre les cours de l'école de la Maison-Blanche. Le Président, pendant ce temps-là, passait de plus en plus de temps avec son fils. Il emmena même le petit garçon à une réunion du Fonds monétaire international au Sheraton Park Hotel. Alors qu'ils traversaient le hall de l'hôtel, JFK remarqua que le nez de John coulait. Sous les yeux de son ministre des Finances et d'une vingtaine de dignitaires étrangers, le président des États-Unis sortit un mouchoir de sa poche, se pencha et moucha le nez de son fils.

Lorsqu'elle revint à la maison, après son escapade en pleine mer, Jackie retrouva JFK, John et Caroline.

« Oh, John, s'exclama-t-elle en se précipitant pour l'embrasser avant de prendre les enfants dans ses bras. Je suis tellement heureuse d'être rentrée ! »

L'éducation religieuse des enfants était en tête des priorités de Jackie. La mort de leur petit frère avait soulevé des interrogations et il devenait impératif qu'on leur parle de Dieu et ses mystères. En octobre, Caroline et six de ses camarades de classe, catholiques eux aussi, commencèrent à suivre le catéchisme dispensé au couvent de Georgetown Visitation Academy.

À l'un des cours, la catéchiste, sœur Joanne Frey des Missions Helpers of the Sacred Heart, demanda aux enfants de découper des images dans des magazines et de raconter ensuite en classe ce qu'ils avaient imaginé à partir de ces images.

« Maman m'a aidée, expliqua Caroline avant de montrer à la maîtresse une photo représentant un enfant à peu près de son âge et une mère portant un bébé dans ses bras. Ça, c'est maman, ça, c'est moi et là, cela aurait pu être Patrick, mon petit frère. Il est au ciel. »

Souvent, Jackie emmenait John assister à ces cours. Un jour d'octobre 1963, celui-ci débarqua avec un bâton sur l'épaule.

« Il se prend pour un soldat, se moqua Caroline en levant les yeux au ciel, mais il n'est même pas capable de faire un salut. »

« Un mois plus tard, dit sœur Joanne, comme des millions de gens, j'ai pleuré en le regardant faire le salut militaire devant le cercueil de son père. C'était un salut absolument *parfait*. Ironique, non ? Le salut le plus célèbre de tous les temps. »

Jackie, qui était finalement plus dévote que son mari, voulut que l'éducation religieuse de John commence plus tôt que celle de Caroline. Le 27 octobre 1963, le Président, Jackie et Caroline emmenèrent John à sa première messe, à l'église de St. Stephen the Martyr, près de leur maison de week-end, à Middleburg en Virginie.

Deux semaines plus tard, le 11 novembre, John accompagna JFK au cimetière national d'Arlington assister aux cérémonies du Veteran's Day. Après avoir observé son père déposer une gerbe de fleurs sur la tombe du soldat inconnu, John, fasciné par les uniformes pleins de couleurs et les drapeaux claquant au vent, s'éloigna de son père sans s'en rendre compte. JFK contemplait les milliers de pierres tombales qui couvraient le paysage.

« Allez chercher John, ordonna-t-il à un garde du corps. Je crois qu'il risque de se sentir seul. »

4

« Parfois, je ne distingue plus mes vrais souvenirs, ce que j'ai vraiment vécu, de ce que j'ai vu en images. »

John

« John a fait de John son fils le garçon espiègle et indépendant qu'il est. Bobby permet qu'il reste comme ça. »

Jackie

22 novembre 1963
12 h 30, Dallas

John et Jackie échangèrent un ultime regard quand le premier des trois coups de feu le toucha en pleine nuque, traversa sa trachée et ressortit par sa gorge. L'expression du beau visage de John à ce moment-là hanterait les nuits de sa veuve jusqu'à la fin de ses jours.

« Il eut l'air interloqué. Je me souviens qu'il avait l'air d'avoir un léger mal de tête, raconta-t-elle plus tard. Un bout de son crâne s'est détaché. Un bout de crâne couleur chair. Pas blanc. Oui, j'ai vu un morceau bien net de sa tête se détacher. Puis, il s'est affaissé sur mes genoux. »

Tandis que le cortège de voitures roulait à toute allure vers le Dallas's Parkland Memorial Hospital, Jackie berçait contre elle la tête de son mari.

« John, John, John, tu m'entends ? Je t'aime, John. »

Une demi-heure plus tard, le Dr Kemp Clark, l'un des médecins officiant aux urgences du Parkland Memorial, annonça à Jackie que c'était fini. Son mari, dont le sang avait entièrement maculé le sol de la pièce, était mort. Un drap cachait son visage. Un de ses pieds dépassait. Le pied, observa Jackie était « plus blanc que le drap ».

Elle prit le pied du Président dans ses mains et l'embrassa tendrement. Puis elle découvrit sa figure.

« Sa bouche était tellement *belle*. Il avait les yeux ouverts. »

Le Dr Marion Jenkins, chef du service d'anesthésie de Parkland, se souvient : « Elle a commencé à l'embrasser. Elle a embrassé son pied, sa jambe, sa cuisse, son torse et pour finir ses lèvres. Sans dire un mot. »

Un des praticiens chercha sous le drap la main de John et guida celle de Jackie vers elle. Jackie la tint pendant que le père Oscar Huber donnait l'extrême-onction au Président.

Neuf jours plus tôt, John, Jackie, Caroline et John avaient assisté du balcon de la Maison-Blanche au spectacle des Black Watch, des joueurs de cornemuse en kilt qui jouaient pour un public de mille sept cents jeunes défavorisés massés sur la pelouse sud. Caroline s'était glissée sur la chaise de son père et avait passé son bras autour de lui. John, excité comme toujours, se tortillait sur les genoux de sa mère. Ce fut la dernière fois que la Première Famille se trouva réunie.

« Ces pauvres enfants ! » s'écria Ethel Kennedy quand son mari, le frère de John, Bobby, lui annonça la nouvelle. En tant qu'Attorney General, Bobby fut averti parmi les tout premiers, de l'assassinat de son frère. Au même moment, Caroline, invitée à dormir pour la première fois, se trouvait sur la banquette arrière d'un break, celui de ses hôtes, et jacassait à qui mieux mieux avec sa petite amie. Un seul agent du *Secret Service* à bord d'une voiture banalisée suivait à distance raisonnable. Quand la radio interrompit ses programmes pour annoncer la nouvelle, la mère de la copine de Caroline l'éteignit immédiatement. Elle était persuadée que Caroline, plongée dans sa conversation avec sa fille, n'avait rien entendu.

Elle se trompait. Quelques minutes plus tard, elle se garait sur la bande d'arrêt d'urgence de l'autoroute et

Caroline était transférée du break au véhicule conduit par le garde du corps. Installée sur le siège du passager avant, Caroline serrait contre elle son nounours rose et sa petite valise tandis qu'ils fonçaient vers la Maison-Blanche.

« Nous ne pouvions pas savoir si toute la Première Famille n'était pas visée, explique l'agent du *Secret Service*. Nous ne pouvions pas prendre le risque. »

Un autre automobiliste pensait exactement la même chose. Apercevant Caroline dans une Ford noire banalisée, un conducteur anonyme, croyant probablement que la petite fille faisait l'objet d'un enlèvement, se lança à la poursuite de la voiture. Après une course-poursuite à fond de train dans les rues de Washington au cours de laquelle la Ford se faufila dans les embouteillages de la mi-journée, la fillette fut déposée à la Maison-Blanche.

John-John, quant à lui, jouait gaiement avec son hélicoptère miniature, sous la surveillance de Maud Shaw. Quand la mère de Jackie, Janet Auchincloss, entendit la terrible nouvelle, elle prit seule la décision de faire venir ses petits-enfants chez elle, sur O Street.

Jamie Auchincloss, le demi-frère de Jackie qui avait seize ans, était en train de passer d'un cours à l'autre quand un professeur lui apprit que son beau-frère avait été abattu. Se précipitant chez lui, il trouva Caroline et John dans le salon, « qui s'attendaient à passer la fin de l'après-midi à s'amuser avec leur oncle Jamie ». Bien que Caroline se doutât qu'une chose grave venait d'arriver, aucun des deux enfants n'avait été averti.

« Habituellement, quand on se retrouvait, la conversation tournait en grande partie sur les intéressantes occupations de leur papa et de leur maman, se rappelle Jamie. Cette fois-ci, nous nous sommes débrouillés pour éviter le sujet ; pourtant, je suis certain que Caroline se doutait de quelque chose. À cause de l'ambiance qui régnait. Pendant que nous étions dans le salon, les agents du *Secret Service* s'étaient regroupés autour du poste de télévision de la cuisine.

J'ai essayé de la tenir à l'écart de toute source d'informations, mais, à un moment, Caroline s'est levée brusquement et s'est précipitée dans la cuisine. Les gardes du corps ont sauté sur la télé et l'ont éteinte, mais je crois qu'elle a eu le temps de voir ce qui se passait. Quand elle est revenue auprès de nous, nous avons repris la conversation où nous l'avions laissée, mais son humeur avait changé. Elle était devenue très taciturne. »

Au Bethesda Naval Hospital du Maryland, où se déroulait l'autopsie du corps de son époux, Jackie paraissait avoir besoin de raconter encore et encore les détails macabres de ce qui s'était passé à Dallas. Les pupilles dilatées, parce qu'elle était encore sous le choc, et son tailleur maculé de sang, Jackie, cependant, « n'eut pas un moment de faiblesse, se remémore Charlie Bartlett, un vieil ami des Kennedy. Elle se contrôlait complètement, son sang-froid était remarquable, réellement incroyable ».

Puis, pour la première fois, Jackie s'inquiéta de ses enfants. Quand Janet Auchincloss lui apprit que John et Caroline se trouvaient chez elle, Jackie se raidit.

« Qu'est-ce qu'ils font là-bas ? voulut-elle savoir.

— Jackie, j'ai reçu le message que tu m'as envoyé de l'avion disant que tu voulais qu'ils dorment chez moi », répliqua Janet sans se démonter.

Selon sa mère, Jackie eut l'air absolument interloquée.

« Mais je n'ai jamais envoyé ce message.

— Tu ne veux donc pas qu'ils soient là ?

— Non, je ne veux pas, répondit Jackie avec fermeté. Le mieux pour eux, c'est d'être dans leurs chambres, entourés de leurs affaires et qu'ils aient les activités les plus normales possible. Maman, mon Dieu, ces pauvres enfants. Leur vie quotidienne ne doit pas être perturbée, surtout en ce moment. »

Janet se précipita sur le téléphone et appela Maud Shaw.

« Heureusement, ils n'étaient pas encore couchés, rapporte Janet. Ils ont donc cru qu'ils étaient juste venus dîner avec leur grand-mère. »

À la hâte, les enfants furent revêtus de leurs manteaux d'hiver et ramenés sur-le-champ à la Maison-Blanche.

« Elle avait raison, bien sûr, concéda plus tard Janet Auchincloss. Quand il s'agissait des enfants, Jackie avait toujours raison. »

Ben et Toni Bradlee se trouvaient à la Maison-Blanche quand les enfants arrivèrent. Avant de partir rejoindre Jackie à Bethesda, ils se demandèrent à voix haute s'il n'était pas temps que quelqu'un apprenne aux petits la mort de leur père.

« Je vais le leur dire moi-même », aurait déclaré Bradlee, mais, à la dernière minute, sa femme l'en dissuada.

À la place de quoi, le journaliste fit de son mieux pour les distraire.

« Raconte-moi une histoire ! Raconte-moi une histoire ! » réclama John en sautant dans tous les sens.

Bradlee lui en raconta une, puis une deuxième. Le petit garçon en voulait encore une autre.

Ben Bradlee réfléchit quelques instants.

« Essaie de m'attraper, d'accord ? » ordonna-t-il à John.

Ravi d'obéir, le fils du Président se mit à poursuivre Ben dans le Salon Ovale Jaune, le Salon Ouest, la salle à manger familiale, la cuisine, puis repassa dans le sens inverse – le tout en poussant des cris de joie.

De retour à Bethesda, leur grand-mère demanda à Jackie, à brûle-pourpoint :

« Qu'est-ce que tu vas dire aux enfants ? »

Celle-ci réfléchit un moment, pesant soigneusement le pour et le contre. John était trop jeune pour comprendre ce qui se passait. Mais, par ailleurs, et si Caroline apprenait tout de la bouche d'une de ses petites camarades ?

Jackie tira longuement sur sa cigarette.

« Je crois que Miss Shaw doit faire exactement comme elle le sent. »

Elle avait adopté un ton froid, mais c'était juste une défense. La simple idée d'annoncer la mort de leur père à ses enfants, les yeux dans les yeux, lui paraissait terrifiante. C'était une tâche difficile dont quelqu'un d'autre devrait se charger.

« Miss Shaw devra découvrir ce que les enfants ont vu et entendu, et ce qu'ils s'imaginent, déclara Jackie. À partir de là, elle se fiera à son propre jugement. »

Tandis qu'elle observait les enfants jouer dans les appartements privés de la Maison-Blanche, Miss Shaw pensait avec effroi à la mission qui lui avait été assignée. Cela empira au fur et à mesure que les dignitaires arrivaient et repartaient, soit en hélicoptère, soit en avion. Chaque fois qu'un hélico atterrissait, John sautait sur ses pieds en hurlant :

« Papa est rentré ! Papa est rentré ! »

C'était déjà elle qui avait annoncé aux enfants la mort de Patrick, leur petit frère, mais cette fois-ci, elle ne voyait pas comment trouver les forces nécessaires.

« Je n'ai pas le courage de le leur dire, ne cessait de répéter Miss Shaw. Pourquoi pas quelqu'un d'autre... ? Je ne peux pas. »

Elle coucha John dans son petit lit sans lui parler de la mort de son père. Il avait été convenu que cela pouvait attendre le lendemain.

Après que Caroline eut enfilé son pyjama et se fut glissée sous ses couvertures, Miss Shaw s'assit sur le bord de son lit et prit la main de la petite fille. La jeune femme avait les larmes aux yeux.

« Je ne peux pas m'empêcher de pleurer, Caroline, parce que j'ai une nouvelle très triste à t'annoncer, dit-elle doucement. On a tiré sur ton père. Il a été emmené à l'hôpital, mais ils n'ont pas réussi à le sauver. Il est parti s'occuper de Patrick. Patrick se sent tellement seul au ciel. Il ne connaît personne là-haut. Maintenant, il a un ami, le meilleur ami possible à son côté. Et ton père est vraiment très content de voir Patrick. »

Caroline éclata en sanglots.

« Mais qu'est-ce que va faire papa au ciel ? questionna-t-elle.

— Je suis persuadée que Dieu va lui confier suffisamment de choses à faire parce qu'il a toujours été un homme très occupé. Dieu va faire de lui ton ange gardien et celui de ta maman et de John. »

Miss Shaw resta auprès de la petite fille qui enfouit son visage dans son oreiller et pleura plus d'une heure avant de s'endormir. La gouvernante était certaine d'avoir pris la bonne décision en n'attendant pas le lendemain matin.

« Il vaut mieux, pour des enfants de l'âge de Caroline, être confronté au chagrin avant de s'endormir, expliqua-t-elle par la suite à Jackie. Comme ça, le choc est moins fort quand ils se réveillent. »

Pour John, cela se passa autrement. On lui dit le lendemain matin que son père était monté au ciel pour s'occuper de Patrick.

« Est-ce que papa a pris son avion avec lui ? demanda-t-il à Miss Shaw.

— Oui, répondit-elle.

— Je me demande quand est-ce qu'il va revenir. »

Peu de temps après cette conversation, dont son petit frère n'avait pas compris la teneur, Caroline se réveilla et bondit hors de son lit, convaincue qu'elle avait été victime d'un mauvais rêve. Elle saisit la grande girafe en peluche que son papa lui avait donnée, et la petite fille en pyjama rose courut dans le couloir jusqu'à la chambre de son père, comme elle le faisait tous les matins. John était juste derrière elle et traînait un jouet.

Mais lorsqu'ils ouvrirent la porte, ils découvrirent leur grand-mère et oncle Hugh Auchincloss adossés à la tête de lit de leur père, incapables de fermer l'œil. Jackie avait demandé à sa mère et à son beau-père de passer la nuit dans la chambre du Président.

Poussant la porte avec sa girafe, Caroline s'avança avec son frère à sa suite.

Sur le lit, il y avait un exemplaire du *New York Times* dont la une était entièrement couverte d'une photo de JFK bordée de noir.

« Qui est-ce ? demanda Caroline.

— Oh, Caroline, répondit tristement sa grand-mère, tu sais bien que c'est ton papa. »

La petite la regarda droit dans les yeux.

« Il est mort, n'est-ce pas ? Un homme lui a tiré dessus, c'est ça ? »

Janet, ordinairement si bavarde, resta muette.

« L'expression de son petit visage était tellement extraordinaire, dit-elle après. C'est difficile pour Caroline de... C'est une petite fille tellement affectueuse, tellement réfléchie. Je crois vraiment que l'attitude de ces deux enfants les jours suivants témoignait remarquablement de la manière dont le Président et Jackie les avaient élevés. »

Il y eut une courte messe ce matin-là à la Maison-Blanche, pour la famille et les amis proches. À 9 h 45, Maud Shaw amena John et Caroline dans la chambre de leur mère. C'était la première fois que Jackie les voyait depuis l'assassinat. Elle serra chaque enfant contre son cœur, puis, les prenant tous les deux par la main, elle descendit au rez-de-chaussée.

Trop jeunes pour assister à l'office, Caroline et John le suivirent de la pièce d'à côté. Ensuite, leur oncle Jamie et sa sœur, la demi-sœur de Jackie, donc, les sortirent et les emmenèrent sur le Manassas Battlefield.

« Pour leur changer les idées, se souvient Jamie, nous avons pris avec nous le berger allemand, Baron, et le caniche de ma mère. Ils les ont promenés un moment, puis nous avons ôté leurs laisses aux chiens pour qu'ils puissent courir. »

Un gardien du parc les aperçut et cria aux enfants :

« Les chiens sont interdits ! »

Puis, reconnaissant John et Caroline, le gardien, un solide gaillard, éclata en sanglots.

*
* *

Après le service funèbre, on laissa le cercueil de JFK dans le Salon Est. Jackie alla ensuite jusqu'au Bureau Ovale. Evelyn Lincoln l'attendait au milieu de la pièce, totalement déroutée. De là, elle se rendit avec l'intendant en chef de la Maison-Blanche dans la salle du conseil des ministres et s'assit.

« Mes enfants, commença Jackie, sont de bons enfants, n'est-ce pas, monsieur West ?

— Sans conteste.

— Ils ne sont pas gâtés ?
— Non, pas le moins du monde. »

Ce jour-là, Jackie trouva le temps d'écrire des petits mots à plusieurs amis et collègues de John – y compris son ami sénateur devenu son rival présidentiel, Richard Nixon. Elle écrivit qu'il devrait être reconnaissant de ne pas avoir gagné l'élection de 1960.

En retour, les lettres que Lyndon Johnson avait envoyées à John et Caroline, le soir de l'assassinat de leur père, la touchèrent beaucoup.

« Il te faudra plusieurs années pour comprendre à quel point ton père était un grand homme, avait griffonné LBJ au fils du Président qui n'avait pas encore trois ans. Sa mort est une vraie tragédie personnelle pour chacun d'entre nous, mais je veux que tu saches que je partage ton chagrin. Tu pourras toujours être fier de lui. »

À présent, Jackie voulait que ses enfants s'adressent à leur père de la même façon.

« Tu dois écrire une lettre à ton père maintenant, ordonna-t-elle à Caroline, pour lui dire combien tu l'aimes. »

« CHER PAPA », écrivit Caroline en lettres capitales. « TU VAS TOUS NOUS MANQUER. PAPA... JE T'AIME TRÈS FORT, CAROLINE. »

John traça un grand X au bas du mot de Caroline. Cette nuit-là, Jackie s'installa pour écrire sa lettre d'adieu, longue et décousue, à son mari mort. Elle la termina à l'aube. Cinq pages mouillées de pleurs dans lesquelles elle s'était librement épanchée. Avant que le corps de JFK ne soit transféré sous la rotonde du Capitole où plus de deux cent cinquante mille personnes vinrent lui rendre hommage, Jackie se rendit dans le Salon Est et plaça les deux lettres dans le cercueil, avec la paire de boutons de manchette qu'elle lui avait donnée et son bibelot préféré – le sceau présidentiel sculpté dans un fanon de baleine – qu'elle lui avait aussi offert.

Ce soir-là, des millions de familles américaines regardèrent à la télévision, dans un silence hébété, la famille du Président se joindre à la foule endeuillée qui défilait dans la rotonde du Capitole. Tandis que les ministres du gouvernement et les juges de la cour suprême luttaient pour conserver leur maîtrise, Jackie se pencha vers Caroline et lui murmura :

« Nous allons dire au revoir à papa, maintenant. On va l'embrasser et lui dire combien on l'aime et qu'il va nous manquer pour toujours. »

Toutes deux s'avancèrent vers le catafalque, s'agenouillèrent en silence et, geste qui libéra les dernières larmes des Américains, prirent le drapeau qui recouvrait le cercueil dans leurs mains gantées et l'embrassèrent avec tendresse.

Pendant ce temps, John, que Miss Shaw avait emmené dans un bureau non loin de la rotonde, n'arrêtait pas de gigoter. Les petits drapeaux qui décoraient un panneau en liège de cette pièce attirèrent immédiatement l'attention du petit garçon. Le membre du personnel du Capitole qui était présent lui en offrit un.

« Oui, merci beaucoup, dit John. Je peux en avoir un aussi pour ma sœur, s'il vous plaît ? »

Quand l'homme lui tendit les deux drapeaux, John ajouta :

« Oh, est-ce que vous pourriez m'en donner un autre pour mon papa ? »

L'homme en décrocha un troisième que John montra ensuite fièrement à sa mère.

Ces quelques jours chargés d'émotion, la nation ne quitta pas des yeux la superbe veuve et ses charmants enfants. Jackie portait la seule robe noire qu'elle possédât – celle qu'elle avait revêtue le soir où JFK avait annoncé sa candidature à l'élection présidentielle – mais elle voulait que les habits de John et Caroline soient en adéquation avec leur âge et qu'ils ne soient pas déguisés en adultes miniatures. À cette fin, au lieu de leur faire porter une tenue de deuil, elle les habilla avec des manteaux bleu marine et des chaussures rouges.

« Elle a eu raison de ne pas les attifer de noir, de ne pas leur mettre de chapeau, commenta la mère de Jackie. Ils se comportaient parfaitement naturellement, et pas comme des marionnettes. C'était ce que Jackie voulait. »

Jackie voulait aussi, par-dessus tout, honorer la mémoire de son époux en faisant comprendre au peuple américain l'ampleur de la perte que venait de subir la nation. « Elle pensait qu'il devait rejoindre le panthéon des grands leaders du pays, comme Lincoln et FDR, commente l'écrivain et ami Theodore White, et les funérailles nationales étaient une étape importante dans cette direction. » Depuis les feuillets qui seraient distribués pour la messe jusqu'aux tentures noires déployées dans le Salon Est (« trouve-moi où Lincoln a été enterré », ordonna-t-elle à Bobby Kennedy), pas un détail, même le plus insignifiant, n'échappa à l'œil perfectionniste de Jackie.

Pourtant, ses pensées ne s'éloignaient jamais de ses enfants. Ce dimanche, deux jours après le meurtre de son mari, Jackie pénétra dans le bureau de Pierre Salinger.

« Pierre, je n'ai qu'une seule chose à faire à partir de maintenant. Je dois m'occuper de John et Caroline jour après jour. Je dois m'assurer qu'ils seront intelligents. Je dois m'assurer qu'ils travailleront bien à l'école. Je dois m'assurer que, lorsqu'ils seront grands, ils auront un vrai point de vue sur ce qui doit être fait. C'est maintenant ma priorité. »

Ce même jour, sous le regard à juste titre abasourdi de certains, Aristote Onassis arriva à la Maison-Blanche. Moins de quarante-huit heures après l'assassinat du Président. Jackie s'était liée d'amitié avec le fameux armateur grec au cours de sa croisière à bord du *Chris-*

tina et, à la veille des funérailles nationales de son époux, elle l'avait appelé à son côté.

Les événements de ces derniers jours avaient été tellement prenants pour tout le monde que ce ne fut qu'à la dernière minute que Maud Shaw se rendit compte que le lundi suivant, le 25 novembre, John Fitzegerald Kennedy allait avoir trois ans. Caroline aurait six ans deux jours plus tard, il avait donc été prévu que les deux anniversaires seraient fêtés entre les deux dates. Pourtant, le matin du 25, pendant le petit déjeuner, Caroline et la gouvernante chantèrent au jeune John « Joyeux anniversaire » et lui offrirent deux cadeaux – un livre de la part de Miss Shaw et un petit hélicoptère de la part de Caroline.

Une heure plus tard, une Jackie éperdue de chagrin prit ses enfants par la main et monta avec eux dans une limousine en attente qui devait emmener John et Caroline à la cathédrale St. Matthews. Puis, au rythme lugubre et inoubliable des tambours assourdis, Jackie, flanquée de Bobby, Teddy et le reste du clan Kennedy, marcha derrière le cercueil tiré par des chevaux de la Maison-Blanche jusqu'à la cathédrale St. Matthews. Ils étaient suivis par un cortège composé, entre autres, de deux cent vingt représentants de cent deux nations dont le président français Charles de Gaulle, l'empereur éthiopien Hailé Sélassié, le chancelier allemand Ludwig Erhard, le prince Philip de Grande-Bretagne, et le ministre israélien des Affaires étrangères Golda Meir.

Pendant la messe, à l'intérieur de la cathédrale, Jackie finit par craquer.

« Ça ira, maman, ne pleure pas, murmura Caroline en essuyant les larmes qui coulaient sur les joues de sa mère. Je vais m'occuper de toi. »

L'intervention de la petite fille permit à Jackie de recouvrer son sang-froid. « Caroline m'a tenu la main comme un vrai petit soldat, commenta Jackie quelques jours plus tard. C'est mon aide, mon auxiliaire. Elle est à moi maintenant... John, lui, appartient désormais aux hommes... »

Pendant le service, John se tortillait à nouveau. Jackie demanda à Bob Foster, l'agent du *Secret Service* assigné aux enfants, d'emmener son fils dans une petite pièce à l'arrière de l'église. Un colonel de l'armée prit le temps de bavarder avec le petit garçon ; il lui expliqua à quoi correspondait chacune des médailles épinglées sur son uniforme.

Avant de retourner dans l'église, John fit le salut militaire au colonel, mais avec sa main gauche au lieu de la droite.

« Oh non, John, le corrigea le gradé. Ce n'est pas comme ça que l'on salue. On salue de la main droite. »

L'officier lui montra ensuite patiemment comment faire.

John retrouva sa mère à l'extérieur de la cathédrale et regarda le cercueil recouvert du drapeau des États-Unis partir vers sa destination finale, le cimetière national d'Arlington. Jackie, dont le visage ravagé par les larmes se devinait derrière sa mantille de dentelle noire, se pencha vers son fils et murmura :

« John, tu peux saluer ton père maintenant, lui dire au revoir. »

Se rappelant ce que le colonel lui avait appris quelques instants auparavant, John exécuta un salut militaire parfait qui fit fondre le cœur de millions de gens. Ce fut le moment qui symbolisa à la fois le chagrin de toute une nation et la place de John dans la psyché collective de ses compatriotes. Malheureusement, John tentera en vain, adulte, de rassembler ses souvenirs de ce jour historique.

« J'ai vu cette photographie si souvent... J'aimerais dire que je me souviens de cet instant, confia-t-il trois décennies après, mais je ne m'en souviens pas. »

Après les funérailles, Jackie retourna à la Maison-Blanche et reçut tour à tour, dans le Salon Est, les condoléances de plus de deux cents dignitaires étrangers.

Au premier étage, Maud Shaw coucha John pour sa sieste de l'après-midi.

À la Georgetown Visitation Academy, sœur Joanne Frey préparait son cours de catéchisme.

« La Maison-Blanche m'avait avertie que le cours était maintenu, rapporte-t-elle. Mais que, bien évidemment, Caroline ne viendrait pas. »

Puis, sans prévenir, « Caroline et un garde du corps entrèrent dans la classe. Caroline portait un petit trench. Elle avait l'air tellement perdue, si seule », se souvient sœur Joanne.

« Ma sœur, je sais que je suis en avance, s'excusa Caroline, mais nous étions en voiture et nous ne savions pas où aller.

— Oh, mais je suis ravie que tu sois là, répliqua la sœur. J'ai tellement de choses à préparer pour mon cours – tu vas pouvoir m'aider ! »

Caroline sortit son livre de catéchisme.

« Maman avait beaucoup de choses à faire, dit-elle, et j'ai pensé, même si je sais que je ne suis pas censée le faire, en lire quelques pages en avance et commencer à travailler dessus. Je suis désolée. Tout le monde est tellement occupé. J'avais besoin de faire quelque chose.

— Il n'y a pas de problème, Caroline », répondit sœur Joanne.

La sœur était émue par la solitude de la petite fille, mais elle fut aussi frappée par l'activité que sa mère lui avait conseillée.

« C'était le jour des funérailles du Président – de son mari – et Jackie aurait pu proposer à Caroline tout autre chose. Mais elle a voulu que Caroline fasse quelque chose de religieux. Cela en dit long sur cette femme et sur les espoirs qu'elle nourrissait pour ses enfants. »

Plus tard dans la journée, on organisa une petite fête pour l'anniversaire de John dans la salle à manger familiale.

« John sait que c'est son anniversaire aujourd'hui, avait dit Jackie, et je ne veux pas qu'il soit déçu. »

Il y avait une petite table couverte de présents, de glaces et un gâteau orné de trois bougies. Avec l'aide de sa sœur, John souffla les trois flammes, puis déchira les emballages colorés de ses cadeaux.

Dave Powers chanta a cappella *That Old Gang Mine* et *Heart of my Heart* et, d'après Janet Auchincloss, « tout le monde a été ému aux larmes ».

Bobby ne supporta pas d'entendre *Heart of my Heart*, une des chansons préférées de son frère. Il quitta la pièce.

Un peu plus tard, alors que Jackie et Rose Kennedy prenaient le café dans le Salon Ovale Jaune, Caroline accourut vers sa mère.

« Maman, est-ce que tous ces gens aimaient papa ?

— Oh, oui, bien sûr qu'ils l'aimaient, répondit Jackie.

— Non, maman, protesta Caroline en secouant la tête. S'ils l'avaient aimé, ils ne lui auraient pas fait ce qu'ils lui ont fait. »

Jackie ne sut que répondre. Caroline, l'air préoccupé, enchaîna alors :

« Maman, est-ce qu'ils t'aiment ? »

De toute évidence, la question tourmentait la petite fille.

« Euh, je pense que oui... en tout cas, certains d'entre eux », répliqua Jackie.

Voyant le trouble de Caroline, elle continua :

« J'aurais peut-être dû te dire que tout le monde n'aimait pas papa. Ceux qui l'aimaient étaient très nombreux, plus que ceux qui m'aiment, mais je crois que certains d'entre eux m'apprécient aussi. »

Jackie voyait bien que ces réponses ne suffisaient pas à Caroline.

« Après tout, conclut Jackie, tout le monde n'aimait pas Jésus, n'est-ce pas ? »

Cette fois-ci, la petite fille parut satisfaite et elle fila rejoindre la fête de son petit frère.

Deux jours après les funérailles du Président, Jackie et les enfants se rendirent en avion à Hyannis Port passer Thanksgiving avec le clan Kennedy. Dès son arrivée, elle monta directement dans la chambre de Joe, emportant avec elle le drapeau qui avait recouvert le cercueil de son mari et y resta une heure.

« Quand Jackie ouvrit la porte pour sortir, se souvient le garde du corps Ham Brown, j'ai aperçu Joe, assis sur son lit, le drapeau plié en triangle sur les genoux. C'était une scène tellement triste. »

Le lendemain, elle convoqua Theodore White de *Life Magazine* à Hyannis Port. Pendant que John et Caroline dormaient à l'étage, Jackie, vêtue d'un pull beige et d'un pantalon noir, ressassa à voix haute les macabres détails de l'assassinat, en tirant sur les cigarettes qu'elle fumait à la chaîne. Elle était en colère contre « les aigris » qui écrivaient que JFK était resté trop peu de temps au pouvoir pour laisser une trace durable dans l'Histoire. C'était pour cette raison, en fait, qu'elle avait invité White à Hyannis Port – pour créer, avec l'aide de *Life*, un nouveau mythe américain.

« Je veux seulement dire une chose, déclara-t-elle à White. C'est presque devenu une obsession, je n'arrête pas de penser aux paroles de cette comédie musicale. Cela m'obsède. »

Jackie raconta à White que la nuit, lorsque la douleur empêchait John de dormir, elle mettait sur la platine son disque favori – celui de la comédie musicale *Camelot*. La chanson qui le faisait le plus vibrer se trouvait à la fin de l'album et les paroles qu'il préférait étaient tout à la fin de la chanson – ces paroles que Jackie ne cessait de tourner et retourner dans son esprit fiévreux. Elles avaient été écrites par un vieil ami de John et son condisciple à Harvard, Alan Jay Lerner :

Ne l'oubliez jamais
Un endroit a été
Etincelant et beau
Il s'appelait Camelot.

« Il n'y aura jamais d'autre Camelot, dit-elle avec mélancolie. Il y aura d'autres grands présidents – les Johnson sont formidables, ils ont été merveilleux avec moi – mais de Camelot, il n'y en aura plus jamais. »

« C'était une jeune femme à l'intelligence très aiguë et il était évident qu'elle avait longuement et mûrement réfléchi au souvenir qu'elle voulait que l'on conserve de son jeune, beau et héroïque époux, explique White. Elle s'était toujours considérée comme une princesse de contes de fées et elle voulait que John Kennedy prenne place dans l'Histoire comme un roi Arthur moderne. »

Ce qui impliquait la notion d'une dynastie Kennedy.

« Si JFK était un roi bienveillant, observa White par la suite, alors, par extension, John endossait le rôle du prince du royaume, devenait l'héritier du trône. »

Pour l'heure, cependant, c'était Lyndon Johnson qui portait la couronne – et il attendait avec de plus en plus d'impatience que Jackie et sa petite nichée quittent la Maison-Blanche pour qu'il puisse enfin emménager. Parce qu'elle avait du mal à laisser tout cela derrière elle, il fallut onze jours à Jackie pour s'en aller – tandis que l'épouse du dernier président mort en exercice, Eleanor Roosevelt, elle, était partie le jour même du décès de son mari.

Dès son retour à Washington, avec le corps de son mari, Jackie se retrouva confrontée à la question de savoir où elle allait habiter avec les enfants.

« Je ne vais pas passer mon temps à courir le monde, cela serait indigne de ma position, avait-elle décrété, mettant fin aux rumeurs qui prétendaient qu'elle allait s'installer en France. Je veux vivre là où j'ai vécu avec John à Georgetown, et avec les Kennedy, à Hyannis Port. Ils sont ma famille. Je vais élever mes enfants. Je veux que John devienne un bon garçon. »

Le temps qu'elle trouve un nouveau foyer, Jackie s'installa dans la grande demeure remplie d'objets d'art du sous-secrétaire d'État, Averell Harriman. En deux jours, les affaires personnelles des Kennedy furent mises en carton et emportées en camionnette jusqu'à la maison des Harriman, au 3038 N Street.

Quand John aperçut un carton sur lequel était écrit « les jouets de John », il éclata en sanglots. Miss Shaw le rassura en disant qu'il reverrait ses jouets et, pour l'aider à supporter la transition, elle lui suggéra de revêtir un de ses cadeaux d'anniversaire – un uniforme de marine confectionné spécialement pour le fils du Président qui venait de mourir. Ensuite, le petit garçon et sa nurse s'assirent par terre et, ensemble, ils retirèrent du carton quelques objets choisis – un pistolet de cow-boy, un hélicoptère et des épées. Puis Miss Shaw aida John à les ranger dans sa petite valise pour qu'il puisse les emporter lui-même dans sa nouvelle maison.

Un flot continu de livraisons de dernière minute envahit le foyer des Harriman. Il arriva une mallette aux initiales de JFK, une bicyclette, un tricycle, des cartons à chapeaux, les deux cages à perroquet des enfants – un rose, l'autre blanc – et plusieurs caisses de vin français.

Ils passèrent leur dernière soirée à la Maison-Blanche ensemble, en famille. Jackie, comme elle l'avait promis, organisa une fête pour les anniversaires de John et Caroline. Il y eut un autre gâteau, un grand cette fois, et les enfants déballèrent leurs cadeaux tour à tour. Le préféré de Caroline était un ours en peluche et celui de John un modèle réduit de Air Force One.

Le lendemain matin, l'agent Bob Foster enmena John faire une dernière promenade dans les jardins de la Maison-Blanche pendant que sa mère faisait des adieux émouvants à l'ensemble du personnel. John eut soif, alors Foster le souleva pour lui permettre de boire à une fontaine. À cet instant, un photographe apparut et commença à les mitrailler.

John le regarda droit dans les yeux.

« Pourquoi est-ce que tu me prends en photo ? interrogea-t-il. Mon papa est mort. »

« Le pauvre photographe s'est mis à pleurer, se souvient Foster. Et moi aussi. »

*
* *

Peu après midi, le 6 décembre 1963, John s'apprêtait à quitter la Maison-Blanche en compagnie de sa mère et de sa sœur. Quelques instants plus tôt, une petite cérémonie avait eu lieu dans la salle à manger familiale durant laquelle Lyndon Johnson remit la médaille présidentielle de la liberté à JFK à titre posthume. Bobby Kennedy la reçut à la place de Jackie qui était trop bouleversée pour y assister. Avant leur départ, Jackie donna à son fils la boîte noire qui contenait la médaille.

« John, dit-elle doucement, voilà quelque chose que tu peux emporter de la Maison-Blanche. Garde-le et sois en toujours fier. »

John glissa la boîte sous son bras droit et, agitant un petit drapeau américain, marcha avec Jackie et Caroline jusqu'à la limousine qui les attendait. Une demi-heure plus tard, la voiture se garait devant la demeure des Harriman. En sortirent Jackie et ses enfants, suivis de Bobby et Ethel.

Pour l'heure, le *Secret Service* maintenait leur surveillance à l'extérieur, comme à l'intérieur de la maison. Selon la loi, Jackie avait droit pendant deux ans, ainsi que John et Caroline, à la protection du *Secret Service* ; cette durée pouvait être étendue jusqu'à son remariage ou sa mort. D'après ces dispositions, tous les enfants présidentiels ont droit à une protection du *Secret Service* jusqu'à l'âge de seize ans.

Ils en avaient besoin. Devant la maison des Harriman, c'était le carnaval. Des automobilistes roulaient au pas, espérant apercevoir Jackie ou ses enfants, et provoquaient d'immenses embouteillages. De chaque côté de la rue, une foule compacte de badauds occupait les trottoirs.

À l'intérieur, Jackie se sentait prisonnière et s'inquiétait de l'impact que tout cela pouvait avoir sur Caroline et John. Il était maintenant évident pour la famille et les proches que Caroline était en grande souffrance. Jacqueline Hirsh, qui lui enseignait le français à l'école de la Maison-Blanche, se souvient que Caroline « avait une mine de déterré. Elle était extrêmement pâle et n'arrivait pas à se concentrer. Elle avait complètement, totalement conscience que son père avait été assassiné. On voyait bien qu'elle ne pensait qu'à ça et que c'était très difficile pour elle. Mais elle ne s'est jamais plainte. Jamais ».

Bobby devint la présence masculine prédominante de leurs vies. Il leur rendait visite tous les jours. Le conseiller de JFK, McGeorge Bundy, les amis de longue date Charlie et Martha Bartlett, ainsi que Chuck et Betty Spalding et une poignée d'autres proches, mettaient un point d'honneur à passer au moins une fois par semaine.

Dave Powers, décrit avec pertinence par Ben Bradlee comme le « farfadet de JFK », passait lui aussi tous les jours vers l'heure du déjeuner pour jouer avec John sur le tapis du salon ou – l'activité préférée du petit garçon, entre toutes – s'entraîner à marcher au pas, de la salle à manger à la cuisine, et vice versa.

Bien que Mary Gallagher vînt tous les jours s'occuper du courrier de Jackie, le petit garçon se rendit compte, soudain, qu'il n'avait pas vu la secrétaire de son papa. On lui expliqua qu'Evelyn Lincoln avait maintenant son propre bureau – une toute petite pièce du Executive Office Building dans laquelle la dévouée secrétaire du Président allait s'attaquer à la formidable tâche d'archiver les papiers et les possessions de JFK.

John demanda à voir Mme Lincoln, mais Mary Gallagher et Miss Shaw pensèrent qu'il était préférable qu'il l'appelle d'abord. La nurse composa le numéro, puis plaça le combiné contre l'oreille de John.

« Bonjour, madame Lincoln, commença-t-il. C'est John.

— Oh, John, répondit-elle, ravie. Quelle merveilleuse surprise ! »

John lui dit que Miss Shaw avait l'intention de lui rendre visite quelques jours plus tard.

« Quelle bonne idée, John ! J'ai hâte de te voir.

— Moi aussi. »

Il se tut un instant, puis :

« Madame Lincoln ?

— Oui, John ? »

Un silence. Puis la petite voix reprit :

« Papa est là ? »

5

« Je déteste ce pays. Je méprise l'Amérique et je refuse que mes enfants continuent à habiter ici. S'ils ont décidé de tuer les Kennedy, alors mes enfants sont la cible numéro un. J'ai les deux cibles principales. Je veux quitter ce pays. »

Jackie après l'assassinat de Bobby Kennedy

« Il n'y a toujours eu que nous trois : ma mère, Caroline et moi. »

John

John ouvrit les rideaux et observa de la fenêtre le charivari qui régnait dans la rue. Instantanément, une douzaine de flashes crépitèrent.

« Pourquoi tous ces idiots me prennent-ils en photo ? » demanda John à sa nurse.

Après l'assassinat, John était considéré – encore plus qu'avant Dallas – comme le fils adoré de l'Amérique. Jackie ne voulait pas en entendre parler et elle était plus déterminée que jamais à ce que ses jeunes enfants, impressionnables et extrêmement vulnérables, mènent la vie la plus normale possible.

Dans sa lettre au père Noël, Caroline demanda une poupée infirmière et commença à répéter le spectacle de Noël. Ce serait le premier auquel son père n'assisterait pas.

« Mme Kennedy voulait que le spectacle se déroule comme prévu, dit sœur Joanne. Le chef du protocole de la Maison-Blanche, Angier Biddle, se trouvait à Paris, mais il revint en avion pour aider à établir la liste des invités et Jackie passait de temps à autre – parfois en tenue d'équitation – juste pour voir s'il n'y avait pas de problème. Jackie vint avec sa sœur Lee et les Auchincloss, et tout le monde chanta des cantiques de Noël. Mais personne ne pouvait oublier qu'il manquait quelqu'un. »

Caroline avait visiblement hérité du bon goût de sa mère. Elle choisit comme cadeaux pour elle, son frère et Maud Shaw, des reproductions de tableaux de Van Gogh.

Comme les années précédentes, Jackie et les enfants passèrent ce premier Noël, sans lui, mais avec le reste de la famille Kennedy dans la propriété de Palm Beach. Ils décorèrent l'arbre la veille de Noël et, pendant que John jetait les guirlandes sur les branches, Caroline parla de son père.

« Vous croyez que Patrick s'occupe de lui au paradis ? » voulait-elle savoir.

Et avant que qui que ce soit puisse répondre, John ajouta :

« Ils mangent de la soupe de palourdes au ciel ? »

La soupe de palourdes, ainsi que toutes les personnes présentes dans la pièce le savaient, avait été un des plats de base du régime alimentaire de JFK.

Au cours de ce mois de décembre, Jackie demanda à ses amis de l'aider à trouver une maison dans le quartier. Elle ne leur cacha pas que le prix était une donnée majeure.

John, en réalité, n'avait pas laissé sa famille démunie. Au moment de sa mort, sa fortune avait été évaluée à 1 890 646 dollars (l'équivalent aujourd'hui de quelque 25 millions de dollars) sans compter les millions supplémentaires placés au nom de sa femme et de ses enfants.

Cependant, Jackie avait un petit problème de liquidités. Elle toucha un peu moins de 70 000 dollars – le salaire de Président du mois de novembre de son mari, la pension de la Navy et la prime de décès des hauts fonctionnaires. Le reste, 10 millions de dollars environ, était immobilisé sur les deux fidéicommis des enfants de la veuve. Jackie allait toucher le revenu de l'un des deux fonds (environ 175 000 dollars par an), la retraite de veuve de président (100 000 dollars par an) et elle pouvait jouir jusqu'à la fin de ses jours de la gratuité postale.

Comme elle l'avait fait pendant toute la durée de son mariage, Jackie envoyait ses factures au bureau de New York des Kennedy qui continuait à les régler. Mais elle se sentait maintenant seule et vulnérable, et elle commença à se tracasser pour son propre avenir financier et celui de ses enfants.

À la mi-décembre, Jackie acheta, pour 175 000 dollars, une maison de quatorze pièces, sur trois niveaux, en brique beige, au 3017 N Street, tout près de celle des Harriman. Elle avait cependant oublié un tout petit détail : contrairement à la demeure des Harriman, les pièces de devant, c'est-à-dire le salon, la salle à manger, le bureau, plusieurs chambres à coucher et salles de bain, étaient pleinement visibles de la rue.

« Ils restent là, assis, mangent leur déjeuner et jettent par terre leurs papiers gras, se plaignait-elle des passants qui l'obligeaient à garder ses rideaux fermés jour et nuit... J'ai l'impression d'être piégée dans ma propre maison. Je ne peux pas en sortir. Je ne peux même pas me changer dans ma chambre parce qu'ils regardent par la fenêtre. »

« Le nouveau foyer des Kennedy, confirma Billy Baldwin, le décorateur engagé par Jackie pour aménager la maison, était devenu un site touristique... Elle avait l'impression d'être en permanence exposée dans une vitrine. »

« C'est infernal, se plaignit Jackie à Baldwin. Des femmes essaient tout le temps de rompre les cordons de police pour embrasser mes enfants quand ils entrent ou sortent de la maison. Le monde entier dépose à leurs pieds des torrents d'adoration et j'ai peur pour eux.

Comment puis-je les élever normalement ? Si nous avions su, nous n'aurions jamais donné à John le nom de son père. »

Dans la droite ligne de son désir d'épargner ses enfants, elle montra à Billy Baldwin des photos de leurs chambres à la Maison-Blanche et lui demanda de les reproduire le plus fidèlement possible dans leur nouveau foyer.

« Elle voulait que leurs existences se déroulent avec le moins de perturbations possibles, rapporte Baldwin. Elle voulait établir une sorte de constance, de continuité. Malheureusement, c'était impossible. »

Jackie n'arrivait pas à surmonter son chagrin, même avec l'aide des injections d'amphétamines de Max Jacobson. « Ma vie est finie, Max, confia-t-elle à Jacobson quand il lui rendit visite dans sa nouvelle maison. Elle est vide. Elle n'a plus de sens. »

Heureusement, Jackie pouvait malgré tout compter sur la « Murphia » irlandaise, fidèle à la mémoire de son mari, pour maintenir une bonne ambiance dans la maison. Dave Powers continua à venir chaque jour marcher au pas avec John ou le promener sur ses épaules comme il le faisait à la Maison-Blanche. Quand le garçonnet endossait le rôle de Davy Crockett et poursuivait Powers, l'ours, il semblait oublier la tristesse de sa mère.

Ce n'était pas le cas de Caroline.

« C'était une petite fille très, très intelligente, se souvient sœur Joanne. Après la mort de son père, elle était à l'affût de tout. Elle était, en particulier, très attentive à la douleur de sa mère. »

« On avait l'impression qu'elle mûrissait sous nos yeux, se remémore Rita Dallas, l'infirmière privée de Joe Kennedy. Elle restait seule, perdue dans ses pensées et son regard, qui avait été si vif, si pétillant, était complètement éteint. Les enfants serrent rarement les poings, pourtant les siens semblaient ne jamais se desserrer. »

À la fin du mois de janvier, sœur Joanne parlait à ses élèves de Marie-Madeleine lavant les pieds du Christ quand soudain, Caroline l'interrompit :

« Ma maman pleure tout le temps. »

La sœur reprit son récit, mais Caroline insista :

« Ma maman pleure *tout* le temps. Ma maman pleure *tout* le temps. »

Sœur Joanne tenta de reprendre le cours de son histoire, mais Caroline tenait à s'exprimer sur le chagrin de sa mère. Alors, la catéchiste interrompit son cours pour l'écouter.

« Depuis la mort de papa, maman n'arrête pas de pleurer. Alors je vais la voir, je me glisse dans son lit et je lui dis que tout va bien, qu'il ne faut plus qu'elle pleure. Mais elle continue. Ma maman pleure tout le temps... »

Il y avait des moments poignants où le chagrin semblait submerger la petite fille. Un jour, Caroline et Janet, la demi-sœur de Jackie, partagèrent le bréchet d'un poulet et Caroline demanda si elle pouvait souhaiter ce qu'elle voulait.

« Bien sûr, répondit Janet Auchincloss.

— Je veux revoir mon papa. »

*
* *

En février, Jackie décida de passer quelques jours avec ses enfants au Carlyle Hotel de New York, dans lequel John avait réservé une suite à l'année pendant très longtemps. Bien qu'elle consacrât la majeure partie de ses journées à courir les magasins avec sa sœur Lee et qu'elle déjeunât le plus souvent avec de vieux amis de Park Avenue, Jackie s'occupa quand même de John et Caroline en les emmenant jouer avec les enfants de Bill Haddad, le directeur de Peace Corps.

Les enfants jouaient par terre quand Haddad, qui s'était agenouillé à côté, remarqua que John alignait ses petites voitures à la queue leu leu – « il reproduisait ce qu'il connaissait : les convois du *Secret Service* », comprit Haddad.

Puis, John lui demanda :

« Tu es un papa, toi ?

— Oui.

— Alors, s'exclama John en se relevant, tu peux me jeter dans l'air ? »

Bill Haddad s'exécuta en retenant ses larmes.

Le frère de leur père essaya de combler le vide par sa présence. Les six mois suivants, Bobby devint une sorte de père adoptif pour ses neveux. Pratiquement chaque jour, Jackie les emmenait à Hickory Hill jouer avec les huit enfants de Bobby et Ethel.

« Ils considèrent Hickory Hill comme leur propre maison, dit Jackie. Chaque fois que survient quelque chose impliquant un père, comme la journée des pères à l'école, ils mentionnent Bobby. Caroline lui montre toujours ses bulletins scolaires.

— Nous avions imaginé que s'il nous arrivait quelque chose, confiait Jackie, c'est à Bobby et Ethel que nous voulions que John et Caroline soient confiés. Maintenant, je souhaite qu'ils fassent partie de leur famille. Bobby veut s'occuper des enfants de son frère. John porte le nom de son frère. Il va s'assurer que John deviendra un homme bien. »

À la fin du mois de mars, Bobby venait chercher John quasiment tous les jours et l'emmenait dans son bureau au ministère de la Justice. John y passait la matinée à jouer avec ses cousins Kerry et Michael.

Il y avait aussi, comme c'était à prévoir chez les Kennedy, un certain nombre d'affrontements, éducatifs, certes, mais rudes.

Un jour, à Hickory Hill, Bobby consacra une bonne partie de l'après-midi à apprendre à son neveu à taper dans un ballon. John donnait un grand coup de pied et tombait sur le derrière tandis que le ballon s'arrêtait quelques centimètres plus loin.

« Debout, réessaie », l'exhorta Bobby.

John obtempéra : le ballon roula mollement et John tomba à nouveau.

« Allez, lève-toi et recommence », insista Bobby.

Et la scène se répéta, encore et encore.

La sixième ou septième fois, John décida de ne pas se relever.

« Lève-toi et recommence. »

Mais John ne bougea pas.

« Allez, un Kennedy ne renonce jamais », dit Bobby au petit garçon.

John leva les yeux vers lui et déclara :

« Humm, eh bien, je suis le premier. »

Jackie se persuada si bien que Bobby pouvait remplacer son défunt mari dans la vie de John et Caroline qu'elle lui demanda de les adopter légalement. Ethel, jalouse de l'attention que Bobby prodiguait à Jackie, le convainquit que ce n'était pas une bonne idée.

Bobby n'était pas le seul homme avec qui John avait établi une relation ressemblant à celle d'un fils avec son père. Il se rapprocha tellement du garde du corps Bob Foster qu'il se mit à l'appeler « papa » – l'agent secret, troublé, essaya plusieurs fois de le corriger, mais en vain. Inquiète à l'idée que John s'attachât trop à Foster, Jackie finit par demander, à contrecœur, sa mutation. En gage de leur admiration et de leur affection, Jackie et ses enfants offrirent Charlie, l'un de leurs sept chiens, à l'agent du *Secret Service*.

Le jour de la St. Patrick, à la fin du cours de catéchisme, Caroline s'avança vers le bureau de sœur Joanne et montra du doigt un magazine qui était posé dessus. Sur la couverture, il y avait un cliché de JFK.

« Est-ce que je peux le rapporter à la maison, ma sœur ? s'enquit-elle. Maman garde toutes les photos de papa qu'elle trouve. Elle m'a demandé, chaque fois que j'en voyais une, de la lui apporter. Elle les colle dans des grands cahiers. Je ne sais pas pourquoi, mais cela lui fait du bien : elle sourit. »

Lee Radziwill tentait depuis un moment de convaincre sa sœur de s'installer à New York où elle pourrait échapper aux douloureux souvenirs qui l'entouraient à Washington. Elle avait même préparé le terrain puisque son mari, le prince Stanislas Radziwill, « Stas », avait acheté un appartement de onze pièces au 969 de la Cinquième Avenue.

Pour Pâques, Jackie retourna à Palm Beach. Elle organisa une chasse aux œufs pour une quarantaine d'enfants du coin dans la splendide propriété balnéaire de ses riches amis Charles et Jayne Wrightsman. Les récompenses étaient des jouets fournis par le magasin de Manhattan, FAO Schwarz. Parmi ces jouets, il y avait les fameux GI Joe.

Le déroulement de la chasse aux œufs fut brusquement interrompu par le fracas d'une table en fer forgé se renversant et les hurlements de deux petits garçons. Jackie, horrifiée, aperçut John qui se battait avec un autre gamin, un certain Richard, pour un GI Joe. Elle se précipita pour les séparer, mais John ne se calma pas pour autant. Jackie donna le GI Joe à l'autre petit garçon et alla en chercher un autre pour son fils. Le comportement de John ne resta pas impuni. Jackie l'emmena à l'intérieur où il reçut une bonne fessée.

« Ma mère était très sévère avec moi, raconta plus tard John à un ami. Caroline pouvait faire à peu près tout ce qu'elle voulait, alors que moi, à la moindre incartade, au moindre manquement, elle me sautait dessus. »

Le 29 mai, jour où son époux aurait dû fêter son quarante-septième anniversaire, Jackie et les enfants assistèrent à une messe très émouvante dite en l'église St. Matthews. Puis, ils se rendirent en voiture à Arlington et déposèrent des fleurs sur la tombe de JFK sous les yeux de plus d'un millier de visiteurs. John, lui, devait déposer un objet très spécial – une épingle à cravate en forme de PT-109. Suivant les instructions de sa mère, il la décrocha du revers de sa veste de lin blanc, se pencha et la plaça sur les rameaux qui recouvraient la dernière demeure de son père.

Ensuite, Jackie s'envola pour Hyannis Port. Toujours hantée par la crainte que l'on pût oublier son époux, elle donna une interview télévisée où elle défendit le projet de la Bibliothèque John F. Kennedy. Cet entretien fut diffusé des deux côtés de l'Atlantique. Alors seulement, elle se renferma dans « sa coquille de chagrin ».

Finalement, en juin 1964, Jackie se mit en chasse d'un appartement à New York en compagnie de Lee. Elle acheta un appartement à 200 000 dollars, comportant cinq chambres et cinq salles de bains. Il était situé au quinzième étage du 1040 de la Cinquième Avenue. Doté d'un ascenseur privé, l'appartement jouissait d'une vue formidable sur Central Park et son réservoir.

La famille et les amis qui vivaient, pour la plupart, à New York, étaient absolument ravis. C'est à une Jackie dévastée qu'il offriraient, finalement, une sorte de chaîne de solidarité – sans parler de moult petits camarades de jeux pour John et Caroline. En plus de Lee qui vivait à deux pas de là sur la Cinquième Avenue, sa belle-sœur Pat et son mari Peter Lawford habitaient au 990, Steven et Jean Kennedy Smith au 950 et son demi-frère, Hugh « Yusha » Auchincloss sur Park Avenue. Tous, pour le plus grand plaisir du fils et de la fille de JFK, avaient des enfants.

Pour parachever sa rupture avec Washington, Jackie vendit Wexford pour 130 000 dollars et loua une maison près de la villa où Bobby passait ses étés, à Glen Clove, sur Long Island. Rapidement, Bobby s'installa de façon permanente, lui aussi, à New York. Il annonça ensuite sa candidature au Sénat.

Pendant le déroulement des travaux de décoration de son nouvel appartement – qui coûtèrent plus de 125 000 dollars –, Jackie prit une suite au Carlyle. John et Caroline, eux, profitèrent pleinement des aires de jeux, du zoo, des lacs, des pistes cyclables et du manège installé à Central Park, du côté de la Cinquième Avenue.

Mais avant que la famille de JFK puisse s'installer officiellement dans le nord de Manhattan, le destin frappa encore une fois. Le 19 juin 1964, le petit coucou de l'oncle Ted s'écrasa dans le Massachusetts. Son assistant et le pilote moururent sur le coup et Ted eut le dos brisé.

« Oh, Bobby, gémit Jackie quand elle le retrouva dans la cafétéria de l'hôpital, nous avons vraiment la poisse. »

Dans la semaine qui suivit l'accident d'avion de Ted, Bobby posa pour la couverture de *Life* entouré de quatre de ses enfants ainsi que de John et Caroline. Touchante au possible, la petite fille, assise sur un genou de son oncle, avait sur le visage une expression de mélancolie teintée de nostalgie. Au premier plan, John, en short, se fendait d'un large sourire auquel manquait une incisive.

Il est impossible de sous-estimer l'impact politique et médiatique des enfants de JFK – surtout celui de John. Lors de sa visite à la fête foraine de Flushing Meadows, dans le Queens, au mois de septembre suivant, une petite armée de journalistes suivait le moindre de ses mouvements. Juché sur les épaules de l'un de ses quatre gardes du corps, John répondit gaiement aux questions que les représentants de la presse lui posèrent.

« Où est Caroline ? demanda un reporter.

— À l'école, rétorqua-t-il, mais moi, je suis encore trop petit. »

Au Magic Skyway, l'une des attractions futuristes que présentait Disney, un des dirigeants offrit une petite voiture à John.

« Bon, ben, salut, tout le monde ! s'écria-t-il en se mettant à quatre pattes. Je vais jouer avec ma voiture ! »

L'excitation de John était bien retombée quand il sortit du Sinclair Oil's Dinoland. Le tyrannosaurus rex était un peu trop réaliste pour un petit garçon qui n'avait pas encore quatre ans.

Les lumières et les dinosaures lui avaient « fait un peu peur », dit-il après.

Deux semaines plus tard, Bobby écrasait Keating avec un écart de 700 000 voix et John quitta enfin, avec sa mère et sa sœur, le Carlyle pour emménager dans leur nouvel appartement, au 1040 de la Cinquième Avenue.

« Je crois qu'elle voyait son retour dans la City comme un retour à la maison », dit Nancy Tuckerman en parlant de sa meilleure amie.

Avant même leur installation, Caroline avait été inscrite en CE1 dans la prestigieuse école du Sacré-Cœur de 91st Street, à quelques pas de la Cinquième Avenue. Au début, elle n'était jamais invitée à aucun goûter d'enfants. Jackie appela l'une des mères pour demander pourquoi.

« Nous adorerions inviter Caroline, protesta la jeune femme, mais nous n'avons pas osé...

— S'il vous plaît, invitez Caroline ! supplia Jackie. Elle meurt d'envie de venir ! »

À partir de ce moment-là, comme on pouvait s'y attendre, Caroline devint l'élève la plus populaire du Sacré-Cœur.

John s'habitua sans difficulté à la vie new-yorkaise. Il ne devait pas entrer à l'école avant le mois de février suivant. En attendant, il passait son temps à faire du tricycle dans Central Park, de la balançoire dans l'aire de jeux voisine et des tours de manège sous la surveillance de ses gardes du corps sempiternellement présents.

Ce qui allait être la maison de John et Caroline pendant les deux décennies suivantes reflétait admirablement l'irréfutable bon goût de leur mère. Presque tous les meubles qui s'y trouvaient avaient décoré les appartements privés des Kennedy à la Maison-Blanche.

L'ascenseur privé débouchait sur une entrée tout en longueur ornée de miroirs encadrés de bois doré et de gravures d'architectures françaises du XIXe siècle sur les murs. Dans le salon, il y avait des canapés blancs avec des coussins à fleurs, des fauteuils Louis XV tapissés de velours et, sur un coffre français sculpté, une demi-douzaine de bustes romains et grecs – une partie de la collection d'antiquités qu'avait commencée JFK.

John adorait traîner les visiteurs dans la salle à manger pour les obliger à regarder avec lui la carte du monde sur laquelle des punaises indiquaient tous les endroits où s'était rendu son père pendant sa présidence. Des fenêtres du salon, la vue était magnifique : Central Park et son réservoir, l'Hudson et, en arrière-fond, le New Jersey.

Dans la cuisine trônait un attribut typique du foyer américain, même si cette famille n'était pas *exactement* typique : au mur, sur un panneau de liège, se mêlaient pêle-mêle photos de famille et dessins des enfants.

Après plusieurs semaines heureuses passées dans cette nouvelle maison, John remarqua que l'humeur de sa mère s'était soudain assombrie. Le premier anniversaire de l'assassinat approchait et tous ses souvenirs remontaient à la surface. Maman s'était remise à pleurer.

À la fin du mois de novembre, des photos encadrées d'un cerne noir de JFK fleurirent dans toutes les vitrines de la ville. En descendant la Cinquième Avenue pour se rendre chez son coiffeur, Kenneth, Jackie passa devant une douzaine de ces affiches. Elle entra dans le salon de coiffure, referma la porte derrière elle et se mit à pleurer.

Jackie était plongée dans un tel désespoir qu'elle confia à l'un de ses amis qu'elle envisageait de se suicider.

« Elle a dit qu'elle avait suffisamment de somnifères pour le faire, rapporte Roswell Gilpatric. Mais bien sûr, elle ne l'aurait jamais fait, à cause des enfants. Tous les gens qui l'aimaient étaient inquiets de son état psychologique. »

« Tant de fois, rappelle Jackie, le jour de son anniversaire, lors des dates importantes, quand je regarde ses enfants courir dans la mer, j'ai pensé : "L'année dernière, c'était la dernière fois qu'il voyait ça." Et très vite le jour fatal me revenait... Ce qui a disparu ne peut revenir. Je crois que j'aurais dû savoir que c'était un homme magique, tout du long. Maintenant il est une légende, alors qu'il aurait préféré n'être qu'un homme. »

Trois jours plus tard, John Jr soufflait les quatre bougies de son gâteau d'anniversaire sous les yeux de deux douzaines de copains et cousins. Ils jouèrent à la queue de l'âne et aux chaises musicales ; et il vint fugitivement à l'esprit de la mère de John que tout irait bien – que les enfants de John F. Kennedy pouvaient eux aussi mener une vie normale, heureuse.

Pour que cela arrive, Jackie était persuadée qu'il lui fallait contrôler le *Secret Service*. Sur un ton et en termes parfaitement clairs elle fit savoir ce qu'elle attendait d'eux, et ce qu'elle leur demandait de ne *pas* faire.

« Madame Kennedy croit fermement que, bien qu'il y ait deux enfants à protéger, il est "mauvais" de voir deux agents rôder autour d'eux..., nota, dans un rapport confidentiel, le chef de l'équipe de sécurité. Quand Mme Kennedy emmène John et Caroline en voiture, elle exige que la voiture des gardes qui la suit ne soit pas visible... »

« Mme Kennedy est inflexible dans ses exigences vis-à-vis des agents : ils ne doivent accorder aucune faveur à Caroline et John Jr et ne pas se comporter en domestiques. Ils ne doivent pas porter les vêtements, les accessoires de plage, les poussettes, sacs, mallettes, etc., pour Caroline et John Jr Les enfants doivent se charger de leur propres affaires. »

En outre, Jackie voulait que les agents perfectionnent l'art de se cacher en terrain découvert : « L'agent doit se fondre dans le paysage aussitôt qu'il arrive dans un endroit et se tenir à l'écart, invisible, jusqu'au moment du départ. »

« Mme Kennedy, continuait le mémo, trouve que les agents en font trop pour les enfants, et pense qu'"il est néfaste pour eux de voir des adultes les servir". »

Jackie voulait que les gardes « exigent » que John et Caroline « ramassent eux-mêmes leurs effets : chaussures, jouets, etc. ».

Jackie insista pour veiller elle-même sur ses enfants. « Les risques de noyade sont ma responsabilité », dit-elle aux gardes, affirmant que le *Secret Service* « ne serait pas tenu pour responsable d'un accident qui leur surviendrait dans le cadre d'une séance habituelle et normale de jeu ».

Elle espérait cependant que les agents gouvernementaux feraient bouclier contre le public. Un jour qu'elle se trouvait au kiosque à journaux avec John à Hyannis Port, elle fut confrontée à ce que l'agent, en fonction ce jour-là, décrivit comme un petit groupe « d'inoffensifs badauds, essentiellement des femmes d'un certain âge munies d'appareils photo ».

« Jackie leur tourna le dos et refusa d'accorder son autorisation pour le moindre cliché, se souvint le garde du corps. Alors qu'ils s'en allaient, elle se tourna vers l'agent et le sermonna : "Mais, faites quelque chose, s'exclama-t-elle, quand les gens nous assiègent comme ça !" »

Le lendemain de Noël, en 1964, John et sa sœur furent emmenés dare-dare par leur mère en vacances de neige, à Aspen, avec leur oncle Bobby et sa nichée. Un bataillon de photographes les poursuivit sur les pistes, mitraillant Jackie qui se débattait avec les bottes de John, les enfants qui se lançaient des boules de neige. Les quelques semaines suivantes, Jackie emmènerait à la neige ses enfants deux fois de plus – dans les Catskills et le New Hampshire.

En février, Jackie décida qu'il était temps pour John de commencer l'école. Quand Jackie accompagna

John le premier jour, à l'école de garçons catholique St. David, au 12 East 69th Street, ils étaient flanqués, bien sûr, d'un garde du corps. Mais l'agent était impuissant à protéger John de ses camarades – et vice versa. Pour sa première matinée d'école, John cogna le nez d'un autre élève.

Les quelques années suivantes, John devait se battre un certain nombre de fois avec ses camarades. C'était la conséquence, d'après un de ses professeurs, de « sa fougue naturelle » – et du fait qu'il était, en dépit de la discipline imposée par sa mère, accoutumé à être l'objet de l'attention générale.

Néanmoins, John fut rapidement l'un des enfants les plus populaires de sa classe.

« John, eh bien, il est vraiment à part, observa Jackie. Il se lie d'amitié avec tout le monde. Immédiatement. »

Son oncle Jamie Auchincloss ajoutait :

« John Jr, dès son plus jeune âge, était un diplomate né, un politicien, une de ces personnalités qui illuminent instantanément la pièce où elles se trouvent. »

L'amitié la plus longue et la plus forte que John noua à St. David fut celle qu'il voua à son propre cousin, William Kennedy Smith.

Le 12 mai 1965, la reine Elizabeth d'Angleterre rencontra le petit garçon et lui sourit.

« Ravi de vous rencontrer, Votre Majesté, dit John en faisant une profonde révérence. »

Maud Shaw soupira de soulagement ; elle avait passé près d'une heure à lui expliquer que l'on devait s'adresser aux monarques anglais en disant « Votre Majesté » et non « Ma Majesté ».

La rencontre avait eu lieu à Runnymede, au bord de la Tamise, dans le pré où la Grande Charte fut signée en 1215. Dans ce cadre historique, Jackie fondit en larmes lorsque la reine dédia la cérémonie à JFK. Ensuite, John, sa mère et sa sœur furent invités à prendre le thé avec Sa Majesté au château de Windsor.

Jackie et ses enfants passèrent les quelques jours suivants chez Stas et Lee Radziwill, dans leur élégante demeure de Regent's Park. Ils assistèrent à la relève de la garde de Buckingham Palace et posèrent aux côtés d'un cavalier de Whitehall, un homme au visage impassible sous son casque doré. Dans les deux cas, John effectua un salut militaire enthousiaste avant de s'en aller.

L'implacable presse anglaise était omniprésente – à tel point que Jackie intervint pour leur demander de les laisser un peu en paix.

« Étant donné la couverture médiatique dont les enfants sont déjà l'objet, remarqua Jackie, pourrions-nous espérer un peu d'intimité pour la fin de notre séjour ici ? »

Espoir qui fut loin d'être comblé. Même lorsqu'ils tentaient de filer subrepticement par la porte de derrière de la résidence des Radziwill, des photographes sortaient des buissons et commençaient à mitrailler. À un certain moment, John descendit en courant une allée de Regent's Park, tomba et se mit à gémir.

« C'est ça, pleure, espèce de bébé », se moqua Caroline.

Maud Shaw dut retenir John qui voulait gifler sa sœur, sous les yeux des journalistes. Tout cela fut dûment enregistré par les reporters qui, à portée de voix, griffonnaient sur leurs carnets.

Jackie, John et Caroline continuèrent leur visite.

À la Tour de Londres, les Beefeaters et les agents secrets regardèrent John grimper dans le fût d'un canon noir pendant que sa mère et Caroline avaient les yeux rivés sur les joyaux de la couronne. Peu impressionné par les châteaux et l'apparat, John semblait préférer de loin faire un tour en bateau avec ses cousins Tony et Christina Radziwill sur le lac de Regent's Park. (Comme avec son cousin Willie Kennedy Smith, John nouerait une solide amitié avec son cousin Tony.)

Maud Shaw, comme toujours, veillait nuit et jour sur John et Caroline. Pour ce premier voyage en Angleterre, elle tenait John par la main quand il traversait, le surveillait attentivement quand il jouait avec Caroline et ses cousins et s'assurait qu'il avait mangé, qu'il était baigné et convenablement vêtu, libérant Jackie de ces contingences ordinaires. Miss Shaw eut pour John et Caroline autant d'importance que Jackie en tant que figure maternelle aimante.

À l'insu de John et Caroline, Miss Shaw avait décidé de prendre sa retraite dans son Angleterre natale. Elle ne retournerait pas à New York avec la famille. On ne dit pas la vérité aux enfants, mais seulement qu'elle était restée en arrière et qu'elle les rejoindrait plus tard.

Les enfants avaient repris leur vie au 1040 de la Cinquième Avenue quand, finalement, on leur révéla plusieurs semaines plus tard que Miss Shaw avait pris sa retraite. On avait attendu qu'ils soient à nouveau entourés de visages familiers. Providencia « Provi » Paredes, au service de Jackie depuis 1955, avait emménagé au 1040 Cinquième Avenue avec la famille, et le chauffeur et le cuisinier de leur mère – sans parler de l'inévitable équipe de gardes du corps – devaient leur procurer un sentiment de continuité.

Ce printemps-là, Jackie devint une incontournable figure de la vie mondaine. Soir après soir, invariablement drapée d'hermine ou de vison, elle sortait d'hôtels, de restaurants, de salles de concert ou de night-clubs dans un feu d'artifice de flashes. Même son mentor, Bunny, la femme du milliardaire Paul Mellon, confessa qu'elle était épuisée « rien qu'à regarder l'emploi du temps de Jackie ».

Pourtant, chaque matin elle emmenait Caroline en haut de la Cinquième Avenue, au Couvent du Sacré-Cœur et retournait conduire John, en bas de l'avenue, à St. David.

« Ils sont le centre de mon univers, déclara-t-elle. Et j'espère bien être le centre du leur. J'ai bien l'intention de toujours être là pour eux. »

En août 1965, Jackie organisa une fête magnifique pour Caroline et une quarantaine de ses amies à Hammersmith Farm.

« Jackie voulait une chasse au trésor, raconta son vieil ami George Plimton. Elle se rendit au poste des gardes-côtes et emprunta une chaloupe, puis elle repartit acheter des bijoux de pacotille qui devaient être le trésor et un grand coffre pour les y cacher. »

Jackie demanda à Plimton de rédiger le journal de bord d'un bateau pirate qui contenait les indices permettant de trouver le trésor. Mais il mettait aussi en garde les participants : si quelqu'un dérangeait le butin, les pirates qui l'avaient enfoui viendraient le réclamer. Plimton et quelques autres messieurs, déguisés en pirates, se tenaient prêts dans la chaloupe, hors de vue.

« Quand les enfants ont trouvé le coffre, Jackie donna le signal et nous avons ramé jusqu'à la plage en poussant des cris et en brandissant des sabres en plastique. »

Il y eut un désordre indescriptible. « Une bonne partie des enfants se mit à sangloter et d'autres coururent se réfugier auprès de leur nounou. John et Caroline semblaient perplexes, mais ni l'un ni l'autre ne s'enfuit. »

Plimpton bondit hors du bateau, glissa et tomba à l'eau. Caroline vint se planter devant lui et déclara : « Je sais qui vous êtes. »

Pendant ce temps-là, John demanda à emprunter un sabre et commença à l'agiter en l'air. Mais, conclut George Plimpton, « ce jour-là, personne ne s'est autant amusé que Jackie. Elle était pliée de rire ».

Un mois plus tard, John, Caroline et une quinzaine de leurs cousins Kennedy assistaient à Boston au soixante-dixième anniversaire du cardinal Cushing. Ils rejoignirent les autres petits-enfants Kennedy à nouveau, fin octobre, quand le clan au grand complet fêta Halloween à Hyannis Port. Caroline était déguisée en Hollandaise, avec des nattes, une coiffe et des sabots.

John était en clochard, le visage noirci, le pantalon déchiré et les chaussures trouées.

Alors que le deuxième anniversaire de l'assassinat approchait, la mère de John plongea à nouveau dans un enfer de désespoir. Cette fois pourtant, elle se reprit rapidement. En fait, pour Jackie et ses enfants, la vie ressemblait à des vacances perpétuelles, émaillées çà et là de quelques périodes de travail scolaire.

L'hiver 1965, il passèrent de longs week-ends dans la maison qu'ils louaient à Bernardsville, dans le New Jersey et où Jackie montait à cheval à l'Essex Hounds Fox Club. Il y eut un voyage à Antigua, où ils furent invités dans la luxueuse propriété de Paul et Bunny Mellon et où ils nagèrent dans les eaux chaudes des Caraïbes. Il y eut aussi les vacances de ski, habituellement avec oncle Bobby, dans des stations comme Aspen, Stowe ou la très select station de ski suisse, Gstaad. Sur le chemin du retour de Gstaad, Jackie s'arrêta à Rome, où elle rencontra le président de Fiat, Gianni Agnelli et le pape Paul VI. Ensuite la famille fit un saut en Argentine où les enfants vécurent quelques temps avec de vrais gauchos.

En mai 1966, Jackie s'envola seule pour la célèbre feria de Séville – des vacances qui intéressèrent tout autant les médias que ses anciennes visites officielles de First Lady à Paris ou New Delhi. Deux semaines après son retour d'Espagne, pour compenser son absence, Jackie fit présent à John de ce dont il avait toujours rêvé. À Hyannis Port, au moment de ce qui aurait dû être le quarante-neuvième anniversaire de JFK, Jackie tint la promesse que son mari avait faite des années auparavant. Elle offrit à John un avion restauré – sans moteur ni réservoir – un authentique Piper Cub, un avion d'observation de la Seconde Guerre mondiale. Tout excité, John grimpa dans le cockpit et décolla pour un vol imaginaire.

« John avait toujours dit qu'il offrirait à John Jr un vrai avion, quand il aurait grandi, confia Jackie à un vieil ami de JFK, Chuck Spalding. Eh bien, c'est un peu tôt, mais maintenant, il l'a, son vrai avion. »

Aussitôt après, ils repartaient. Cette fois, pour rejoindre l'ex beau-frère de Jackie, Peter Lawford, et ses enfants en vacances à Hawaii. Jackie et les enfants passèrent sept semaines près de la base de Diamond Head, dans une maison au bord de l'océan, qu'ils avaient louée 3 000 dollars le mois. Le bungalow de Peter, qui dépendait du Kahala Hilton avec ses parquets de teck et les bassins des dauphins, était tout au bord de l'eau. Ames sœurs – Peter avait passé l'essentiel de son enfance en France et tous deux se sentaient souvent déplacés au sein du bruyant clan Kennedy – Lawford et Jackie chuchotaient souvent en français comme deux complices.

John, pendant ce temps-là, se lia d'amitié avec trois gamins du coin, Gary Miske, qui avait quatorze ans, son frère de treize ans Michael et le cadet de onze ans, Tommy.

« On aurait pu croire qu'un petit de cinq ans collé à nos basques nous aurait agacés, se rappelle Tommy Miske, mais on trouvait qu'il était un drôle de petit garçon intrépide. »

« Nous glissions sur les dunes à Nuuanu, raconte Tommy. Nous nous baladions parmi les immenses rochers de Sacred Falls... Caroline se coupa sur les coraux au point qu'il fallut bander ses blessures. »

John faisait systématiquement hurler de rire ses nouveaux amis en imitant un pirate scrutant l'horizon dans une longue-vue imaginaire.

« John n'avait pas peur de l'océan », dit Gary Miske.

Malheureusement, il ne craignait pas plus le feu. Vers la fin de leur séjour hawaiien, Jackie accepta l'invitation de l'architecte de San Francisco, John Warnecke, d'emmener les enfants jusqu'à la grande île d'Hawaii.

L'excursion faillit tourner à la tragédie. John tomba dans la fosse du feu qui devait servir à la préparation des plats du « luau ». Il se brûla le derrière, les mains et les bras. John Walsh, l'agent du *Secret Service*, le sauva des flammes. John fut soigné à l'hôpital local, d'où on le laissa sortir au bout de quelques heures.

« Ce brave petit bonhomme, se rappelle Tommy Miske, n'a pas émis une seule plainte. »

Quand ils arrivèrent à New York, le petit John arborait un nouveau symbole de courage : le gant de bandage blanc qui protégeait les brûlures au second degré de sa main droite. Le gant avait disparu quand il accompagna sa mère et sa sœur au mariage de la demi-sœur de Jackie, Janet Auchincloss, à Newport.

Treize ans plus tôt, des milliers de gens obstruaient les rues de Newport dans l'espoir d'entrevoir le fringant jeune sénateur du Massachusetts et sa splendide jeune épouse. Les foules étaient à nouveau là mais pour voir Jackie, et non la future mariée. Janet, totalement éclipsée par sa grande sœur le jour qui devait être le plus important de sa vie, se tourna vers leur mère et se mit à pleurer.

John, resplendissant dans son bermuda en satin et sa ceinture de velours bleu, eut aussi sa part de l'attention générale. Tandis que Caroline prenait très au sérieux son rôle de demoiselle d'honneur, se cramponnant gravement à un petit bouquet de fleurs, John, en petit garçon d'honneur, se tortilla en tirant sur le col de sa chemise bleu clair en bataille durant toute la cérémonie. Quand un autre garçon le traita de « mauviette », les gardes du corps durent se précipiter pour empêcher le fils de JFK de lui écraser le nez.

Las ! Pendant la réception, qui se tenait à Hammersmith Farm, JFK Jr finit malgré tout par rouler dans la poussière avec un autre page. On dut aussi l'empêcher d'essayer de faire entrer deux des poneys des Auchincloss sous la tente de réception. Jamie Auchincloss insista pour que son turbulent neveu puisse simplement « s'amuser un peu. Jackie est très stricte, et John et Caroline sont tous les deux incroyablement sages et polis. Mais on ne peut pas attendre d'un garçonnet de cinq ans qu'il se conduise comme un petit adulte en permanence. John n'a jamais été un sale gosse, mais c'est un vrai petit garçon ».

À St. David, les bagarres à coups de poing avec les camarades de classe reprirent. Mais Jackie était plus inquiète des menaces qui pesaient sur la sécurité de son fils que le contraire.

« Je suis vraiment angoissée par la sécurité des enfants, dit-elle à un professeur. Il y a tant de dingues partout. »

Jackie avait des raisons d'être inquiète. Revenant main dans la main de l'église St. Thomas More, à Manhattan, le jour de la Toussaint, Jackie et Caroline furent accostées par une femme qui s'agrippa à la petite fille et commença à hurler : « Ta mère est une affreuse bonne femme qui a tué trois personnes ! Et ton père est toujours vivant ! » Terrifiée, Caroline tentait de se dégager de la poigne de la femme, en vain. « C'était horrible d'avoir à l'arracher de ses griffes », raconta Jackie. L'inconnue fut menée énergiquement en observation à l'hôpital Bellevue. « Je ne me suis pas encore remise, confia Jackie plus d'un an après, au cours d'un déjeuner chez Schrafft, de cette folle. »

Comme le troisième anniversaire de la mort de Jack approchait, Jackie était agréablement surprise par la capacité de son fils d'assumer son destin. En fait, elle était impressionnée par la force de son fils et pas vraiment dérangée par le fait qu'il se bagarrait déjà à l'école.

« Il m'étonne souvent, dit Jackie de son petit garçon aux yeux bruns. Il paraît plus mûr qu'un enfant de six ans. Parfois il semble presque qu'il essaie de me protéger, au lieu du contraire. »

Le directeur de St. David, David Hume, trouvait que Mme Kennedy était « une mère raisonnable et affectueuse qui avait une relation saine avec son fils. Il y a des gens qui bêtifient avec leurs enfants. Mais à partir de sept ou huit ans, on ne peut plus. Quand ils tendent la main, vous devez la prendre. Quand ils veulent partir, vous devez les laissez partir. Elle comprenait ça ».

« Il n'y avait pas plus adorable que John, rapporta plus tard le sous-directeur de St. David, Peter Clifton. Il n'y avait pas de malice en lui. Il est encore comme ça. J'en attribue le grand mérite à Jackie. »

L'après-midi du 22 novembre 1966, Jackie vint chercher John à l'école, comme d'habitude. Elle remarqua que ce jour-là quelques enfants les suivaient. Sans prévenir, l'un d'eux se mit à hurler :

« Ton père est mort, ton père est mort ! »

Jackie fut choquée et bouleversée, mais ce n'était pas la première fois qu'elle entendait ce genre de choses dans la bouche des enfants de l'école.

« Vous savez comment sont les enfants, ils m'ont même dit ça à moi, comme si... Eh bien, ce jour-là John les a écoutés répéter ça encore et encore sans dire un mot. »

Au lieu de ça, il prit la main de sa mère dans la sienne et la pressa.

« Comme s'il voulait me rassurer, se souvint Jackie. Me dire que tout allait bien. Et nous sommes rentrés à la maison tous les deux, avec les gosses sur les talons. »

John était aussi très attentif à Caroline.

« On n'avait jamais besoin de lui rappeler d'être gentil avec sa sœur, témoigna Maud Shaw. Il partageait tout avec elle, tout ce qu'on lui offrait... John traitait sa sœur avec une sensibilité bien supérieure à celle des enfants de son âge. »

Néanmoins, Jackie se tracassait toujours pour le bien-être psychologique de ses enfants. Début 1967, elle s'inquiéta tout particulièrement de l'impact qu'aurait sur eux sa bataille publique contre la sortie du livre de William Manchester, *The Death of a President*. C'est Jackie qui avait, en fait, proposé à William Manchester d'écrire le livre, et elle avait pleinement coopéré – jusqu'à ce qu'elle lût le manuscrit. Beaucoup de détails qu'elle avait librement évoqués au cours de conversations avec l'auteur semblaient, maintenant, scandaleusement impudiques une fois imprimés.

Mais la bataille qui fit la une des journaux ne servit qu'à focaliser l'attention générale sur les choses que Jackie voulait garder pour elle : les horribles détails de l'assassinat et ce qui s'ensuivit. Choses auxquelles elle ne voulait pas exposer ces enfants.

« Nous n'en parlions pas, bien sûr, dit-elle. Mais les enfants captent tout. Un mot par ci, un mot par là, et ils comprennent qu'il se passe quelque chose les concernant. Il n'y avait aucun moyen de les empêcher de passer devant les kiosques à journaux en allant et en revenant de l'école. Il était naturel pour eux de regarder les couvertures des magazines et de lire les gros titres. Ou d'entendre ce qui se disait à l'école ou dans la rue. Ce n'était pas toujours facile pour eux. »

Jackie trouvait Caroline un peu « trop renfermée », mais il était clair pour son entourage que John était son souci numéro un. Elle était obsédée par ce qu'il allait devenir.

« Je me suis souvent dit qu'il ne se souviendrait pas de son père. Il était trop jeune. Mais maintenant, je sais que si. Il se rappellera son père grâce aux gens qui l'ont bien connu et qui savent ce qu'il aimait faire. Je lui raconte des petites anecdotes. "Oh, ne t'inquiète pas pour ton orthographe. Ton père n'était pas très bon pour ça, non plus." Ça lui plaît, je vous assure. »

« Il y aura toujours un Dave Powers pour parler sport avec lui. John semble savoir un nombre étonnant de choses dans ce domaine. Il parle de gens comme Cassius Clay et un dénommé Bubba Smith... Je veux l'aider à revenir en arrière et retrouver son père. C'est possible. L'été prochain, à Hyannis Port, il fera de la voile avec son oncle Ted sur le bateau préféré de son père. Ça aussi, ça peut l'aider. Les plus petits détails peuvent le rapprocher de John. L'école exige que les enfants, même aussi petits que John, portent des cravates en classe. Ça lui a donné l'occasion de porter l'une des épingles à cravate de son père. »

« Je ne veux pas que mes enfants soient uniquement des privilégiés vivants dans la Cinquième Avenue et fréquentant des écoles huppées, ajouta-t-elle. Il y a tant d'autres choses de par le monde, hors du sanctuaire où nous vivons. Bobby leur en a un peu parlé – les enfants de Harlem, par exemple. Il leur a parlé des rats et des terribles conditions de vie qui existent bel et bien au beau milieu d'une ville riche ; les vitres brisées qui laissent entrer le froid... John a été si touché par ce qu'on lui racontait qu'il a dit qu'il allait travailler et utiliser l'argent qu'il aurait gagné à réparer les fenêtres de ces maisons. À Noël dernier, les enfants ont rassemblé leurs plus beaux jouets et les ont donnés. »

« Je veux qu'ils sachent comment vit le reste du monde, mais je veux aussi pouvoir leur procurer une sorte de havre où ils peuvent se réfugier s'ils en ont besoin, un endroit où ils viennent quand ils vivent ce qui n'arrive pas nécessairement aux autres enfants. Caroline s'est fait renverser par une meute de journalistes un jour que j'essayais de lui apprendre à skier. Comment expliquer cela à une enfant ? »

« Et les gens qui dévisagent, qui pointent du doigt ; et ces histoires... Ces étranges histoires qui ne comportent pas un traître mot de vrai, ces interminables analyses écrites par des gens qui ne vous ont jamais rencontré, jamais vu. J'admets qu'ils doivent gagner leur vie, mais que reste-t-il de mon intimité, de celle de mes enfants ? »

Pour sa part, John semblait aimer être le centre de l'attention. En juin 1967, John, sa sœur et leur mère firent un pèlerinage de six semaines en Irlande, où ils visitèrent la maison ancestrale des Kennedy, à Duganstown.

« Je suis si contente d'être dans ce pays que mon mari aimait tant, se réjouit Jackie en débarquant à Shannon Airport. Pour moi et mes enfants, c'est un peu comme de rentrer à la maison, nous attendions cela avec émotion. »

Leurs hôtes irlandais aussi. Les Irlandais étaient, bien entendu, immensément fiers de JFK et portaient une grande affection à sa famille.

« La famille Kennedy a un rôle colossal dans l'histoire de l'Irlande, dit Brian Barron, l'un des photographes qui couvraient la visite. Et John a hérité les responsabilités de chef de clan. »

Durant leur séjour, les Kennedy habitèrent Woodstown House, un manoir de soixante pièces qu'avaient loué leurs riches voisins du New Jersey, Marjorie « Peggy » et Murray McDonnell. Ils passèrent l'essentiel de leur temps avec les McDonnell et leurs huit enfants.

La parenté Kennedy de Duganstown fut impressionnée de constater que John connaissait les paroles de « When Irish Eyes Are Smiling » et apprécia qu'il ait essayé, sans grand succès, de jouer au football irlandais, le 4 juillet. Ils rirent même de son imitation des Beatles, qui avaient popularisé la coupe de cheveux qui avait valu tant de critiques acerbes à John durant les années de la Maison-Blanche.

Il y avait pourtant des moments où John était loin d'être charmant. Sur la plage de Woodstown, dans le Waterford, deux bus bourrés de journalistes guettaient, pour leurs articles, le moindre geste de leurs illustres visiteurs. Devant tout ce monde, John s'assit avec un seau et une pelle pour faire des châteaux de sable mais refusa obstinément de se baigner avec sa sœur. Au lieu de cela, il partit en courant vers la confiserie la plus proche.

« Que veux-tu, chéri ? demanda la dame qui était au comptoir.

— Tout.

— Mais, tu ne peux pas tout avoir, répondit-elle.

— Bien sûr que je peux ! » jappa John.

Mortifiée, Jackie le tira dehors.

Plus tard, alors qu'il se précipitait dans un champ de patates, John revint comme une flèche vers Jackie.

« Il y a de l'électricité dans l'herbe, hurla-t-il. J'ai pris une joute. L'électricité ! »

Habitué comme il l'était à jouer sur les pelouses bien entretenues de Newport, Hyannis Port ou Palm Beach – sans parler de Central Park – John n'avait jamais été piqué par des orties.

On le comprend, Jackie voulait passer un peu de temps sans les enfants, sans les siens mais aussi sans ceux des McDonnell. Vers la troisième semaine du séjour en Irlande, elle s'éclipsait seule le soir pour aller nager. Une nuit elle fut prise dans un puissant courant ; luttant pour ne pas être emportée et s'épuisant dans l'eau glacée, elle faillit se noyer. Alors qu'elle perdait espoir, Jackie sentit soudain un « grand marsouin à son côté » – c'était John Walsh, l'agent du *Secret Service*, qui apparut miraculeusement juste à temps pour la ramener saine et sauve. Sans qu'elle le sût, Walsh l'avait suivie tous les soirs.

Jackie ne parla pas à ses enfants de cet incident qui aurait pu être fatal, mais cette nuit-là en Irlande, John et Caroline avaient bien failli se retrouver orphelins. À la demande de Jackie, John Walsh, qui avait déjà tiré John des flammes à Hawaii, fut cité pour bravoure par le *Secret Service*. Plus tard, elle obtint qu'il soit promu à la tête de l'équipe qui lui était assignée.

Les enfants étaient habitués à voir les membres de la famille Kennedy, y compris eux-mêmes, à la télévision. Mais, en janvier 1968, ils restèrent collés à l'écran quand ils découvrirent une des Bouvier, Lee Radziwill, faisant des débuts d'actrice. Des débuts parfaitement désastreux, dans une production ABC de David Susskind, un remake de *Laura*. Lee organisa une fête à laquelle Jackie fit une apparition pour la soutenir moralement, mais John et Caroline, en compagnie de leur oncle Jamie Auchincloss, restèrent au 1040 de la Cinquième Avenue pour regarder le téléfilm, déjà éreinté par la critique. John sautait sur ses pieds et applaudissait à chaque apparition de Lee.

« Ils étaient si excités de voir leur tante Lee embrasser un homme à l'écran », commenta Jamie.

Jackie s'envola à nouveau en mars 1968 ; elle visita les ruines maya de la péninsule du Yucatán, au Mexique. Cette fois, son compagnon de voyage était Roswell Gilpatric, ancien secrétaire adjoint à la Défense, et les rumeurs reprirent de plus belle. Mais, pendant le voyage, Gilpatric, qui était tombé amoureux de Jackie, fut stupéfait d'apprendre qu'elle avait quelqu'un d'autre en tête.

« Même aux instants les plus romantiques, raconta Gilpatric, elle parvenait à citer le nom d'Aristote Onassis : qu'est-ce que je pensais de lui ? Était-il aussi riche qu'on le prétendait ? Elle disait aussi qu'elle le sentait très protecteur envers elle, et qu'il prenait soin des enfants et de leur bien-être. »

En coulisse, Onassis bombardait, en fait, Jackie de lettres et d'appels téléphoniques. Mais pour l'instant, c'est Bobby Kennedy qui restait l'homme le plus important de sa vie – en grande partie à cause de son rôle dans l'éducation de John.

Pendant qu'elle était encore au Mexique, Jackie apprit que Bobby avait décidé de solliciter l'investiture des démocrates à la présidentielle. Deux semaines plus tard, Lyndon Johnson stupéfia la nation en annonçant à la télévision qu'il ne se représenterait pas.

D'abord, Jackie fut écœurée par la nouvelle.

« Tu sais ce qui va arriver à Bobby ? demanda-t-elle à Arthur Schlesinger. La même chose qu'à John. Il y tant de haine dans ce pays. Et il y a plus de gens qui haïssent Bobby qu'il n'y en avait qui haïssaient John... Je lui ai dit tout ça, mais il n'est pas fataliste comme moi. »

À ce moment-là, Jackie était déjà impliquée dans cette liaison clandestine qui, si elle avait été rendue publique, aurait sûrement sabordé les ambitions présidentielles de Bobby. Même John et Caroline ignoraient la relation de plus en plus intense que Jackie entretenait avec Onassis.

Pourtant, déjà dans les affres d'une relation surmédiatisée avec la diva légendaire, Maria Callas, Onassis s'intéressait à Jackie depuis qu'il l'avait rencontrée avec JFK en 1955. Comme JFK, l'armateur qui avait commencé avec 60 dollars en poche et avait construit un empire qui pesait plus de cinq cents millions de dollars, avait des douzaines d'aventures avec des femmes célèbres, telles que Paulette Goddard, Evita Peron et même Gloria Swanson, qui avait été la maîtresse de Joe Kennedy pendant des années.

À quarante-six ans, Onassis avait épousé une jeune fille de dix-sept ans, Athina « Tina » Livanos, la fille du plus grand armateur de l'époque, Stavros Livanos. Cette union, qui produisit deux enfants, prit fin en 1959 après que Tina eut surpris, en se baladant sur le pont du *Christina*, Onassis et la Callas en train de faire l'amour dans l'un des bars du yacht.

Convaincu de l'importance des apparences, Onassis dépensait des fortunes en duplex, limousines et autres hélicoptères. Il possédait la Olympic Airways, la compagnie aérienne nationale grecque et Skorpios, une île de cinq cents acres. Mais son jouet préféré était le navire de cent mètres qu'il avait baptisé *Christina* en 1954, comme sa fille adorée.

À son bord on trouvait un hydravion Piaggio de cinq places, quatre bateaux à moteur, deux kayaks, un petit voilier, trois dinghys, une barque à fond transparent et une petite voiture. Les accessoires de salle de bains étaient plaqués or, les balustrades en lapis-lazuli et les lustres en cristal de Baccarat ; on trouvait aussi une salle de bal, plusieurs bars, une piscine olympique et tous les sols étaient couverts de mosaïques représentant des scènes de la mythologie grecque. La salle de jeux des enfants, décorée par le créateur de « Madeline », Ludwig Bemelmans, contenait une réplique à la taille d'un enfant d'une machine à sous de Monte Carlo et des poupées habillées par Dior. Un équipage de soixante personnes satisfaisait au moindre désir de leur employeur.

Pour Bobby, Onassis était « une crapule de grande envergure ». Quand RFK annonça son intention de se lancer dans la course à la Maison-Blanche, Onassis comprit que le cadet de John ne pourrait plus surveiller de si près la vie personnelle de Jackie – ni assumer ses fonctions de père suppléant pour John et Caroline.

Sachant qu'un mot sur l'idylle de Jackie avec le célèbre Grec pouvait faire dérailler sa campagne, Bobby délégua Ethel et la femme de Ted, Joan, au 1040 Cinquième Avenue. Les femmes Kennedy implorèrent Jackie de ne pas épouser « le Grec ».

Pas vraiment sûre de ce qu'elle devait faire, Jackie demanda au cardinal Cushing quelle attitude adopterait le Vatican si elle épousait un divorcé. Intérieurement horrifié, Cushing, comme le clan Kennedy, déconseilla cette union, au moins pour le moment. Par égard pour Bobby, Jackie accepta d'attendre jusqu'aux élections présidentielles de 1968 pour prendre une décision.

Le 4 avril 1968, le monde entier chancela en apprenant que l'on avait tiré sur Martin Luther King devant sa chambre d'hôtel, à Memphis. À la demande pressante de Bobby, Jackie assista aux funérailles de Martin Luther King aux côtés de la veuve du défenseur des droits civils.

« En regardant leurs visages, dit-elle plus tard à l'un des proches conseillers de Bobby, Frank Mankiewicz, j'ai réalisé qu'ils connaissaient la mort. Ils la côtoient tout le temps et ils sont prêts... Comme tout bon catholique doit l'être. Nous connaissons la mort... En fait, si ce n'était pour les enfants, nous devrions pouvoir l'accueillir sans crainte. »

Quelques semaines plus tard, le camp Kennedy se réjouit des résultats du vote qui voyait Bobby devancer le vice-président Hubert Humphrey dans la course à la nomination.

« Oh, Bobby, dit Jackie, n'est-ce pas merveilleux ? Nous allons retrouver la Maison-Blanche.

— Qu'entendez vous par "nous" ? siffla Ethel. Il était clair qu'elle ne plaisantait pas. »

« Jacqueline Kennedy eut l'air d'avoir pris un coup, dit Rita Dallas, l'infirmière de Joe Kennedy, qui se tenait à quelques mètres de là. Elle a vacillé, comme si elle avait reçu une gifle. Je me souviendrai toujours de la tristesse qui a voilé le regard de Jackie. »

Jackie savait que ses enfants seraient toujours des Kennedy, mais elle sentait ses propres liens avec la famille de John se défaire petit à petit. En mai 1968, elle réussit à échapper à la presse et à embarquer à bord du *Christina* pour une croisière de quatre jours dans les Caraïbes – elle passa une partie de son temps à vomir dans sa cabine.

À 3 h 45 du matin, le 6 juin 1968, Jackie fut réveillée en sursaut par la sonnerie du téléphone. C'était son beau-frère, Stas Radziwill. Elle venait de se coucher, une demi-heure auparavant, car elle était restée debout très tard pour voir Bobby gagner les primaires démocrates de Californie.

« Jackie, comment va Bobby ? demanda Stas.

— Bien, génial. Tu as entendu qu'il gagne avec 53 % des voix, hein ?

— Mais Jackie, on lui a tiré dessus. C'est arrivé il y a à peine quelques minutes. »

Il y eut un silence et Jackie se mit à hurler :

« Non ! Ça n'a pas pu arriver ! Non ! Ce n'est pas possible ! »

Mais c'était arrivé. Dans l'office de l'Ambassador Hotel de Los Angeles, après que Bobby eut rencontré des journalistes, dans un salon de réception. Un jeune Palestinien nommé Sirhan Sirhan, apparemment furieux de la récente défaite des Arabes à la guerre des Six Jours – une guerre dans laquelle Israël était soutenu par les États-Unis – tira six fois sur Bobby, l'atteignant à la tête, au cou et au flanc droit.

Jackie prit le premier vol pour Los Angeles et alla tout droit au Good Samaritan Hospital. Comme une sinistre répétition du 22 novembre 1963, Jackie monta dans l'avion qui ramenait le corps de Bobby chez lui.

Pour Caroline, la mort de son oncle bien-aimé n'était que le dernier de la longue série de chocs émotionnels qui la faisait se replier chaque fois un peu plus sur elle-même. Là encore, elle ne versa pas une larme, s'enferma dans un silence douloureux.

Pour John, la mort de Bobby et ce qui s'ensuivit étaient une répétition de Dallas, avec toutefois une importante différence. Cette fois, à huit ans, il était capable de comprendre exactement ce qui était arrivé – et il s'en souviendrait toute sa vie.

Le président Johnson était à la tête du cortège des deux mille personnes qui s'entassèrent dans la cathédrale St. Patrick pour rendre un dernier hommage à la mémoire de Bobby. Ethel, enceinte du onzième enfant de Bobby, resta stoïque même quand Teddy, faisant l'éloge funèbre de son frère, debout près du cercueil couvert du drapeau américain, s'effondra.

« Comme il l'a déclaré bien souvent et dans bien des endroits de ce pays, dit Ted, à ceux qu'il rencontrait "certains hommes voient les choses comme elles sont, et se demandent 'Pourquoi ?' Je rêve de choses qui n'ont encore jamais été, et je me dis 'Pourquoi pas ?'" »

Jackie, le visage blême, drapée dans une mantille noire « était en transe, se souvient Pierre Salinger. En état de choc ».

John, dont la cravate était maintenue par son épingle PT-109 adorée, assistait avec Caroline et quelques autres Kennedy à la messe. De temps à autre, il observait sa mère, visiblement inquiet pour elle.

Ensuite, Jackie et ses enfants montèrent à bord du train qui devait ramener le corps à Washington, où Bobby reposerait au côté de son frère John au cimetière d'Arlington. Deux millions de personnes étaient massées sur les trois cent cinquante kilomètres du trajet. Pourtant, comme pour accréditer le sentiment que la famille Kennedy était maudite, un train qui les croisait tua deux personnes et en blessa six autres, parmi la foule venue manifester son respect. Plusieurs cousins de John furent témoins de l'horrible scène.

Le premier souci de Jackie concernait John et Caroline. Elle ne pouvait plus permettre que sa destinée soit écrite par les Kennedy. Aspirant à s'isoler et terrifiée par la question de la sécurité de ses enfants, elle se tourna vers le seul homme qui pouvait régler les deux problèmes soit à bord du *Christina*, soit derrière les portes gardées de ses résidences de Paris et Athènes ou encore sur son île privée, Skorpios.

La mère de John faisait dorénavant plus confiance à la garde privée d'Onassis qu'au gouvernement américain. L'équipe de quatre agents assignée à la sécurité de Jackie et de ses enfants était ridicule comparée aux soixante-quinze gardes privés d'Onassis, armés et secondés par des chiens d'attaque dressés à tuer.

Il y avait, bien sûr, une autre raison de devenir Mme Onassis. En épousant un homme dont on comparait la fortune à celle de J. Paul Getty et d'Howard Hughes, Jackie ne serait plus traitée comme la parente pauvre.

Même si Bobby avait été très près de remplacer leur père, Jacqueline prenait un soin spécial à rappeler à John et Caroline que personne ne le pouvait. À onze ans Caroline découpait encore les photos de son père et les ajoutait à sa collection qui tapissait maintenant littéralement les murs de sa chambre.

John avait une autre façon de faire vivre la mémoire de son père. Dans sa chambre, à côté de son impressionnante collection d'avions et d'hélicoptères miniatures, il avait un tourne-disque et des disques des discours de son père. Chaque fois qu'un petit copain venait jouer avec lui, il demandait invariablement :

« Tu aimerais entendre mon père ? »

Tout en posant la question, il sortait délicatement un disque de sa pochette. Sans attendre la réponse, il mettait en route le tourne-disque et mettait les discours de son père – « Ne vous demandez pas ce que la nation peut faire pour vous » et « Ich bin ein berliner » – avant de retourner jouer.

*
* *

Maintenant, plus que jamais, Ari « devait l'*avoir* » selon Aileen Mehle, l'éditorialiste et amie d'Onassis et de Jackie. Ari et son rival, l'armateur grec Stavros Niarchos, étaient « en constante compétition » se rappelle Aileen Mehle.

« Jackie serait l'une des plus belles prises de son tableau de chasse. Jackie était la veuve du président des États-Unis, la femme la plus célèbre du monde. Jackie représentait un formidable trophée pour Ari. »

Pour obtenir la main de Jackie, Onassis savait qu'il devait mettre ses enfants de son côté. Ainsi, lorsqu'il rendait visite au 1040 de la Cinquième Avenue ou à Hyannis Port, Ari arrivait toujours les bras chargés de coûteux cadeaux en provenance du magasin FAO Schwarz. Mais Onassis prit soin d'investir aussi du temps, son précieux temps, auprès des enfants de Jackie. Ari jouait et faisait de longues promenades sur la plage de Hyannis Port avec eux, et il s'assurait qu'ils comprenaient bien que leur mère avait besoin de quelqu'un qui prendrait soin d'elle.

S'étant rendu compte que Jackie s'inquiétait surtout de l'impact que la mort de Bobby avait pu avoir sur John, Ari se consacra essentiellement à l'unique fils de JFK. Onassis accompagna John à des matchs de baseball et l'emmena à des parties de pêche en mer.

« Tiens, disait-il au garçonnet en lui tendant deux billets de 100 dollars. Va acheter des asticots. »

Plus important encore, quand John l'invitait dans sa chambre et qu'il lui demandait s'il voulait entendre les précieux enregistrements des discours de JFK, Ari écoutait attentivement. Onassis insistait sur une chose plus que sur toute autre : il avait un immense respect pour le père des enfants, et il n'essaierait jamais de le remplacer.

Ce mois d'août-là, Ted Kennedy accompagna Jackie sur l'île de Skorpios, où lui et Onassis négocièrent âprement les termes du futur contrat de mariage. Ted commença par signaler que, se remariant, Jackie perdait les 200 000 dollars qu'elle touchait du fidéicommis Kennedy, ainsi que les 10 000 dollars annuels de sa pension de veuve de président des États-Unis. L'accord final fut négocié pour Jackie par son conseiller financier, Andre Mayer : trois millions de dollars pour Jackie elle-même, et les intérêts du million de dollars placés au nom de chaque enfant.

Pour John, il y avait un autre événement qui aux yeux d'un enfant de huit ans était nettement plus grave et auquel il devait s'attendre. En septembre, Jackie inscrivit John à Collegiate après que St. David eut suggéré qu'il redouble.

Collegiate, affilié à l'Église réformée hollandaise s'adressait aux enfants de gens riches et célèbres, Leonard Bernstein, Jason Robard Ford, McGeorge Bundy mais aussi à une bonne part d'élèves des quartiers pauvres de la ville qui bénéficiaient d'une bourse.

Pour un petit voisin de John, tous les matins, à 7 h 45, le bus scolaire de Collegiate s'arrêtait devant le 1040 Cinquième Avenue. Pour des raisons de sécurité, John ne prenait jamais le bus. À 7 h 55, il sortait par une porte de service et, agrippant son grand cartable de cuir brun couvert d'autocollants, il grimpait avec sa nouvelle gouvernante, Marta Sgubin, dans l'Oldsmobile crème qui l'attendait. Sur le trottoir un garde du corps tenait la porte arrière ouverte ; mâchant son cigare,

Mugsy O'Leary, le chauffeur de John durant des années, était au volant.

Invariablement il y avait dans les parages un badaud qui attendait dans l'espoir d'apercevoir un Kennedy.

« Le voilà, le voilà ! C'est John-John !! » était un refrain qui le saluait pratiquement toujours lorsqu'il partait à l'école.

D'après l'écrivain Nancy Moran, « John, selon son humeur, fronçait les sourcils timidement ou rentrait à toutes jambes dans le bâtiment, et la gouvernante devait aller le rechercher ».

Sept minutes après, la vieille Oldsmobile stoppait devant l'entrée de Collegiate, au 241 West 77th Street, et John, vêtu de sa veste bleu marine ornée de l'écusson orange, violet et or, entrait en courant par la massive porte de bois. Les agents suivaient, et – comme Jackie l'avait exigé dans la lettre secrète qu'elle avait adressée au *Secret Service* – devenaient « invisibles » pendant qu'ils surveillaient John. Pour ce faire, ils jouaient aux cartes ou somnolaient au sous-sol, remontant périodiquement pour espionner John d'un endroit d'où il ne pouvait pas les voir.

Ironiquement, la coupe de cheveux qui avait suscité tant de critiques quand John vivait à la Maison-Blanche, avait lancé une mode. Maintenant on distinguait à peine John de la plupart des autres petits garçons maigrichons, aux yeux bruns et hirsutes qui allaient à Collegiate. Il est arrivé plusieurs fois que des passants demandent à John de leur montrer John-John, ou « à quoi John-John ressemble-t-il vraiment ? ». Le plus souvent, John répondait très sérieusement qu'il était gentil, un grand joueur de football et très, très chic.

« J'avais l'habitude de me mettre à la fenêtre et de tenter de l'apercevoir, raconta une jeune femme qui habitait de l'autre côté de la rue. Je pensais l'avoir repéré quand deux autres enfants en tous points semblables à celui que je croyais être John-John sont arrivés. Je fus si déconcertée que j'ai laissé tomber. »

Assis dans la salle de classe moquettée de vert et dont les murs étaient couverts de dessins d'élèves, John et ses camarades étudiaient les maths, la lecture, l'orthographe, l'anglais, le français et la géographie. Après le déjeuner, la classe de John pouvait, soit aller au gymnase jouer au basket-ball, soit se rendre au tout proche Central Park. Comme la plupart des écoles privées de New York, Collegiate ne possédait pas son propre terrain de jeux. Pendant ce temps, les gardes se fondaient dans le décor comme des ombres. Chaque jour, à 16 heures précises, O'Leary se matérialisait au volant de la vieille Oldsmobile devant Collegiate, avec au moins un garde armé assis à l'avant, et il ramenait John à la maison.

John s'affirma rapidement comme un garçon très sportif, bien que sa mère l'obligeât à porter des culottes courtes alors que les autres étaient en pantalon, ce qui lui valut d'être souvent en butte aux moqueries de ses camarades. La réponse de John aux taquineries était toujours la même : furieux et les poings serrés, il se ruait sur l'offenseur.

Dès son premier jour à Collegiate, et plusieurs fois ensuite, John se battit avec d'autres garçons exactement comme à St. David. Il était fréquent qu'un élève rentre chez lui le nez en sang, en geignant :

« C'est John Kennedy qui m'a fait ça. Je l'ai appelé John-John et il m'a flanqué une beigne. Mais t'inquiète, je vais me venger ».

Le *Secret Service* avait certainement une responsabilité dans le comportement de John : qu'il soit si prompt à boxer quiconque le raillait. Les agents, tous, à divers degrés, avaient des sentiments paternels pour John, et avaient trouvé judicieux de lui donner quelques leçons de boxe.

« Je suppose, dit l'un d'eux des années plus tard, qu'il était impatient de les mettre en pratique. »

Comme toujours John se débrouilla pour se faire rapidement des amis. Deux de ses meilleurs copains faisaient partie des très rares afro-américains qui fréquentaient Collegiate : Geoffrey Worrell et Hans Hageman. John avait demandé à être présenté à Hageman. Il avait aperçu le lutteur et coureur vedette de l'école âgé de dix ans courir à Central Park.

« À Collegiate, écrivit Nancy Moran, être bon en sport était plus prestigieux qu'être le fils du Président. »

En plus de ses aptitudes à la bagarre et au sport, John montra très jeune un talent de conteur. Il écrivit une petite pantomime qui avait pour sujet un cerf-volant. Elle fut jouée par sa classe devant une assistance de parents. Un des enfants tira d'un coup sec sur la ficelle qui actionnait le cerf-volant, si fort que la ficelle céda et le cerf-volant tomba. La mère du garçon se rappelle que la pantomime, compte tenu de ce qu'avait vécu cet enfant dans sa courte vie, était « charmante et poétique ».

À l'automne 1968, aussi bien dans le camp Kennedy que dans le camp Onassis, tout le monde était si absorbé par la mise au point des détails du contrat de mariage secret, que personne ne remarqua que l'on avait frôlé la tragédie.

À la maison de campagne de Bernardsville, dans le New Jersey, les agents du *Secret Service* chargés de la protection de John et Caroline s'étaient trompés de voiture et avaient suivi des inconnus qui sortaient de l'autoroute : ils avaient perdu la trace des enfants.

Affolés, pendant deux longues heures, les agents envoyèrent des messages radio frénétiques dans tous les sens pour tenter de localiser John et Caroline. Au quartier général de Washington, il soufflait un vent de panique. Après les assassinats de John et Robert Kennedy, l'enlèvement des enfants de JFK était le genre de calamité à laquelle l'agence ne pourrait survivre.

La nuit était déjà tombée quand la voisine des Kennedy, Peggy McDonnell, revint à la ferme de Jackie, les deux enfants sagement assis sur la banquette arrière. Ils étaient allés jouer chez le McDonnell et, comme aucun garde ne venait les rechercher, Peggy avait pensé qu'il valait mieux les ramener en personne à Jackie.

Pour ce faire, elle avait laissé seuls ses huit enfants – ce que Jackie ne pardonna pas au *Service*. Cet incident, qui serait caché au public, confirma Jackie dans son sentiment qu'Onassis serait une bien meilleure protection pour ses enfants.

Ni l'un ni l'autre des enfants ne purent être protégés de l'hystérie que provoqua l'annonce officielle du mariage de Jackie avec Aristote Onassis. Personne ne prit les choses aussi mal que Maria Callas qui ne décolérait pas en privé, mais maîtrisait sa fureur en public.

« Elle fait bien de donner un grand-père à ses enfants », glissa-t-elle sournoisement à propos de sa rivale.

La date du mariage approchait et les camarades d'école de John se joignaient au concert de sarcasmes soulevés par la nouvelle.

« Vous savez, la mère de John lui a expliqué pourquoi elle épouse un crapaud plutôt qu'un prince, disait l'un d'eux. Parce que chaque fois qu'il croasse, on est plus riches ! »

John, comme d'habitude, répondit en lui flanquant un direct au menton.

Le tapageur et flamboyant Onassis, par moments, savait se montrer remarquablement sensible – en particulier lorsqu'il s'agissait de John. Quelques jours avant qu'ils partent tous à Skorpios pour y célébrer le mariage, Ari prit John à part

« N'oublie pas, John, dit-il au petit garçon qui allait devenir son beau-fils. Nous serons toujours "filaracos". »

John sourit. « Filaracos », comme le lui avait expliqué Ari à leur première rencontre, signifiait en grec « copains ».

6

« Elle ne nous a pas fait vénérer la vie de notre père au détriment de la nôtre. Quoi que nous choisissions de faire, Caroline et moi, elle nous soutient. »

John, à propos de sa mère

« Je ne peux quand même pas épouser un dentiste du New Jersey. »

Jackie, à propos de sa décision d'épouser Aristote Onassis

« Ils me semblent parfaits tels qu'ils sont aujourd'hui. Je voudrais m'en souvenir à cet âge, comme ils sont, là maintenant. »

Jackie expliquant à l'artiste Aaron Shikler ce qu'elle attendait de lui pour le portrait de John et Caroline en 1968

John, sa mère et sa sœur étaient dans l'œil du cyclone. « Nous sommes choqués, nous sommes en colère, nous sommes consternés », titrait le *New York Times*. Mais, bizarrement, les réactions étaient encore pires à l'étranger. « JACKIE, COMMENT POUVEZ-VOUS ? » demandait le *Stockholm Express* à la une. Un journal londonien persiflait : « JACKIE ÉPOUSE UN CHÈQUE EN BLANC. » « JOHN KENNEDY MEURT UNE DEUXIÈME FOIS AUJOURD'HUI », claironnait le titre d'*Il Messagero* à Rome.

Le 25 octobre 1968, avec les enfants de Jackie, vingt-deux membres de la famille et proches s'entassèrent dans la petite chapelle blanche néoclassique de Panayitsa (La petite Vierge). Jackie, vêtue d'une robe de mousseline de soie beige de Valentino, dépassait de dix centimètres le marié haut d'un mètre soixante-six.

John et Caroline, serrant de longues bougies blanches dans leurs mains, étaient placés de part et d'autre des mariés.

« La lueur des flammes illuminait théâtralement leurs visages sérieux et angoissés, se souvint la secrétaire particulière d'Onassis, Kiki Feroudi Moutsatsos. J'imagine à quel point tout cela les effrayait. Caroline et John devaient s'inquiéter de ce qui allait leur arriver pendant que leur mère épousait un homme qu'ils connaissaient à peine. »

Quand les invités de la noce ressortirent quarante-cinq minutes plus tard, la mariée arborait un sourire rayonnant. Un reporter questionna Ari sur ce qu'il ressentait.

« Je me sens parfaitement bien, mon garçon », répondit-il.

Quand le même journaliste demanda à John s'il était heureux, celui-ci tourna les talons sans répondre.

John n'était pas la personne la plus grave de l'assistance. Les enfants d'Ari, Alexandre, vingt ans, et Christina, dix-huit ans, avaient le cœur brisé. Ils étaient violemment opposés à cette union, considérant ouvertement que Jackie n'était rien de plus qu'une vulgaire croqueuse de diamants américaine.

« Mon père a besoin d'une épouse, protesta Alexandre devant les journalistes. Mais je n'ai que faire d'une belle-mère. »

Selon l'ami de Ari, Willi Frischauer, « le jour du mariage, Christina et Alexandre ont versé des larmes amères ».

Après la cérémonie, John, Caroline, Jackie et Ari s'entassèrent dans une Jeep dorée. Ari au volant, ils s'en furent à la réception prévue à bord du *Christina*. Là, dans le salon aux baies vitrées, Jackie sirotait le champagne pendant que son nouveau mari distribuait des cadeaux à presque toutes les personnes présentes. 1,2 million de dollars de bijoux à sa femme, une bague de platine et de diamants à la mère de Jackie, des bagues d'or incrustées de pierres précieuses pour Lee Radziwill et les belles-sœurs Kennedy, Jean Smith et Pat Lawford.

Les petites filles, Caroline et ses cousines Sydney et Tina, reçurent chacune un bracelet de diamants. Et le visage de John s'éclaira considérablement quand lui et son cousin eurent ouvert leurs cadeaux : des montres suisses à 1 000 dollars.

Marta Sgubin, la remplaçante de Maud Shaw, était la présence la plus constante et la plus stable dans la vie de John. Ce soir-là, à bord du *Christina*, elle veillait sur les enfants, comme elle le ferait jusqu'à leur départ en pension. Kiki Moutsatsos monta pour bavarder avec John et Caroline.

« Il ne fait aucun doute que les enfants étaient accablés par ce qui se passait, se souvint-elle. Cependant qu'il était tout aussi évident qu'ils étaient des enfants aimés, polis et bien élevés. »

Curieusement, le mariage de Jackie avec Onassis resserra les liens entre la mère et le fils.

« La réaction d'Ethel Kennedy et de sa progéniture était presque de l'horreur, expliqua Pierre Salinger. Cela rapprocha même John et Caroline ; cela soulignait pour eux qu'ils étaient trois contre le monde entier : les Bouvier-Kennedy opposés à leurs si chics cousins Kennedy. »

Pendant que son nouveau mari donnait libre cours à sa passion de gagner de l'argent, Jackie donnait libre cours à la sienne, le dépenser. Pour récompenser Billy Baldwin d'être resté auprès d'elle aux jours noirs qui avaient suivi l'assassinat, elle l'engagea pour refaire la décoration de la maison de Skorpios, ainsi que celle de la villa des Onassis située à trente kilomètres d'Athènes à Glyfada et, enfin, celle du *Christina.*

Pour l'instant, elle laissait en suspens les projets de décoration de l'opulent pied-à-terre de Paris, avenue Foch, et de l'hôtel particulier de Montevideo, en Uruguay.

Non qu'elle passât beaucoup de temps dans l'une ou l'autre des résidences Onassis. Pour Jackie et ses enfants, la vie continuerait de se dérouler essentiellement entre le 1040 Cinquième Avenue, la ferme du New Jersey et Hyannis Port.

En épousant Onassis, Jacqueline se retrouvait à la tête de soixante-dix domestiques, sans compter les soixante membres d'équipage du *Christina*. Mais aussi, comme elle l'expliqua elle-même, devenir Mme Onassis, « me libéra des Kennedy ; en particulier de l'entourage de l'ex-président Kennedy. Ils ne pouvaient pas comprendre pourquoi j'avais pu désirer prendre ce nom bizarre, un peu alambiqué, alors que je portais déjà le plus grand de tous. Eh bien, j'aime voir tous ces politiciens se dépatouiller avec ce nom "alambiqué" ».

Qui plus est, il y avait une réelle tendresse entre les jeunes mariés. « Bien sûr, il lui procurait la sécurité dont elle avait tant besoin depuis l'assassinat de Bobby, dit George Plimpton. Mais elle l'adorait vraiment, et il était à sa dévotion. On a dit que cette union n'était, dès le début, qu'une sorte d'arrangement financier. Mais quand j'étais avec eux, ils étaient très chaleureux, très affectueux l'un envers l'autre. Quand des gens sont brouillés, en froid, ou simplement étrangers l'un à l'autre, ils s'assoient en silence, loin l'un de l'autre. Je n'ai jamais rien vu de tel – en particulier la première année. Ils ont toujours semblé apprécier la compagnie de l'autre. Toujours. »

En complet contraste avec John qui a toute sa vie dédaigné les démonstrations publiques d'affection, Onassis était un tactile. Jackie et Ari s'étreignaient et s'embrassaient en public. Ils se tenaient partout par la main, aussi bien flânant sur les ponts du *Christina* que dans un restaurant bondé.

John se réjouit du bonheur retrouvé de sa mère – et de la générosité de son beau-père. Selon les critères habituels, John menait depuis toujours une vie luxueuse et privilégiée à Manhattan. Mais le monde de leur beau-père donnait un relief et un sens nouveau à ces mots.

En plus des croisières aux escales exotiques à bord du *Christina* (où JFK Jr préférait prendre ses repas sur le pont inférieur avec l'équipage), John et Caroline passaient des semaines entières à nager, faire de la voile et des randonnées sur leur nouvelle île paradisiaque, Skorpios. Les collines y étaient couvertes de lauriers-roses, de figuiers et de cyprès et l'air saturé des parfums des bougainvillées et des jasmins.

On conçoit qu'Onassis fut moins excité quand sa présence était requise à la ferme du New Jersey de Jackie.

En novembre, il rejoignit Jackie et les enfants à Bernardsville. Juste avant son arrivée, elle avait fait arrêter un photographe français qui avait violé l'entrée de la propriété et elle avait fait barrer la route d'accès à la maison.

Une fois là, Onassis resta tel qu'en lui-même. Pendant que Caroline et John accompagnaient leur mère à la chasse à courre, Ari restait cloîtré à l'intérieur, jonglant avec les affaires et les contrats au téléphone.

À l'occasion de l'une de ces sorties, John tomba presque de son poney quand sa monture, voulant franchir une barrière, la toucha de sa patte arrière. Comme, après cet incident, John ne partageait plus vraiment le goût de sa mère et de sa sœur pour les chevaux, ce que Onassis avait à offrir parut lui aller à merveille.

Maintenant, pour les voyages à l'étranger, Jackie, John, Caroline et leurs invités réquisitionnaient simplement un jet Olympic Airways. En avril 1969, John partait en avion passer Pâques à Skorpios. Quand il monta à bord avec son lapin, on l'informa que les animaux n'étaient pas acceptés dans la cabine des passagers et que le lapin devrait faire le voyage dans la soute.

Jackie intervint, demandant que le lapin voyage en première classe à côté de son fils. Le pilote refusa de passer outre le règlement. Cependant, il permit que le lapin aille dans le cockpit où il resterait sous ses yeux dans sa cage pendant tout le voyage.

Si déterminée que fût Jackie à ce que John ne soit pas trop gâté, elle ne pouvait rejeter tous les cadeaux que lui faisait son beau-père. Tout comme Ari avait systématiquement pillé FAO Schwarz au temps où il faisait la cour à Jackie, il continua à couvrir les enfants de cadeaux coûteux.

Pour divertir John à Skorpios, Onassis lui acheta une mini-Jeep, un juke-box et un hors-bord rouge avec son nom calligraphié sur la proue. Il offrit un voilier à Caroline, et un poney Shetland à chacun. Quand Caroline convoita un cheval qui n'était pas à vendre, Onassis acheta les parents et les frères et sœurs du cheval pour elle. Et il y avait les petits gestes pleins d'attention, comme le hot dog de Conney Island – le préféré de Jackie et des enfants – qu'il fit venir par avion de New York à Skorpios.

Il n'y avait pas que l'argent. Dès le début, Onassis s'efforça, avec détermination, d'être un père pour John.

Quand les enfants allaient en Grèce, souvent, Ari laissait tomber ses affaires à Athènes pour se précipiter à Skorpios passer quelque temps avec eux. Serrant la main de John dans la sienne fermement, il partait pour de longues balades dans les bois, montrant patiemment du doigt chaque oiseau et chaque animal peuplant l'île. Pendant les parties de pêche, Onassis amusait John en lui racontant des anecdotes de sa propre enfance en Grèce. Et il s'assurait, au cas où le poisson ne mordrait pas, qu'il avait un membre de l'équipage sous la main prêt à accrocher un poisson vivant à l'hameçon de John pour lui faire croire qu'il en avait attrapé.

« Onassis, quand il était avec John et Caroline, dit Moutsatsos, agissait toujours comme s'il n'y avait pas un endroit au monde où il aurait préféré être. »

Comme JFK, Ari craignait les réactions de Jackie si des photographes parvenaient à prendre des photos des enfants. Une fois, alors qu'elle était repartie à New York en laissant à Ari la responsabilité de John, Onassis garda le garçon quasiment prisonnier plusieurs heures sur le *Christina* plutôt que de le laisser s'aventurer au-dehors, où une petite armada de bateaux pleins de reporters se pressaient, attendant de le prendre en photo.

Finalement, Onassis ordonna à l'un de ses marins de prendre un hors-bord et de zigzaguer parmi les indésirables. Il les éclaboussa tant qu'il pouvait, envoyant l'un après l'autre les photographes dans l'eau peu profonde. Ensuite, John et Ari apparurent sur le pont, jetant des serviettes aux journalistes trempés. Puis ils partirent à toute vitesse sur le Chris-craft d'Ari, pour visiter les îles avoisinantes.

À New York, Ari gardait sa suite au Pierre Hotel à quelque vingt blocs au sud de l'appartement de Jackie. Mais il venait souvent passer un moment avec Jackie et les enfants au 1040 Cinquième Avenue, et il continua consciencieusement à tisser un lien avec John.

Bien que le sport ne l'intéressât pas le moins du monde, et qu'il ne comprît rien au base-ball américain, Ari emmena John au Shea Stadium voir les Mets contre les Baltimore Orioles lors du troisième match des World Series.

Ce qu'Onassis aimait le plus, c'était les expéditions chez le glacier préféré de John, Serendipity, où ils s'offraient d'énormes glaces à la chantilly, dégoulinantes de caramel chaud. Et les interminables promenades dans la ville ou dans Central Park.

Jackie et Kiki Matsoutsos regardaient par la fenêtre de l'appartement du quinzième étage et observaient Ari et John qui flânaient main dans la main sur la Cinquième Avenue. Comme d'habitude, Onassis était penché vers John et lui parlait, gesticulant de sa main libre.

Un jour Jackie, demanda à Onassis de quoi ils pouvaient bien parler, lui et John.

« Je lui enseigne, répondit Ari.

— Tu lui enseignes quoi ?

— À devenir un homme qui réussit. »

Elle se demanda ce qu'il entendait par là. La secrétaire d'Ari tenta de rassurer Mme Onassis : son mari apprenait à John à « agir en adulte et non comme un enfant ».

Jackie ouvrit de grands yeux. « Oh, mon Dieu, s'exclama-t-elle, j'espère simplement qu'il ne passe pas tout ce temps à lui apprendre à séduire les femmes. » Et les deux amies éclatèrent de rire.

Les autres parents de Collegiate étaient impressionnés par le fait que Jackie soit presque systématiquement présente à chaque événement scolaire.

« S'il y avait une représentation ou un match de foot, vous pouviez être sûr de voir la mère de John y assister, rapporte une autre mère. Il cherchait son visage des yeux et était assuré de toujours le trouver parmi la foule. Ce qui nous a le plus surpris, c'est tout le temps que Onassis lui consacrait. Plus que la plupart des autres pères, en fait. »

John et son beau-père se taquinaient jovialement et mutuellement, dès cette époque. Plus d'une fois, Onassis a poussé John par surprise dans la piscine du *Christina*. Et si d'aventure le cocker de JFK, Shannon, se soulageait dans la chaussure d'Ari, ils étaient tous les deux pliés de rire. Tous les soirs, quand John allait au lit, Ari lui prodiguait une accolade bourrue de grand-père grec.

« Ari semblait immensément aimer les deux enfants, remarqua Plimpton. Ils le rajeunissaient. »

Étonnamment, plus ils méprisaient ouvertement Jackie, plus Alexander et Christina Onassis montraient de l'affection à John et à sa sœur. Sur le *Christina* et à Skorpios, les deux enfants Onassis mettaient de côté leur ressentiment à l'encontre de Mme Onassis pour dîner avec leurs nouveaux frère et sœur.

L'énergique Alexander, en particulier, adorait emmener John en virée sur son hors-bord à grande vitesse, dont la proue fendait les vagues à toute allure. Mais, c'est en hélicoptère qu'Alexander, pilote novice de vingt ans, trouva chez John un véritable alter ego. En plusieurs occasions durant les années suivantes, Alexander prendrait les commandes de l'hélico privé d'Ari, et emmènerait John se balancer au-dessus de Skorpios.

« Jackie était folle de joie de voir John si content et excité, a confié Lee Radziwill à une amie. Elle savait combien il adorait voler. Surtout en hélicoptère. »

Où qu'il fût, John n'était jamais très loin de celle qui n'était pas vraiment une seconde mère pour lui et Caroline, leur gouvernante, Marta Sgubin. Mince et brune, la discrète Marta Sgubin aurait pu passer pour une sœur cadette de Jackie. Il lui arrivait d'accompagner Caroline et John à l'école et, comme l'affirme George Plimpton, « il était évident qu'ils l'adoraient tous les deux ».

Marta Sgubin, une fervente catholique qui parlait espagnol, français, italien et allemand aussi bien que l'anglais, s'assurait qu'ils faisaient leurs devoirs, dînait avec eux et les mettait au lit. Jackie était souvent prête dès 8 heures pour prendre le petit déjeuner avec eux. Mais seulement après que Marta, déjà debout depuis une heure, les avait tirés du lit.

« John savait que Marta Sgubin "prenait soin" de lui, rapporte Kiki Moutsatsos. Personne n'avait à s'inquiéter pour les enfants quand ils étaient avec Marta. Il n'y avait pas un instant dans la journée où elle ne sache à quel endroit et avec qui ils se trouvaient. »

« Marta Sgubin, observa Matsoutsos, dédiait sa vie, y compris sa vie personnelle, à Caroline et John. »

La face noire du destin des Kennedy fit son apparition une nouvelle fois le 18 juin 1969. Ted était, au volant de son Oldsmobile, lorsqu'il tomba du pont Dyke Bridge sur l'île de Chappaquiddick, noyant la jeune et séduisante Mary Jo Kopechne.

Cet accident fatal et les efforts ridicules de Ted pour le cacher ôtèrent définitivement toute chance au dernier des frères Kennedy de parvenir un jour à la Maison-Blanche. John observa sa mère, qui s'était rapprochée de Ted après le meurtre de Bobby, faire front avec le reste des Kennedy à Hyannis Port.

« Ce fut une nouvelle leçon de solidarité, observa Theodore White, pour John-John et ses cousins. »

Dix jours après Chappaquiddick, Ari offrit 2 millions de dollars de bijoux à Jackie pour ses quarante ans, presque autant que ce qu'elle avait elle-même dépensé durant leur première année de mariage.

Les dépenses inconsidérées de Jackie avaient déjà créé de graves problèmes avec John. Elles provoqueraient bientôt des tensions similaires dans son second mariage – et d'amères disputes devant les enfants. Mais à cette époque Ari et Jackie faisaient face ensemble à ce qu'ils percevaient comme un ennemi commun – et de plus en plus menaçant – la presse importune.

Non que la mère de John n'aimât pas la publicité. Elle rechercha activement, toute sa vie, les honneurs de la presse ; mais tant que c'était strictement selon ces termes. Il arrivait que la secrétaire de Jackie téléphone aux rédacteurs et photographes pour les prévenir que Mme Onassis serait à telle ou telle manifestation et le lendemain sa photo s'étalait à la une de *Women's Wear Daily*.

« À d'autres moments, note James Brady, rédacteur en chef de *Women's Wear Daily*, elle nous fuyait comme la peste. »

John comprenait l'irritation de sa mère. Comme Jackie, il était constamment suivi par les paparazzi. En Grèce, un photographe – surnommé avec à propos « l'Ombre » par Onassis – avait jeté des pierres à John dans l'espoir de pouvoir le prendre lorsqu'il lui lancerait des caillasses en retour.

Mais c'est l'infatigable photographe new-yorkais Ron Galella qui allait personnifier, pour Jackie et ses enfants, tout ce qu'il y a de pire dans la presse. Galella traquait Jackie, John et Caroline partout, surgissant d'un bosquet ou de l'embrasure d'une porte, prenant des centaines de photos, couvrant ses victimes de sarcasmes entrecoupés de drôles de grognements. Le jour de la fête de mères, par exemple, il était embusqué quand Jackie sortit de sa limousine pour rejoindre son appartement. D'un geste rapide, elle dissimula son visage derrière le bouquet que son fils lui avait offert, ruinant la photo.

Le Noël précédent, il avait loué les services d'un père Noël qui l'attendait devant le 1040 Cinquième Avenue.

Quand elle sortit, le père Noël se rua sur elle et tenta de rester près d'elle suffisamment longtemps pour que Galella puisse les prendre ensemble et faire paraître la photo en couverture de *National Enquirer*. Il ne se passa pas ce que le photographe avait prévu.

« Elle était rapide, se rappela-t-il, et le père Noël était lent. »

Plus tard, Galella essaya de prendre John en train de faire de la luge avec Caroline et sa mère dans Central Park. Les membres du *Secret Service* le jetèrent dans un tas de neige.

Pour Jackie, c'était une chose d'être poursuivie par la presse, c'en était une autre quand cela arrivait à ses enfants.

Selon les mots de son vieil ami Truman Capote, elle était « une lionne défendant ses petits ».

En octobre 1969, Caroline passa de Sacred Heart à Brearley, une école de filles huppée de Manhattan, dans l'Upper East Side. Elle était à la kermesse de l'école quand soudain Galella se matérialisa près d'elle, appuyant furieusement sur le déclencheur et humiliant Caroline devant ses petites amies.

Deux semaines plus tard, Jackie et John traversaient Central Park en vélo quand Galella jaillit d'un buisson, effrayant le petit garçon qui fit un violent écart. Exaspérée, Jackie ordonna au *Secret Service* qui les suivait de « foutre en l'air son appareil » et d'arrêter Galella pour harcèlement.

L'accusation de harcèlement fut abandonnée pour absence de preuves et Galella réclama 1,3 million de dollars à Jackie pour arrestation abusive, poursuites malveillantes, voie de fait et « entrave à [ses] moyens d'existence ». En retour elle contre-attaqua en réclamant devant le tribunal 6 millions de dollars, affirmant que les actes de Galella ne constituaient pas moins qu'un « cauchemar » – des intrusions dans l'intimité qui avaient causé, pour elle et ses enfants, de pénibles angoisses. Elle demanda au tribunal de lui interdire définitivement d'approcher à moins de cent mètres le 1040 Cinquième Avenue et à moins de cinquante mètres d'elle ou de ses enfants.

« M. Galella m'a poussé, déclara John, alors âgé de neuf ans, devant la cour dans une déposition qu'on lui avait manifestement fait répéter. Il a surgi sur mon chemin, m'a envoyé des flashes en plein visage, m'a suivi de près, en gros, il s'est imposé à moi. »

John jura qu'il se sentait « menacé en présence de M. Galella ».

Cette affaire devait durer quatre ans. La cour accorda à Jackie plus que ce qu'elle avait demandé. Il fut ordonné à Galella de ne pas approcher à moins de soixante-dix mètres de John et Caroline, ni à moins de quarante-cinq mètres de Jackie elle-même. En appel, Galella obtint que ces distances soient réduites à dix mètres pour les enfants et huit pour Jackie.

Néanmoins, ils n'en avaient pas fini avec Galella.

« Je crains que grand-père ne soit vraiment très malade, dit Jackie à John et Caroline le 15 novembre 1969 alors qu'elle préparait les bagages pour partir à Hyannis Port. Il ne guérira pas. Je voudrais que vous priiez pour lui. »

Le temps qu'elle se rende à son chevet, Joe Kennedy était tombé dans le coma. « C'est Jackie, Grandpa », murmura-t-elle en serrant les mains du vieil homme dans les siennes. Ensuite elle l'embrassa sur le front.

Trois jours plus tard, à 10 h 30 du matin, l'infirmière de Joe déclencha l'alarme de la propriété.

Tout le monde comprit que cela annonçait la mort du patriarche. Il avait quatre-vingt-un ans.

Le 20 novembre 1969, John remonta l'allée vers l'autel de l'église St. Francis Xavier de Hyannis et se retourna pour affronter les soixante-dix personnes en deuil – presque tous les membres de la famille Kennedy – venues dire adieu à son grand-père. D'une voix claire qui ne tremblait pas, John récita le vingt-troisième psaume.

John revint à St. Francis Xavier deux jours plus tard. Cette fois, il était enfant de chœur à la messe dite en mémoire de son père, pour le sixième anniversaire de son assassinat. Là encore presque toute la famille Kennedy était présente. Mais Ari, qui n'avait pas assisté à l'enterrement de Joe, était remarquablement absent.

Au milieu de l'année 1970, la rumeur insinuait que le mariage de Jacqueline Kennedy et Aristote Onassis avait de sérieux problèmes. Le 21 mai, Ari avait été photographié dînant chez Maxim's avec son ancienne maîtresse, Maria Callas. Jackie arriva par avion le jour suivant et se fit un devoir de se faire photographier avec Ari à la même table, chez Maxim's. Trois jours après, la Callas fit une tentative de suicide par somnifères.

Quand on demanda à Ari si les rumeurs à propos de la Callas étaient vraies il rétorqua : « Tout cela est pure mythologie. C'est impensable, absurde. »

Pourtant, tout juste trois semaines après avoir fêté le quarante et unième anniversaire de Jackie, Ari fut photographié en train d'embrasser la Callas sous un parasol sur la plage d'une île de la mer Égée, Tragonisi. Là encore, Jackie accourut aux côtés de Ari.

Accoutumé aux ragots qui semblaient perpétuellement courir sur sa mère, John avait appris à les ignorer, tout simplement. Son monde tournait autour de l'école, le foot à Central Park, les week-ends à Hyannis et les étés idylliques en Grèce.

« C'était une période merveilleuse, dit plus tard John de ces années. Voyons les choses comme elles sont, j'étais un petit garçon très, très chanceux. Et M. Onassis était adorable avec moi. J'avais beau être un petit garçon, il prenait le temps de me parler et d'écouter ce que j'avais à raconter. Je l'aimais beaucoup et j'aime à penser que lui aussi m'aimait. »

Quand John eut huit ans, sa sœur et lui ont posé pour le portraitiste new-yorkais Aaron Shikler. John venait avec son cochon d'Inde pour lui tenir compagnie.

« John était un vrai garçon, se souvint Shikler. Agité,

impatient, tout en coudes et en genoux. Poser l'ennuyait monumentalement. Plus vite il pouvait s'échapper, mieux c'était. Il détestait poser. »

Jackie fut si contente du résultat qu'à l'automne 1970 elle demanda à Shikler de peindre son portrait et celui de JFK pour la collection officielle de la Maison-Blanche.

Quand les portraits furent livrés à la Maison-Blanche, la First Lady, Pat Nixon, écrivit à Jackie pour lui demander si elle était prête à apparaître en public.

« Je n'ai vraiment pas le courage de participer à une cérémonie officielle, répondit Jackie. Ni d'amener mes enfants dans la seule maison qu'ils ont tous les deux connue avec leur père, surtout dans des conditions aussi pénibles. Avec la presse et le reste, ce que j'essaie de leur éviter. Je sais que l'expérience serait traumatisante pour eux, et risque de supplanter les souvenirs de la Maison-Blanche que j'aimerais qu'ils gardent. »

Toutefois, elle accepta d'amener les enfants à un dîner privé avec les Nixon le 3 février 1971. Le Président envoya Air Force One pour récupérer John, Jackie et Caroline à l'aéroport de La Guardia à New York et emmener l'ancienne Première Famille jusqu'à Washington.

Quand la limousine arriva à Executive Mansion, la First Lady sortit pour les accueillir. Pat était, à la surprise de Jackie, chaleureuse, accueillante et particulièrement à l'aise avec les enfants. Le président Nixon en personne leur fit visiter le Bureau Ovale, où, comme se le rappela John « papa travaillait ».

Pendant que Pat bavardait avec Jackie, les filles de Nixon, Tricia et Julie, guidèrent John et Caroline dans les appartements de l'étage – qu'elles appelaient « leur maison ». Ils revirent leurs anciennes chambres, maintenant redécorées au goût des filles de Nixon. Et aussi la *High Chair Room* où Miss Shaw surveillait leurs repas, et même le solarium où Jackie avait créé une école spéciale destinée à sa fille.

Bien que John, manifestement, ne se souvînt de presque rien de sa vie à la Maison-Blanche, il était tout aussi manifestement avide d'apprendre tout ce qu'il pouvait à ce sujet. Jackie vit combien le visage de Caroline s'éclaira quand elle entra dans son ancienne chambre pour la première fois depuis sept ans.

Comme tous les garçons de dix ans, John avait tendance à renverser tout ce qui l'entourait. Pendant le vol, Caroline paria avec son frère qu'il serait incapable de passer toute la soirée sans que, à un moment ou à un autre, ses pans de chemise sortent de son pantalon – ce qui arrivait fréquemment reconnut-il plus tard – ou qu'il renverse son lait au dîner.

« J'ai tenu presque tout le repas, mes pans de chemises sont restés où ils devaient être et le verre de lait bien droit, se souvint John. Ensuite le dessert est arrivé et quelque chose a attiré mon attention. »

À vrai dire, John n'a pas simplement renversé le verre, il a envoyé son contenu sur les genoux de Richard Nixon. Le Président « n'a pas sourcillé et s'est essuyé », remarqua John.

De l'autre bout de la table, Caroline lança à son frère un regard de grande sœur qui disait « Je te l'avais bien dit. »

De retour à New York Jackie écrivit à Pat Nixon : « Merci de tout mon cœur. Ce jour que j'ai toujours redouté s'est révélé être l'un des plus précieux que j'aie passés avec mes enfants. » Jackie demanda à John d'écrire aussi un billet de remerciement qu'il calligraphia patiemment et posta lui-même. Voici ce qu'il écrivit avec les fautes :

4 février 1971
Cher M. Président
Chère Mme Nixon
Je peux jamais vous remercier plus de nous avoir montré la Maison-Blanche. Je ne pense pas que je pouvais me souvenir la Maison-Blanche mais c'était vraiment bien

de revoir tout ça. Quand je me suis assis sur le lit de Lincoln et que j'ai fait un souhait pour quelque chose, mon souhait est vraiment devenu vrai. J'ai souhaité avoir de la chance à l'école. J'ai vraiment aimé les chiens qui étaient drôles dès que je suis rentré à la maison mes chiens sont venus me renifler. Peut-être qu'ils se souviennent de la Maison-Blanche...

L'été 1971, sur Skorpios, fut égayé par l'arrivée de Peter Beard, fringant photographe, militant pour la conservation des espèces sauvages. La passion de Beard pour l'aventure, sa bonne dégaine ébouriffée et sa complicité immédiate avec les enfants – en particulier avec John – firent de lui un des hôtes favoris de Jackie.

En fait, Beard apportait quelque chose à la vie de son fils que Jackie savait lui manquer. Malgré ses efforts pour se faire aimer de John, le brasseur d'affaires qu'était Ari n'était pas assez présent pour avoir une influence durable sur le jeune garçon. Jackie avait dit à des amis qu'elle craignait qu'il ne devienne « un pédé » sans l'influence d'une figure paternelle forte. Et l'athlétique Beard nageait, faisait de la voile, du ski nautique et chahutait avec John. « Le genre de choses que Bobby faisait avec lui avant », remarqua-t-elle.

Au mois d'août, John rejoignit son cousin Tony Radziwill au Centre d'aventures de Drake Island au large des côtes accidentées du sud-ouest de la Grande-Bretagne. Il devait y passer deux semaines à faire du canoë, de l'escalade et camper. John trouva l'expérience si exaltante qu'à compter de ce jour Jackie fit tout ce qu'elle put pour organiser au moins un séjour-aventure par an pour son fils.

« John était une personne totalement inspirée », se rappelait Beard, signifiant par là que JFK était un imitateur né. Le printemps suivant, Beard accompagna John et sa sœur à la chasse aux serpents dans les Everglades de Floride. Ils étaient pistés par une meute de reporters qui surveillaient l'hôtel des Kennedy. Un matin, très tôt, John passait dans un couloir devant un journaliste endormi sur un canapé. Il se lança dans une imitation de Mick Jagger chantant « Jumpin'Jack Flash ». Réveillé en sursaut, le journaliste se rua sur son appareil – trop tard. John avait quitté le bâtiment.

En décembre 1971, John fit ses débuts au théâtre dans le rôle de l'un des voleurs de Fagan dans le *Oliver !* monté par l'école pour Noël. Jackie et Ari, flanqués de leurs gardes du corps à la triste figure, vinrent le regarder jouer.

Dans le rôle de la grande sœur, Caroline à la douce voix semblait adorer les élans loufoques et flamboyants de son frère. En guise de cadeau de Noël à sa grand-mère Rose, Caroline avait écrit un poème sur John :

« Il vient en postillonnant dans ma chambre, sautillant à droite et à gauche, hurlant : “O.K. Caroline, prête à te battre ?”

Il essaie de nous faire exploser avec sa panoplie de chimie, il a tué toutes les plantes, mais nous, on en a réchappé.

Il adore les draps de lin de ma mère et déteste les siens en coton.

Il peut imiter le chant d'une baleine à bosse. Je l'aime non pas seulement parce que je le dois, mais aussi parce que le sang est plus épais que l'eau. »

En partie grâce à l'influence de leur mère, en partie parce qu'ils avaient vécu et été témoins de grands chagrins, John et Caroline montraient une remarquable empathie à l'égard des autres. Quand Kiki Moutsatsos se fit voler et frapper au visage dans le grand magasin Alexander à Manhattan, Jackie insista pour la conduire aux urgences. Moutsatsos refusa et Jackie la ramena au 1040 Cinquième Avenue et la soigna elle-même jusqu'à sa guérison.

Sa sœur était en visite chez sa grand-mère Rose mais « John était à la maison, se rappela Moutsatsos plus tard. Et il était aussi attentionné avec moi que l'était sa mère. John décréta que Moutsatsos méritait des fraises, répétant que cela lui ferait du bien. Il a cherché à la cuisine les plus grosses fraises qu'il pût trouver, et les a coupées en tout petits dés pour moi. Je n'avais absolument pas faim, mais je n'aurais jamais pu refuser le moindre petit morceau de ces jolies fraises ».

Au printemps 1972, il était évident, y compris pour John et Caroline, que le mariage de leur mère avait de vrais problèmes. Même lorsqu'il était à New York, descendant au Pierre Hotel, en bas de la Cinquième Avenue, Onassis ne figurait plus sur la liste des invités des dîners de sa femme.

Ari disait maintenant à ses amis qu'elle était « insensible et superficielle ». En plus ses dépenses – elle avait acheté en une seule fois 60 000 dollars de chaussures, deux cents paires – étaient complètement incontrôlées. Pour lui donner une leçon et par mesure de rétorsion, il ramena son budget mensuel de 30 000 à 20 000 dollars.

« Au bout d'un moment, je n'ai plus jamais vu chez lui de preuves d'amour alors que cela arrivait encore à Jackie, raconte la chroniqueuse Aileen Mehle, amie du couple. Maintenant c'était Jackie qui était douce et chaleureuse. Lui était distant. Il disait "La veuve veut ceci" et "La veuve veut cela". Elle essayait de sauver les apparences mais on voyait qu'il était fâché contre elle. En permanence, je crois. »

Caroline était maintenant partie dans le Massachusetts, à Concord Academy, et John se retrouvait seul, témoin des furieux affrontements de sa mère et de son beau-père. Cherchant à échapper aux feux croisés, il demanda à sa mère de partir en camp d'aventures pour l'été, comme il l'avait fait l'année précédente sur Drake Island. Jackie accepta d'envoyer John, en compagnie de son camarade de classe, Bob Cramer, à Androscoggin, un camp de vacances du Maine, à l'origine fréquenté et créé pour des garçons juifs.

John était prêt à partir, quand, à la dernière minute, le FBI prévint Jackie qu'il était impératif d'annuler le séjour. « Lark[1] » comme l'appelait encore le *Secret Service*, était en danger. Les autorités US, grecques et ouest-allemandes, travaillant en coopération, avaient découvert que deux groupes terroristes – une bande de huit gauchistes grecs et quatre des membres du bien connu mouvement du 20 octobre devaient kidnapper John et réclamer une rançon. Le 15 juillet 1972, les autorités grecques annonçaient l'arrestation des deux groupes.

Ari, consterné par les événements, renforça la sécurité sur Skorpios, sur le *Christina*, et dans toutes ses autres résidences. Pendant ce temps-là, Jackie sommait John de cesser de jouer à cache-cache avec ses gardes du corps.

« C'était un vrai coup de semonce, rapporte Doris Lilly, une amie d'Ari. Cela rappelait à Jackie combien ce qu'elle répétait souvent était plus vrai que jamais : ses enfants étaient les cibles numéro un. »

Toutefois, il ne fallut pas longtemps pour que Ari s'en prît à nouveau à Jackie ; il cherchait comment l'amener à changer de comportement. Il était particulièrement contrarié par sa manière capricieuse de manipuler la presse. Il savait mieux que personne à quel point elle aimait la publicité et combien elle devenait irrationnelle quand les choses ne se passaient pas exactement comme elle le voulait.

Il décida de faire quelque chose.

En novembre 1972, dix photographes enfilèrent une tenue de plongée pour guetter Jackie dans les eaux de Skorpios. À l'insu de Jackie, Ari leur avait fourni les plans de l'île et les dates auxquelles Jackie avait prévu de venir. Les photos couleur – des nus de face de l'ancienne First Lady en train de prendre des bains de soleil ou de déambuler – s'étalèrent dans les pages du magazine italien pour hommes *Playmen* sous le titre « LA CHATTE À UN MILLIARD DE DOLLARS ». Grâce aux photos de

1. Alouette.

Jackie, le tirage du magazine de Larry Flint, *Hustler*, passa de quelques milliers à plus de deux millions d'exemplaires.

Onassis se figurait qu'après la publication de ces photos humiliantes plus rien de ce que la presse pourrait publier ensuite ne l'offenserait. Elle cesserait de se plaindre, apprendrait à vivre avec les paparazzi et stopperait ses menaces de procès ruineux.

Au contraire, tout cela eut l'effet inverse. Ari avait oublié de prendre en compte l'effet de ces photos sur John et Caroline. Folle de rage, Jackie exigea que Ari poursuive chacune des publications qui avaient diffusé les images, y compris à l'étranger. Ari, on s'en doute, ignora ses sommations.

Pour John, Ari était loin d'être aussi doué que Jackie quand il s'agissait de manipuler la presse. Lorsqu'un paparazzi aborda Ari et Elizabeth Taylor déjeunant dans un café à Rome – *sans* Richard Burton –, Liz plongea sous la table tandis qu'Onassis jetait sa coupe de champagne au visage de l'importun.

Le lendemain matin, John et Caroline tentaient à grand-peine de réprimer leur fou rire quand Jackie entra dans la cuisine et découvrit l'histoire dans le *Daily News* étalé sur la table du petit déjeuner. Jackie se précipita pour passer un savon à Ari par téléphone. « Tu me fais honte. Les enfants ont tout lu, ils savent tout de ton comportement ridicule à Rome. »

En décembre 1972, Ari rencontra l'avocat Roy Cohn, dans la demeure de Cohn, et lui dit que son mariage était fini. Onassis ajouta :

« Je sais que Jackie ne va pas en rester aux 3 millions de dollars prévus par le contrat de mariage. »

Il précisa qu'il avait l'intention de payer un million supplémentaire, mais pas un de plus.

À une douzaine de pâtés de maisons de là, Jackie ne se doutait pas que son mari et Roy Cohn envisageaient les modalités de la fin de son mariage. Quand, en janvier 1973, Ari s'envola pour Paris, elle ne se doutait pas non plus qu'il annoncerait à son fils qu'il allait divorcer de « La Veuve » – lequel fils venait de subir une intervention chirurgicale, une rhinoplastie pour se débarrasser du nez proéminent des Onassis.

Ari dit aussi à Alexander, qui se plaignait depuis des mois que le Piaggio, un avion amphibie, était un « piège mortel », qu'il consentait à le remplacer. Ils allaient vendre l'ancien, mais il voulait d'abord que Alexander trouve un nouveau pilote.

Le 22 janvier 1972, à 13 h 12, au moment de quitter l'aéroport international d'Athènes, Alexander était à bord du Piaggio, assis au côté du nouveau pilote. Quinze secondes plus tard, l'avion vira sur la droite et s'écrasa au sol. Le pilote et un passager furent gravement atteints, mais seules les blessures d'Alexander furent mortelles.

Dès qu'elle connut la nouvelle, Jackie téléphona à Caroline, à la Concord Academy. Sa fille prenait des leçons de pilotage dans un aéroport des environs, Hanscom Airport. Jackie lui signifia qu'il n'était plus question qu'elle prenne ces leçons. La fille unique de JFK était interdite de vol – littéralement.

John et Caroline restèrent aux États-Unis tandis que Jackie partait pour Athènes. Deux des meilleurs neurochirurgiens qu'Ari avait fait venir de Boston et de Londres parvinrent à la même conclusion : Alexander avait subi des dommages irréversibles au cerveau. Avec Jackie, la petite amie d'Alexander, Fiona Thyssen, et Christina, qui semblait inconsolable, Ari prit la décision de mettre fin à la vie artificielle du blessé. Alexander avait vingt-quatre ans.

Onassis ne devait jamais se remettre de la mort de son fils. Devant la tombe d'Alexander, à Skorpios, Ari se tourna vers sa fille et déclara :

« C'est toi mon avenir, maintenant. »

La mort d'Alexander plongea Ari dans un grand désarroi émotionnel.

« Il est devenu triste, brusque, impossible à vivre », commenta Peter Duchin. Le père de substitution que John avait connu se transforma en vieil homme qui masquait à peine le mépris qu'il avait pour sa mère.

La mort d'Alexander mit fin à un chapitre de la vie de John. Elle fit aussi prendre conscience à Jackie, habituée à voler à bord de petits avions, qu'ils étaient, en réalité, une véritable menace pour la sécurité de ses enfants.

John, qui, à douze ans, avait été témoin de plus de tragédies et de chagrins que la plupart des gens n'en rencontrent dans toute leur vie, essaya de remonter le moral de son beau-père. Mais, comme le fit remarquer l'un des membres de son staff grec, Onassis « ne montrait plus aucune envie de faire partie de la vie des Kennedy ». Étrangement, il tenait Jackie pour responsable de ce qui était arrivé à Alexander. La mort et la tragédie semblaient toucher tous ceux qu'elle approchait. Il commença à se demander s'il n'était pas, en quelque sorte, puni de l'avoir épousée.

Plusieurs de ses amis les plus proches l'avaient toujours cru.

« Je pense que, dès son mariage avec Jackie, les choses ont mal tourné pour lui, confia l'avocat Stelios Papadimetriou, un vieil ami d'Ari. Les Grecs sont très superstitieux. Ari l'appelait "La Veuve", nous "La Veuve Noire". »

John voyait Ari s'en prendre à sa mère, et bien qu'Onassis n'ait jamais élevé le ton avec les enfants, il apparaissait que ceux-ci ne l'intéressaient plus vraiment. Fini les cadeaux extravagants, fini les longues promenades. Plus d'apparition d'Ari et de toute sa clique aux événements scolaires.

Jackie, accoutumée à vivre avec le chagrin, tenta de soulager la peine d'Onassis. Deux jours après les funérailles d'Alexander, elle invita Pierre Salinger et sa femme Nicole à venir les rejoindre à Dakar, au Sénégal, sur le *Christina*. Durant les dix jours suivants, les deux copains qu'étaient Onassis et Salinger discutèrent sans fin politique et histoire.

« Il adorait Pierre, conta Nicole Salinger. Ils passaient des heures et des heures à arpenter le pont, à débattre et discuter. »

Il y avait une autre raison à l'invitation de Jackie. Elle avait pris à part l'ancien attaché de presse de JFK et l'avait prié de parler de leur père à John et Caroline.

« J'ai insisté sur le merveilleux sens de l'humour de leur père, son amour de la vie, et surtout son amour pour eux. Sans entrer dans les détails de ses maladies, j'ai mis en lumière que, bien qu'il eût souvent des raisons d'être triste, c'était toujours lui qui remontait le moral aux autres. »

L'image de « ces deux visages charmants et innocents tournés vers [lui], ces deux enfants écoutant attentivement » resterait à jamais gravée dans la mémoire de Salinger.

Salinger reconnaissait à Jackie le mérite de toujours s'être assurée que ses enfants aient conscience que leur père « était un homme, pas un mythe ».

« Au départ, je n'étais pas certain que Jackie serait d'accord, mais je trouvais important qu'ils ne soient pas uniquement gavés de légendes – qui leur auraient donné une vision faussée et irréaliste du Président Kennedy. Mais je crois, en fait, qu'elle savait exactement ce que je tentais de faire et qu'elle approuvait. Au bout du compte, Caroline et John ont eu une vision saine de qui avait été leur père. Et la responsabilité en revient entièrement à Jackie. »

Toute l'année suivante, John resta à New York et sa sœur à la Concord Academy. Pendant ce temps, leur mère tentait de distraire Ari en voyageant, l'Espagne, les Caraïbes, le Mexique, l'Egypte, Rien n'y fit.

L'état mental d'Onassis continuait de se détériorer. Il se persuada que la mort de son fils avait été le résultat d'un complot très élaboré. Dans le courant de l'été 1973, Onassis offrit un million de dollars de récompense à qui lui apporterait la preuve que l'avion de son fils avait été saboté.

Plusieurs détectives furent engagés, mais il n'y avait aucune preuve appuyant la théorie d'Ari. Il ne pouvait tout simplement pas admettre que son fils unique s'était tué dans un stupide accident d'avion. Il passait ses soirées à écouter différents enregistrement de pilotes condamnés tentant de reprendre le contrôle de leurs appareils.

« La mort d'Alexander l'a vraiment laissé sur le carreau, dit Duchin. Il sentait que le sort s'était retourné contre lui. Il était devenu morose, agressif, tatillon et intransigeant. Jackie en supportait le pire. »

Le stress, pendant tout ce temps, avait provoqué de graves désordres physiques chez Onassis. Il se plaignait de maux de tête et d'une fatigue perpétuelle. Il avait perdu du poids rapidement et sa paupière droite tombait. En décembre 1973, il entra au Manhattan Lenox Hospital. Le diagnostic tomba : myasthénie. Une maladie assez rare des muscles, incurable.

Ari avait alors tellement éloigné Jackie de lui qu'elle ne prit même pas la peine de lui rendre visite, en dépit du fait que l'hôpital se trouvait à quelques rues de son appartement. Christina – la *Chryso Mou* d'Ari, (« Ma fille en or ») – combla le vide, rentrant dare-dare de Paris dès qu'elle apprit que son père avait été hospitalisé. Début 1974, elle s'installa définitivement à New York où elle étudia les arcanes des affaires familiales dans les locaux des bureaux de son père.

Alors qu'il entrait dans la puberté, John devint soudain difficile. Il avait toujours été une boule d'énergie, mais il semblait maintenant réellement incapable de tenir en place.

En classe, sa concentration en pâtit, et ses notes aussi. De plus en plus souvent, il tentait de fausser compagnie à son détachement de gardes du corps, s'échappant avec des amis dans la rue ou en bicyclette dans

Central Park, obligeant les agents à cran à le poursuivre.

Jackie se demandait si l'hyperactivité de John était le signe de quelque chose de plus profond. Peut-être une réaction à l'abandon d'Ari.

Et, pour couronner le tout, sa mère était maintenant publiquement humiliée par l'ancienne passion d'Ari, Maria Callas. Lors d'une apparition au *Today show* en avril 1974, la Callas confia à Barbara Walters qu'Onassis avait été « le grand amour de [sa] vie ». Elle continua en ajoutant avec conviction : « L'amour, c'est tellement mieux quand on n'est pas marié. »

Walters demanda ensuite si la Callas nourrissait le moindre ressentiment à l'égard de la mère de John. « Pourquoi le ferais-je ? Bien sûr, si elle traitait mal M. Onassis, je pourrais être furieuse. »

Voir la vie privée de sa mère et de son beau-père étalée dans toute la presse – et, par extension, la sienne, « ce n'était pas exactement la meilleure chose qui pouvait arriver à un jeune homme », remarqua un vieil ami de Jackie, Cleveland Amory.

À la même époque, John sembla attiré par la profession dont sa famille s'était toujours méfiée. Beverly Williston vint passer un week-end dans le ranch du New Jersey où elle rencontra Jackie et ses enfants.

« Alors, qu'est ce que tu veux faire plus tard ? Président ? » demanda Williston à John.

Elle ne plaisantait qu'à moitié.

« Nan, répondit-il. Je veux écrire sur la politique. Tout le monde souhaite que je devienne avocat, mais je veux être journaliste.

— C'est ce que je fais, lui fit remarquer Williston.

— Vous voyagez beaucoup ? Vous rencontrez des chanteurs et des acteurs ?

— Parfois, répondit-elle. C'est un boulot amusant. On rencontre toutes sortes de gens. »

Elle en vint à lui confirmer que oui, la plupart des journalistes sortaient de fac – manifestement c'était un passage que John espérait éviter.

Il ne faisait aucun doute dans l'esprit de Jackie que John intégrerait les rangs d'une université de l'Ivy League – les huit meilleures universités du nord-est des États-Unis.

Mais elle était maintenant très mécontente des notes médiocres de son fils. Elle craignait que tous les gros titres qui relataient la désintégration de son mariage n'aient eu un impact négatif sur ses résultats scolaires. Elle l'envoya chez un psychiatre, le Dr Ted Becker, pour voir s'il ne pouvait pas aider le garçon à vaincre les blocages qui l'empêchaient d'atteindre un bon niveau scolaire.

Le fils de Jackie avait une nature rebelle – le résultat, en partie, de l'omniprésence du *Secret Service* à son côté. En avril 1974, John organisa une échappée, semant sa meute de gardes du corps pour assister, en compagnie de deux amis, à un spectacle donné au Trans Lux Theater de Broadway, une satire des cowboys de Mel Brooks, *Blazing Saddles*. Les membres du *Secret Service* cherchèrent John pendant près de deux heures, pour finalement arriver au théâtre juste au moment où il quittait les lieux.

Quelques semaines plus tard, dans l'après-midi du 15 mai 1974, le petit John, âgé de treize ans, sauta sur son coûteux vélo à dix vitesses, pour mettre le cap sur les courts de tennis de Central Park avec un petit copain, semant une fois de plus ses gardes du corps.

Face aux dangers qui se dissimulaient dans les recoins de Central Park, Jackie avait, pour sa part, une attitude fataliste. Elle était elle-même une habituée de l'allée de jogging qui longeait le réservoir.

« Chaque fois qu'elle se préparait à partir, à la nuit tombée, les soirs d'hiver, je devais la mettre en garde contre toutes les horribles choses qui pouvaient lui arriver. Fidèle à elle-même, elle n'y prêta jamais la moindre attention. Par nature, elle était intrépide, et je crois que

L'heure du coucher des enfants à la Maison-Blanche. John-John en profite pour jouer avec le collier de perles de sa maman, son jouet préféré. © JFK Library.

Derrière les rosiers du jardin, John (Lark) et sa maman (Lace) jouent à espionner un agent du *Secret Service*. © Bettman/Corbis.

Lorsqu'il était enfant, John aimait surprendre son père en passant sous le bureau présidentiel. © Corbis/Bettman-UPI.

« Miss Shaw, je suis ton grand garçon ! » disait-il fièrement à sa nounou britannique quand il parvenait à s'habiller ou à se brosser les dents tout seul. © Corbis Sygma.

Dernière photo de la Première Famille, réunie pour écouter le Black Watch Regiment, neuf jours avant l'assassinat du Président. © Corbis/Bettman-UPI.

Février 1969, New York. John-John et son beau-père Ari bavardant derrière Jackie en sortant du Plaza Hotel. © Corbis/Bettman-UPI.

Funérailles d'Ari, à Skorpios. Christina et la famille Onassis n'hésitèrent pas à mettre Jackie et John à l'écart. © Bettman/Corbis.

John et son cousin Tim Shriver se sont rendus à Ranibal, au Guatemala, pour aider à reconstruire le village après le tremblement de terre de juillet 1976. © AP.

L'été suivant, John se rend en bateau sur une île de la côte du Maine pour un entraînement de survie. Tout cela fait partie des efforts de Jackie pour «endurcir» son fils. © Corbis/Bettman-UPI.

En première année à Brown University, John tint le rôle de Bonario dans *Volpone*, la pièce de Ben Johnson. Jackie coupera court à l'ambition du jeune homme de devenir comédien. © Corbis/Bettman-UPI.

Une petite armée de photographes était présente à la cérémonie de remise des diplômes universitaires à Brown, le 6 juin 1983. © AP.

John accompagné de la comédienne Christina Haag au concert de Madonna au Madison Square Garden, en 1987. Moins d'un an plus tard, il sortait avec la célèbre chanteuse. © David McGough/DMI.

En 1990, le second échec de John à l'examen du Barreau fut largement commenté par la presse et ses gros titres humiliants : « The Hunk Flunks » (« Le beau gosse sèche »). © Globe Photos.

Après le mariage de son cousin Ted Kennedy sur Block Island en 1993, John et son grand amour Daryl Hannah fuient la horde de paparazzi. © Globe Photos.

Bill Clinton avait seize ans lorsqu'il serra la main de JFK lors d'une visite à la Maison-Blanche. En 1993, le Président rejoignit John et Jackie sur l'estrade lors des cérémonies de commémoration à la bibliothèque JFK. © AP.

John se promène dans Central Park
avec Jackie et son compagnon
de longue date, Maurice Tempelsman.
Six semaines plus tard, Jackie
décédera d'un lymphome à l'âge
de soixante-quatre ans.
© The Coqueran Group.

À la mort de Jackie en mai 1994,
John soutient Caroline d'un bras
protecteur alors qu'ils arrivent
à l'appartement de leur mère pour
la veillée funéraire.
© Reuters/Corbis-Bettman.

Dernier adieu de John-John à Jackie.
© Reuters/Corbis.

Scène familière aux New-Yorkais : John-John roulant à vélo
dans Manhattan, le pantalon rentré dans les chaussettes, le sac au dos.
© Alex Oliveira/Sygma.

Alors que le clan s'est rassemblé à Hyannis Port pour les funérailles de Rose Kennedy, John fait le clown pour consoler (*de gauche à droite* :) son cousin Willie Smith, Caroline et Ed Schlossberg, sa cousine Maria Shriver et son mari Arnold Schwarzenneger. © Reuters/Corbis-Bettman.

En août 1994, John invita Carolyn Bessette à Martha's Vineyard pour une promenade à bord de son bateau, le PT-109. © Paul Adao/Sygma.

Le 9 juillet 1995, John inaugure son nouveau magazine, *George*.
« Ma mère serait plutôt amusée de me voir là, déclara-t-il, et très fière. » © AP.

Durant leur célèbre « Querelle dans le parc », John arracha la bague de fiançailles du doigt de Carolyn avant de s'asseoir en sanglotant sur le trottoir et de se réconcilier d'un baiser passionné. © The Coqueran Group.

Lors de cette soirée de charité, en juin 1996, John et Carolyn n'essayèrent pas de dissimuler leurs sentiments. © David Allen/Corbis.

Première apparition officielle de John-John et de sa femme Carolyn Bessette, après leur voyage de noces en Turquie. © Lawrence Swartwald/Sygma.

En octobre 1997, John fut transporté à l'hôpital pour une intervention d'urgence après qu'un nerf de sa main droite eut été mystérieusement sectionné – résultat d'un « accident domestique » inexpliqué. © Paul Adao/Corbis-Sygma.

John et Carolyn en train de faire des courses avec leur chien Friday, cinq jours avant Noël 1997. Plus tard, ce même jour, John, donateur discret de plusieurs œuvres de bienfaisance, offrit des cadeaux à de nombreux enfants démunis de Brooklyn. © Michael Ferguson/Globe Photos.

John fut bouleversé par la mort de son cousin Michael Kennedy, tué dans un accident de ski en 1997. Ici, il embrasse Douglas, le frère de Michael, aux funérailles. © AP Photo.

Malgré la promesse faite à Jackie de ne pas voler, John obtint sa licence de pilote. Ici, il contrôle l'hélice de son premier avion, un appareil à une place Cessna. Plus tard, il changera pour un Piper Saratoga plus rapide. © Paul Adao/ Corbis-Sygma.

Les sœurs Bessette flânent près de chez Carolyn, dans le quartier très huppé de TriBeCa à New York. De gauche à droite : Lauren, Carolyn et Lisa. © The Coqueran Group.

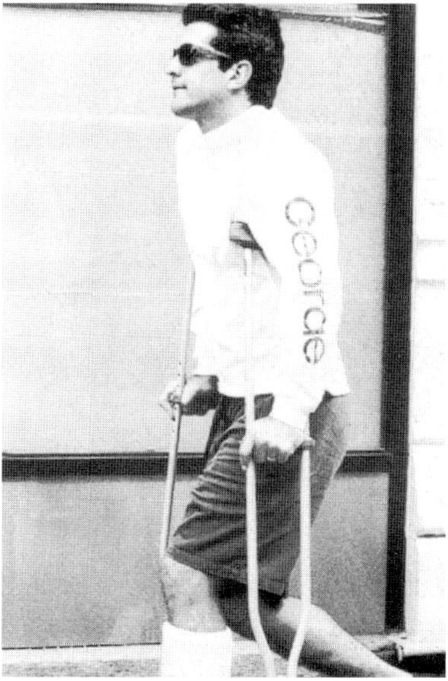

Un mois après s'être cassé la cheville dans un accident de parapente, John se déplaçait encore avec ses béquilles. © New York Service/ Corbis-Sygma.

Quelques heures après que les corps des victimes eurent été retrouvés dans la mer, Ted Kennedy (à droite) regardait tristement les cousins de John aider à porter sa dépouille dans le corbillard. Le lendemain, les membres de la famille furent emmenés sur le destroyer USS Briscoe d'où les cendres de John, Carolyn et Lauren furent dispersées dans l'océan. © Corbis-Sygma.

Avec son mari Ed Schlossberg et son fils Jack, Caroline quitte son appartement de Park Avenue pour se rendre au service funèbre de John à l'église St. Thomas More. © Globe Photos.

l'expérience lui avait appris à croire à son destin », raconta Nancy Tuckerman.

Suivant l'exemple de sa mère, John se fichait, lui aussi, éperdument des questions de sécurité quand il partait après 5 heures du soir faire le tour du parc sur son vélo.

Il n'était certes pas préparé à rencontrer Robert Lopez, un jeune homme de dix-neuf ans, un drogué en manque – avec une femme enceinte à la maison et sans aucun moyen de subsistance officiel.

John pédalait sur l'allée est de Central Park, sur la 90th Street quand Lopez ramassa un bâton qui traînait sur le sol et jaillit des buissons devant lui.

« Fous le camp de ce vélo, hurla-t-il en agitant le bâton vers lui, fous le camp de ce vélo ou je te tue. »

Effrayé, secoué, John sauta du vélo, mais pas assez vite au goût de Lopez qui le jeta par terre. Lopez, qui ignorait encore l'identité de sa victime, s'empara de la raquette de tennis de John et du vélo qu'il enfourcha et se mit à pédaler vers le nord.

Lopez revendit le vélo et la raquette et utilisa l'argent pour se procurer de la cocaïne.

Un peu plus tard, Lopez et sa femme Miriam regardaient la télévision. On y annonçait que la police recherchait un homme qui avait agressé JFK Jr à Central Park et qui lui avait volé sa bicyclette.

« Oh, mon Dieu, s'écria Lopez, mais c'est moi ! »

Lopez fut ensuite arrêté après un cambriolage et avoua l'agression.

« C'était un coup facile », précisa-t-il à Richard Buggy, inspecteur de la police judiciaire de la ville de New York.

Mais la mère de John craignant qu'un quelconque procès ne tourne au cirque médiatique, refusa de porter plainte. La police de Central Park partageait les inquiétudes de Jackie.

« Six millions de personne fréquentent Central Park, dit un officiel, et il a fallu que cela tombe sur lui. »

Par un autre étrange concours de circonstances, Lopez devait passer de la prison à la liberté régulièrement pendant des années, jusqu'à ce que, en 1997, il soit engagé dans un programme de réinsertion, le « Ready, Willing and Able » financé par la fondation Robin Wood. John faisait déjà partie du conseil d'administration de cette fondation et n'ignorait pas qu'elle aidait, en fait, son ancien agresseur à rentrer dans le droit chemin.

Contre toute attente, Jackie ne parut pas très affectée par l'aventure de son fils. Au contraire.

« Elle était assez contente de ce qui était arrivé à John, en cela qu'il devait faire l'expérience de la vie. Actuellement, il est surprotégé, avec tous ses agents. Et à moins qu'il n'expérimente la liberté, il sera un vrai légume à seize ans, quand nous le quitterons », consigna l'agent secret John Walsh dans une note confidentielle destinée à ses supérieurs de Washington.

« Arrêtez d'être sur ses talons en permanence, dit Jackie. Les agents du *Secret Service* sont capables de suivre les malfaiteurs à leur insu. Pourquoi ne vous débrouillez-vous pas pour faire de même avec John ? »

De toute évidence, la mère de John refusait de faire le moindre effort pour faciliter la tâche du *Secret Service*.

« Elle ne voulait pas que nous demandions à la gouvernante les horaires de sortie de John, où il comptait se rendre, ni comment. Nous devions être prêts à tout. »

Walsh ajouta que Jackie « était assez contente que John ait eu cette expérience, mais elle regrettait la publicité faite à l'événement. Les gens allaient croire qu'il se promenait tout seul, sans garde du corps, et c'était dangereux, pour lui ».

« Pouvons-nous renforcer la sécurité ? demanda Walsh à Jackie.

— Non, rétorqua-t-elle. Je ne veux pas d'agent trop près de John. John ne monte pas dans la voiture des gardes du corps, et les agents ne marchent pas à ses côtés. Ils doivent le suivre, dissimulés derrière les autos et les buissons – quoi qu'ils aient à faire, John ne doit jamais les voir. Je veux qu'il soit protégé mais sans avoir l'impression d'être constamment surveillé. Ce n'est pas sain. »

Bien qu'elle soutînt que l'agression de Central Park ait été en réalité une bonne chose pour John, Jackie insista sur le fait qu'elle ne tolérerait pas une bévue de plus de la part du *Secret Service*.

« S'il arrivait quoi que ce soit à John, je ne serai pas aussi accommodante avec le *Secret Service* que je l'ai été la première fois », martela Jackie en référence à la débâcle de Dallas.

Il y eut d'autres épisodes tout aussi terrifiants dont le *Secret Service* n'eut jamais connaissance.

À mesure que l'humeur d'Ari se dégradait, Jackie comptait de plus en plus sur le soutien de ses vieux amis, comme Peter Duchin.

Cela ne fut jamais plus vrai que ce jour où Duchin partit faire de la plongée sous-marine avec John dans la mer Égée. (« À l'époque, c'était un solide adolescent », se rappela Duchin.)

Par cent vingt mètres de fond, Duchin aperçut John qui se débattait avec son arrivée d'oxygène. Le jeune Kennedy faisait montre d'une « étonnante sérénité », dit Duchin. Plongeur plus expérimenté que John, il partagea son oxygène avec lui et ils remontèrent tous les deux vers la surface en nageant calmement.

« Je n'arrêtais pas de me dire : “C'est le fils du Président des États-Unis à qui je suis en train de sauver la vie !” se souvint Duchin. Jackie fut très reconnaissante, comme vous pouvez l'imaginer. »

Quelques années plus tard, ce fut John qui endossa le rôle du sauveteur. Cette fois, il accompagnait l'aventurier Barry Clifford dans l'épave d'un vaisseau de la Première Guerre mondiale qui avait sombré au large de Martha's Vineyard. Ils s'étaient bien enfoncés à l'intérieur lorsque l'un des plongeurs, John Beyer, soudain, manqua d'oxygène. « La valve d'arrivée d'air de Beyer était bloquée, expliqua Clifford et Kennedy lui a immédiatement tendu son embout et ils ont pu respirer à tour de rôle. »

Mais cette fois, John ne devait pas se contenter de remonter lentement avec Beyer à la surface. Les deux hommes devaient emprunter les coursives délabrées du navire pour remonter à l'air libre.

« Un vrai labyrinthe, pour sortir de là, dit Clifford. John n'a pas sourcillé. Pas une once de panique. Calme, tranquille, comme si de rien n'était. »

*

* *

Au 1040 Cinquième Avenue, le 15 mars 1975, Jackie rentrait juste d'un rendez-vous chez Kenneth, son coiffeur quand le téléphone sonna. C'était l'assistant d'Ari, Johnny Meyer, qui lui annonçait que son mari s'était éteint à l'Hôpital américain de Paris. Elle savait depuis trois jours que sa mort était imminente ; les médecins d'Ari l'avaient appelée à maintes reprises pour la presser de le rejoindre à Paris. Au lieu de quoi, c'est Christina qui fut à ses côtés lorsqu'il mourut à l'âge de soixante-quinze ans.

« L'arrangement avec Ari prévoyait qu'elle passerait une partie de son temps avec lui et l'autre avec ses enfants. Il voulait que les choses soient ainsi. Et Jackie a senti qu'elle devait être avec John et Caroline », répondit Nancy Tuckerman quand on lui demanda pourquoi Jackie n'était pas auprès de son mari au moment de sa mort.

Tuckerman omet cependant de mentionner qu'à l'époque Caroline était à la Concord Academy et que si son fils de quatorze ans vivait encore avec elle à New York, Jackie sortant pratiquement tous les soirs.

Johnny Meyer fut interloqué par la réaction de Jackie à cette nouvelle. Il la trouva « presque gaie » lorsqu'elle lui fit part de son projet d'utiliser le jet privé d'Onassis pour aller directement à Paris.

Son premier appel, après avoir eu connaissance du décès d'Ari, fut pour Ted Kennedy. Comme il avait joué un rôle prépondérant dans la négociation du contrat de mariage initial, il était maintenant l'homme clé pour trouver un accord avec Christina sur le testament d'Ari

Ensuite elle téléphona à Valentino. Il lui fallait une nouvelle robe noire.

Le troisième coup de fil fut pour John qui passait l'après-midi chez un copain.

Comme sa mère, John réagit à la nouvelle sans émotion. Au cours des deux années qui avaient suivi l'accident d'avion qui avait tué Alexander, Ari avait tout fait pour se détacher de Jackie et de ses enfants. Toutes les marques d'intérêt paternel qu'il avait pu prodiguer à John au début avaient été effacées par le mépris qu'Ari manifestait ouvertement envers sa mère.

À Paris, Christina réagissait bien différemment. Sa tante préférée, Eugenie, était morte mystérieusement en 1970 après avoir épousé l'ennemi juré d'Ari, Stavros Niarchos. Sa mère, Tina, qui se remaria ensuite avec Niarchos, mourut à quarante-cinq ans, elle aussi dans des circonstances extrêmement suspectes, en octobre 1975.

« Ma tante, mon frère, et maintenant ma mère... Mais qu'est-ce qui nous arrive ? » se demandait en pleurant Christina aux funérailles de Tina.

La mort de son père fut le coup final pour l'instable Christina. Elle qui avait déjà attenté à ses jours plusieurs fois par le passé fit une tentative de suicide en se sectionnant les veines, le jour même de la mort d'Ari.

Tout était de la faute de « la Veuve Noire ».

« Ce n'est pas que je ne l'aime pas. Je la hais », déclara la fille d'Ari.

Elle avait fini par considérer Jackie, et, par extension, ses enfants comme des individus gâtés, capricieux et indignes.

John avait traversé presque autant de tragédies au cours de sa jeune vie. L'assassinat de son père et de son oncle, l'accident d'avion presque fatal de Teddy et le scandale de Chappaquidick, et maintenant la disparition de son beau-père. Mais, à la différence de Christina, sa mère lui avait appris à encaisser les coups et à aller de l'avant.

Pendant que Jackie s'envolait vers Paris pour veiller le corps d'Ari qui reposait dans la chapelle de l'Hôpital américain de Paris, John, Caroline, leur grand-mère Janet Auchincloss et leur oncle Ted rejoignaient Skorpios. Les journalistes accoururent en masse auprès des enfants Kennedy. Ils étaient tellement exaspérants que John, un jour qu'il essayait de se perdre dans une bande dessinée, excédé, leur tira la langue.

Les funérailles eurent lieu sur Skorpios. Une demi-douzaine de porteurs, gravissant un sentier tortueux, transportèrent le cercueil d'Ari jusqu'à la chapelle Quand Jackie prit place immédiatement derrière le cercueil, Christina et les sœurs Onassis éjectèrent littéralement la veuve du cortège, l'obligeant à se cantonner loin en arrière.

Johnny Meyer témoigna :

« Pour moi il était manifeste que Christina et les sœurs Onassis ont agi en concertation lorsqu'elles se sont propulsées jusqu'au cercueil. C'était délibérément pour barrer le chemin à Jackie, pour l'isoler. »

Bouleversée, en dépit de son célèbre sourire glacial qu'elle affichait, Jackie se cramponna à son ébouriffé de fils quand on les relégua derrière les femmes du clan Onassis.

« Je crois qu'il a dû sentir la peine de sa mère – causée par la manière dont on la traitait. Depuis toujours, John s'était posé comme le protecteur de sa mère », témoigna Pierre Salinger.

« De toute ma vie au sein de l'Église, je ne me souviens pas d'obsèques où la veuve fut ainsi écartée, dit l'archidiacre orthodoxe Sylianos Prounakis. On a fait sentir à Mme Onassis qu'elle ne faisait pas vraiment partie de la famille. Je trouve cela absolument tragique. »

La guerre déclarée sur la tombe d'Onassis dura huit mois pendant lesquels Jackie et Christina s'affrontèrent violemment pour déterminer à quoi avait droit la veuve d'Ari. Finalement, Christina consentit à payer 26 millions de dollars – un capital de 20 millions plus un complément de 6 millions de dollars afin de couvrir les frais de succession. En retour, Jackie renonçait à toute réclamation ultérieure sur la fortune d'Ari dont le montant total s'élevait à un milliard.

« Je lui aurais volontiers donné beaucoup plus si j'avais été *sûre* de ne plus *jamais* la revoir », confia Christina à une de ses tantes.

Christina prit les rênes de l'empire de son père et prouva rapidement qu'elle était une formidable femme d'affaires. Mais sa vie privée était un désastre.

Le matin de 19 novembre 1988, on retrouva son corps nu dans sa baignoire à demi remplie. Elle avait succombé à un œdème pulmonaire, trois semaines avant l'anniversaire de ses trente-huit ans. C'était l'inévitable résultat d'une vie passée à abuser de diverses drogues exclusivement délivrées sur ordonnance.

Sa fille unique, Athina, qui avait alors trois ans, hérita de tout.

Jackie était totalement consciente des fautes tragiques que Ari avait commises dans l'éducation de ses enfants.

Mais Jackie était maintenant financièrement à l'abri – et libre de se consacrer entièrement à John et Caroline. Ce qui n'était pas forcément du goût des principaux intéressés.

John avait profité du fait que sa mère, ces dernières années, s'était épuisée à tenter de sauver son mariage avec Onassis. À douze ans, John et un petit camarade de classe nommé Wilson McCray, se firent prendre en train de boire à Madison Square Garden. Si elle y avait consacré plus d'attention, Jackie aurait pu remarquer que son fils s'enfilait le Johnnie Walker Black Label préféré d'Ari, directement au goulot.

Quand Jackie, quelques mois après la mort d'Ari, retourna sur Skorpios pour un dernier été idyllique, John passait ses journées à traîner en fumant les âcres cigarettes grecques et à boire du vin aussi bien que du whisky – dans le dos de sa mère, évidemment. La boisson, s'avéra-t-il, était loin d'être l'unique mauvaise habitude de John.

Pendant des années, John fuma régulièrement de la marijuana. Il a commencé à fumer de l'herbe à Collegiate dès les premières années de son adolescence et fut, plus d'une fois, puni pour cette raison.

« On se faisait toujours prendre parce qu'on était complètement défoncés », dit Wilson McCray.

John fumait aussi dans la salle de bains de l'appartement de sa mère et sur le toit de l'immeuble. Pendant un séjour à la neige à Gstaad, John et McCray volèrent un van Volkswagen pour faire une joyeuse virée pendant que Jackie dévalait les pentes de la station.

Caroline, elle aussi, se rebellait, mais à sa façon. Jackie lui imposait une pression constante car elle voulait que sa dodue de fille perde du poids. Elle allait même jusqu'à lui fournir des pilules pour maigrir et ne se gênait pas pour la harceler au restaurant.

« Tu ne prends pas de dessert, décréta ainsi un jour Jackie à la fin d'un déjeuner au Ritz-Carlton Hotel. Tu es si grosse que personne ne t'épousera jamais. »

De façon fort compréhensible, Caroline pliait sous l'autorité et la volonté de fer de sa mère.

« Elle sait tout et, moi, évidemment, je ne sais rien, disait Jackie de sa fille. Je ne vais rien pouvoir en faire. »

Il y avait une chose que Jackie ignorait : Caroline cultivait quelques plants de marijuana dans l'enceinte même de Hyannis Port. John et sa sœur dégustaient ensemble leur herbe clandestine.

Pour finir, un policier local qui patrouillait dans les environs jeta un coup d'œil par-dessus la clôture et reconnut la forme caractéristique des feuilles de marijuana au milieu des laitues et des carottes du potager de Jackie Kennedy.

Au lieu de les arrêter, il s'adressa directement à Jackie. À son tour, elle confronta ses enfants et les menaça de les mettre aux arrêts dans leur propre maison si on les reprenait avec de la drogue. Sa célèbre petite voix chuchotante laissa place à des intonations sévères, presque masculines. Jackie pouvait se montrer « absolument terrifiante », comme le rapporte son demi-frère, Jamie Auchincloss.

« Quand elle était furieuse contre vous, on ne pouvait pas l'ignorer. »

Suspectant, à juste titre, qu'ils allaient probablement ignorer ses avertissements et continuer de fumer de toute façon – ne serait-ce que pour faire comme leurs pairs, ces enfants gâtés qui ne fréquentaient que des écoles privées, elle ordonna à ses employés de les surveiller.

La mort d'Ari perturba à peine le programme mondain de la famille. Trois jours après les funérailles, John et Caroline revenaient à Paris représenter leur mère – qui ne pouvait être présente en public en raison de son deuil officiel – à un déjeuner donné à l'Élysée par le président Valéry Giscard d'Estaing.

« Vous avez le sourire et l'allure du président Kennedy, et je suis ravi de recevoir ses enfants. »

Deux semaines plus tard, John était à nouveau à l'étranger – cette fois pour une tournée en Union soviétique avec sa tante Eunice, son oncle Sargent Shriver et leurs enfants : Maria, Timothy et Robby. Alors que la famille posait pour des photos, à Moscou, Maria Shriver, dix-neuf ans, posa son bras gauche sur les épaules de son cousin John qui avait alors quatorze ans. Elle hurla de rire quand John agrippa sa main et la mordit. Le jour suivant, alors qu'il s'ennuyait en attendant que son oncle termine son discours dans le hall de l'auditorium, il s'amusa à lancer des avions en papier au-dessus de la foule.

Mais ce qui impressionna sans doute le plus ses cousins, c'était l'appétit vorace de John – et son métabolisme qui lui permettait de ne pas prendre un gramme. John mangeait « tout ce qui lui tombait sous la main : de la glace, du caviar, tout et n'importe quoi, se souvint Timothy. C'était une véritable poubelle ».

En règle générale, Jackie ne souhaitait pas que John tombe sous l'influence de ses cousins. Ethel à qui ses sautes d'humeur pathologiques ne permettaient pas d'exercer un contrôle soutenu sur sa couvée, était le témoin impuissant des ravages que provoquaient ses fils partout où ils passaient. À Hyannis Port, ils avaient lancé des pétards chez les voisins, jeté des bombes à eau, vandalisé des bateaux amarrés à la jetée, et même tiré sur des automobilistes avec des pistolets à plomb. À un goûter d'anniversaire, toujours à Hyannis Port, un voisin, Larry Newman, les vit brandir un couteau et dérober les cadeaux d'une petite fille.

Les choses empirèrent dans les années 1960 et 1970, les années psychédéliques. Bobby Shriver et Bobby Kennedy Jr furent arrêtés pour possession de marijuana. Le jeune Shriver comprit la leçon mais Bobby Kennedy, avec son frère David et son cousin Chris Lawford, commença ensuite à toucher à l'héroïne.

L'aîné de RFK, Joe Kennedy II, flirtait lui aussi avec la drogue. Il dut avoir recours à l'aide des psychiatres tout en passant d'une université à l'autre où il n'était accepté que grâce à son nom. Un week-end, à Nantucket, Joe prit le volant de la Jeep d'un ami et roula à toute allure sur les petites routes de campagne avec David Kennedy et sa petite amie, Pam Kelley. Pour éviter un véhicule qui venait en sens inverse, il donna un coup de volant qui les envoya au fossé – les trois passagers furent éjectés de la voiture. Pam fut paralysée des deux jambes et passa le reste de sa vie dans un fauteuil roulant. Les garçons Kennedy s'en tirèrent indemnes.

On comprend que, lorsque Ethel invita John et Caroline à venir passer deux semaines à Hickory Hill, Jackie déclina l'offre.

« Elle a dit "Pas question", se souvient Richard Burke, le conseiller de Ted Kennedy. Avec tout ce qui se passait à Hickory Hill – en particulier les problèmes des garçons – elle ne voulait pas voir John et Caroline là-bas. »

« Une des plus grandes et des meilleures décisions que Jackie ait prises fut de garder les enfants à distance de Hyannis Port et le plus loin possible des Kennedy. Les cousins étaient laissés à eux-mêmes et elle savait que cela ne donnerait rien de bon. Je me rappelle qu'un été elle a envoyé John faire de la plongée en Micronésie juste pour l'éloigner des enfants Kennedy. Elle m'a demandé : "Tu crois que c'est assez loin ?" »

Jackie n'était pas la seule de la famille à voir les choses ainsi. Pat Lawford et Eunice Shriver partageaient apparemment son point de vue. Burke entendit Caroline, Sidney Lawford et Maria Shriver parler « du bordel dans lequel ils vivaient tous (les enfants de Bobby) et dire que leurs mères ne les laissaient pas approcher Hickory Hill. Les trois mères, Eunice, Jackie et Pat, avaient clairement adopté une attitude de défiance ».

Selon un de ses amis, le journaliste David Halberstam, lauréat du prix Pulitzer, « Jackie ne voulait pas que ses enfants s'imprègnent du monde frénétiquement macho des Kennedy. Elle souhaitait qu'ils prennent leur place dans la lignée de leur père, mais elle désirait aussi qu'ils acquièrent la maîtrise de soi qui manquait à la plupart de leurs cousins. Jackie accomplissait cela très très astucieusement, elle les élevait à New York mais les laissait faire acte de présence aux cérémonies de Kennedy. Elle ne voulait pas que ces enfants se laissent entraîner et ils ne l'ont pas été ».

Cependant, quand ils « faisaient acte de présence » à Hyannis Port, John se lançait à corps perdu dans les célèbres parties de football américain du clan Kennedy. Mais il ne partageait pas la rage de gagner à tout prix de ses cousins.

« Lui et sa sœur ne furent jamais aussi brutaux que les autres, dit Jamie Auchincloss. Les autres Kennedy pouvaient taper dur, pour gagner, durant ces matchs très "physiques". Mais John jouait juste pour le plaisir. »

L'ami de longue date de la famille Kennedy, Frank Mankiewick, observa :

« Jackie leur a appris à être eux-mêmes et non à se contenter de n'être qu'un élément de la tribu Kennedy. »

La discipline imposée par Jackie, renforcée par les gouvernantes Maud Shaw et Marta Sgubin, fit de John et Caroline des enfants différents de leurs cousins de Hickory Hill ; différents parce que polis et prévenants. Quand un repas réunissait tous les Kennedy, « les belles manières passaient par la fenêtre. C'était une bande bruyante et tapageuse ».

John et Caroline, par ailleurs, « étaient très sophistiqués pour leur âge, vraiment les dignes enfants de leur mère », dit Tish Balbrige.

Jamie Auchincloss se souvient :

« S'il restait une part de tarte à la fin d'un pique-nique, ni John, ni Caroline ne se serait permis de la prendre. Ils l'auraient laissée à quelqu'un d'autre. Si on la leur proposait, ils répondaient "non merci. Je vous en prie, prenez-la". »

Comme on pouvait s'y attendre, cela passait mal auprès des Kennedy, plus chahuteurs. Tandis que Jackie reprochait souvent à Ethel d'être « plus Kennedy que nature », ses enfants accusaient John d'être plus Bouvier qu'autre chose.

« Tu n'es pas un vrai Kennedy », revenait comme une rengaine dans la bouche de Joe, Michael et Bobby Jr.

Bien qu'il fût l'un des plus costauds de la famille, cela ne les empêchait pas de lui tomber dessus, sûrs qu'ils étaient qu'il ne se battrait pas avec ses propres cousins.

« Il y avait un réel ressentiment à l'encontre de John, Jackie et Caroline. Tout particulièrement après la mort d'Onassis. Les enfants de JFK étaient déjà des stars – dont l'ombre éclipsait en quelque sorte tous les autres – mais, après la mort d'Ari, tout le monde s'imaginait qu'ils avaient hérité des centaines de millions de dollars. Ce qui était faux, bien sûr. Mais John, quant à lui, avait toujours ce sentiment qu'il était le prince héritier de la famille – ce que, d'une certaine façon, il ne méritait pas », raconta un ancien employé de Hyannis Port.

Comme les garçons Kennedy, et non les filles, se mettaient dans des situations catastrophiques, presque toutes les craintes de Jackie se concentraient sur John. Cela changea brutalement un matin froid d'octobre 1975. Après avoir obtenu son diplôme à la Concord Academy, la sœur de John passa un an en stage chez Sotheby's, à Londres. Elle habitait chez le parlementaire conservateur, Hugh Fraser, qui était un grand ami de sa mère et un virulent adversaire de l'IRA. Tous les matins, Fraser accompagnait son invitée américaine chez Sotheby's.

Alors que Caroline s'apprêtait à partir, une formidable explosion fit vibrer les fenêtres de la maison des Fraser et envoya la vaisselle du petit déjeuner s'écraser sur le sol. Une bombe avait explosé prématurément sous la Jaguar rouge de Fraser, tuant un passant qui promenait son chien.

C'est une Jackie secouée qui téléphona à sa fille pour lui demander si elle ne voulait pas rentrer à la maison. John était aussi bouleversé par la nouvelle, et il l'appela pour lui dire qu'il s'inquiétait de sa sécurité.

Mais Caroline décida de rester à Londres.

Ni l'IRA, ni les petits avions – ni les incontrôlables cousins Kennedy – n'inquiétaient Jackie autant que l'impact que la célébrité pouvait avoir sur John.

« Je n'ai jamais eu l'intention de laisser John et Caroline être les proies des médias. Je veux qu'ils mènent une vie de jeunes gens normaux. Après tout, ces pauvres enfants ont déjà traversé tant de choses en quelques années. »

Jackie ajouta, avec un soupir :

« Je voulais juste être une mère comme les autres et avoir une vie sans complication avec mes deux enfants. »

Cet été-là, en 1976, l'été du bicentenaire des États-Unis, John avait quinze ans. Il s'était mêlé incognito aux centaines de milliers de spectateurs qui admiraient l'armada de grands bateaux et de yachts privés qui entraient dans le port de New York. John et son ami restaient fascinés à regarder les marins étrangers hisser les voiles et affaler les gréements, les yachts qui faisaient mugir leurs sirènes et les bateaux-pompes rouges qui propulsaient haut dans les airs des geysers d'eau.

« Tu sais ce que je voudrais maintenant, ce que je voudrais plus que tout ? Je voudrais embarquer sur l'un de ces bateaux et partir. C'est tout. Juste partir. »

7

« Si vous ratez l'éducation de vos enfants, je crois que rien d'autre n'a vraiment d'importance. »

Jackie

« Parce qu'elle n'était pas une Kennedy, ma mère pouvait en discerner à la fois les dangers et les côtés positifs. »

John

« J'ai grandi en menant une vie presque normale. Je remercie ma mère pour cela. J'ai toujours pris le bus. J'ai toujours pris le métro. Les suites d'hôtel et les limousines ? Pff, on oublie ? »

John

« John possédait une grâce et une aisance innées. »

Christina Haag,
actrice et longtemps fiancée de John

« Non, je ne partirai pas ! Je ne veux pas de traitement de faveur », protestait John.

Blême et transpirant abondamment, il se tenait le ventre en priant pour que la douleur lancinante cesse. C'était l'été 1976. John et son cousin Timothy Shriver, avec neuf autres volontaires du Peace Corps, travaillaient à reconstruire des habitations ravagées par un tremblement de terre, à Rabinal, au Guatemala. Parce qu'il avait contracté une forme de dysenterie bénigne, ses gardes du corps voulaient l'emmener à Guatemala City pour le faire examiner par un spécialiste.

Mais John ne voulait rien savoir.

« C'est sérieux. Je ne veux pas de traitement de faveur ! » plaida-t-il auprès du chef de projet Luis De Celis.

Impressionné par le dévouement de John, De Celis lui permit de rester. Dès qu'il fut remis, John retourna creuser des tranchées, charrier du sable pour fabriquer les briques et construire des latrines dans la fournaise de l'été tropical.

Déterminés à endurer les mêmes épreuves que leurs camarades, John et Tim se lavaient dans le ruisseau, dormaient sur le sol détrempé de la tente du campement et se contentaient du régime local à base de tortillas et de haricots noirs.

« John tenait à être traité exactement comme chacun d'entre nous, rapporta l'un des autres volontaires, Tom

Doyle. Il s'entendait avec tout le monde et essayait vraiment de parler espagnol. »

Les autochtones étaient encore plus impressionnés. Le révérend Antonio Gomez y Gomez, le directeur du groupe qui parrainait l'effort de reconstruction, félicita John et son cousin en affirmant « qu'ils faisaient plus pour l'image de leur pays que bien des ambassadeurs ». Le maire de Rabinal, Gabriel Sesam, dit qu'il espérait seulement que « d'autres étrangers comme John et Tim viendraient [les] aider ». Le responsable de John, Domingo Pangan, apprécia l'attitude modeste et réaliste des garçons. « Ils travaillent comme nos frères », dit-il.

Peut-être. Mais les membres du *Secret Service* étaient un rappel constant que « Lark » était tout sauf un volontaire ordinaire des Peace Corps.

« J'étais désolée pour John, dit une camarade volontaire, Veronica Paz. Imaginez-vous avoir deux gardes du corps sur les talons en permanence ? »

Tout cela, heureusement, devait bientôt prendre fin.

*
* *

« Enfin libre ! » s'écria John en arpentant le campus de Phillips Academy à Andover, dans le Massachusetts, en septembre 1976. Pour en être bien sûr, il ne vivrait plus avec sa mère au 1040 Cinquième Avenue. Moins de trois mois plus tard, après avoir fêté ses seize ans, John put enfin se débarrasser des gardes du corps qui s'attachaient au moindre de ses pas depuis toujours.

Fondée en 1778 par Samuel Phillips, la Phillips Academy avait la particularité d'être la plus ancienne école privée des États-Unis. Avec ses cent soixante-dix bâtiments répartis sur environ deux cent vingt-cinq hectares, Andover (ainsi que l'on surnommait, pour plus de commodité, la Phillips Academy) s'enorgueillissait d'anciens élèves tels que, en particulier, Oliver Wendell Holmes, George Bush et Jack Lemmons.

Quand John y entra à l'automne 1976 en classe de première, le collège mixte d'Andover était encore considéré comme le plus prestigieux de la nation. Avec vingt et un autres garçons, John logeait dans la résidence Stearns West Hall. La chambre de John donnait sur un des étangs du campus, Rabbit Pond, dans lequel l'incorrigible Humphrey Bogart avait jadis projeté un professeur avant d'être renvoyé.

John s'intégra sans difficulté. Avec ses boucles de portrait préraphaélite, ses jeans râpés, ses chaussures de bateau portées sans chaussettes et sa chemise Brooks Brothers froissée, on ne pouvait pas le distinguer des autres étudiants qui glissaient en skateboard à travers le campus et jouaient au Frisbee. Même sa chambre semblait étudiée pour prouver que John n'était « qu'un gars comme les autres », ainsi que le remarqua Wilson McCray. Dans un coin, pendue au plafond, il y avait une figure de proue de navire en bois, une fille grandeur nature au corsage largement ouvert sur sa poitrine généreuse.

Pourtant, ce n'est pas cette sirène aux seins nus qui frappa le plus les étudiants qui ont vu sa chambre. Accrochée au-dessus du bureau de John, il y avait une photo encadrée de son père. Troublant rappel que John n'était pas exactement un adolescent américain typique.

En revanche, ce qui était typique, c'était que John continuait à consommer de la marijuana. Il n'était pas le seul. Comme d'autres universités fréquentées par les fils et filles de l'élite américaine, Andover était confronté aux abus de drogues et d'alcool plus que répandus sur le campus.

« La marijuana et la cocaïne étaient omniprésentes à Andover, comme d'ailleurs dans la plupart des écoles privées, dans les années 1970, remarqua un diplômé d'Andover, dont le fils fut un camarade de classe de John. Je ne crois pas que le mot "endémique" soit trop fort. Si un étudiant se faisait attraper, les responsables le sermonnaient et prévenaient ses parents. Mais c'était à peu près tout. »

Durant les premiers mois à Andover, il y avait encore deux agents du *Secret Service* assignés à la protection de John. Il était impossible de ne pas les repérer – ils portaient des costumes sombres et des lunettes noires – mais au moins ils dormaient à l'Andover Inn et ne patrouillaient pas sur le campus.

Le *Secret Service* savait parfaitement que John consommait de la marijuana. Mais, craignant une confrontation avec Jackie, ils fermaient les yeux. Par conséquent, John n'avait aucun scrupule à fumer, littéralement sous le nez de ses gardes, aux fêtes du campus d'Andover.

La police du campus était une autre paire de manches. Un soir, un agent de sécurité suivit l'odeur âcre de la marijuana jusqu'à une fête à laquelle assistaient John et quelques-uns de ses amis. Il y eut un instant d'affolement où chacun tenta de se débarrasser des preuves, mais finalement John ne nia pas qu'il fumait de la marijuana. L'école, comme toujours dans ce genre de cas, prévint Jackie Kennedy Onassis.

« John s'attendait à ce que sa mère pique une crise, raconte un étudiant. Mais elle s'est montrée équitable et raisonnable. Il s'est excusé et l'affaire s'est arrêtée là. »

« John fumait de l'herbe, mais ça ne semblait pas l'affecter, se souvient Holly Owen, le directeur du département théâtre d'Andover et aussi l'entraîneur de football de John. Je pense que le fait de fumer un joint s'apparentait à un rite de passage. John fumait tout simplement pour faire comme les autres gamins, pas parce qu'il en avait besoin. »

Vu les ravages provoqués par différentes drogues au sein de la troisième génération des Kennedy, il est surprenant que Jackie n'ait pas « explosé » comme John l'avait craint. Mais Jackie, qui avait été si longtemps dépendante des injections d'amphétamines du « Dr Feelgood », Max Jacobson, décida de réduire ce dernier incident au rang de simple expérience adolescente. Du moins pour l'instant.

Et puis, Jackie avait d'autre soucis.

Depuis que ses deux enfants étaient en pension, Jackie ressentait un certain ennui. Une vingtaine d'années plus tôt, elle était reporter photographe au *Times-Herald* de Washington pour 42 dollars la semaine. Caroline, ainsi que sa mère auparavant, s'était essayée au journalisme l'été précédent, comme stagiaire au *New York Daily News* (le nouvel ami de sa mère, Pete Hamill, journaliste au *Daily News*, était à Hyannis Port au moment de la mort d'Elvis. Il avait emmené Caroline avec lui couvrir l'événement).

Mais Caroline comprit rapidement que sa propre célébrité allait lui mettre des bâtons dans les roues et l'empêcher de faire correctement ce travail. Elle décida donc d'explorer d'autres options de carrière.

La brève incursion de Caroline dans le journalisme réveilla quelque résonance chez Jackie. En septembre 1975, l'ancienne First Lady, alors âgée de quarante-six ans, décida de travailler à nouveau – cette fois en tant que conseiller littéraire chez Viking Press. Considérée au début comme une dilettante, Jackie gagna lentement le respect de ses collègues.

« Elle était redevenue la jeune femme que j'avais d'abord connue, enthousiaste et pleine d'humour, dit George Plimpton. Il devait être formidable pour elle d'être autonome. Les hommes de son entourage l'avaient toujours un peu sous-estimée. »

Juste au moment où John se faisait pincer pour consommation de marijuana à Andover, Jackie se trouvait confrontée à un vrai problème professionnel. Sans l'avoir avertie, Viking Press avait accepté de publier le roman de Jeffrey Archer, *Shall we tell the President ?*, un roman à suspens imaginant un complot pour assassiner Ted Kennedy après qu'il aurait pris ses fonctions de président en 1981. Quand le livre fut publié, il déclencha une salve de critiques cinglantes, en février 1977 – et la presse lui reprocha d'être restée chez Viking Press – Jackie passa chez Doubleday.

Comme sa mère qui dévorait avidement chaque mot écrit à son propos, John gardait un œil sur elle en consultant la presse quotidienne. Il y avait les habituelles litanies de galas, fêtes et inaugurations – et bien sûr les inévitables et constantes spéculations à propos de sa vie amoureuse. Les projecteurs de la presse se braquèrent tout particulièrement, durant cette période, sur sa relation avec Pete Hamill, qui avait alors quarante-deux ans – cinq ans de moins que Jackie. Ils commencèrent à sortir ensemble à la mi-décembre 1976. Ce fut un choc pour la femme qui vivait avec Hamill depuis sept ans, Shirley MacLaine.

Pendant que la romance de Jackie remplissait les colonnes des journaux durant des mois, John tomba amoureux d'une jeune fille de seize ans, blonde et vive, la fille d'un chirurgien new-yorkais.

« Même s'il était tombé d'un camion, il aurait encore été irrésistible, pour moi, raconta Jenny Christian, qui resta quatre ans sa petite amie. Il était beau, gentil et doux. C'était une belle histoire d'amour. »

John était un tel gentleman qu'ils sortirent ensemble une année entière avant de coucher ensemble.

« J'ai perdu ma virginité à la faculté, comme la plupart des gens, raconta-t-il. En fait, j'ai mis un peu de temps à m'épanouir. »

À Andover, John forgea une amitié indéfectible avec une jeune femme, une amitié qui devait durer toute la vie. Alexandra « Sasha » Chermayev, la petite fille de l'éminent architecte Serge Chermayev, rencontra John en 1976. Ils devinrent rapidement inséparables. Ils allaient au cinéma, ils allaient danser, sans jamais tomber amoureux l'un de l'autre.

« John et Sasha étaient amis à l'université, rapporta Marta Sgubin, qui devint la cuisinière de Jackie après le départ de John pour Andover. Il aimait Sasha pour ce qu'elle était. »

Au cours des vingt ans qui suivirent, ils assistèrent à leurs mariages respectifs, et John devint le parrain « gâteau » des deux enfants de Sasha – dont il choisit d'ailleurs les prénoms. Soucieux de ne pas perturber la vie de famille tranquille de Sasha, John ne parla jamais publiquement de cette durable amitié.

En coulisse, Jackie se démenait pour éloigner John de ses cousins. Barbara Gibson, la secrétaire de Rose Kennedy, se rappelle que John rendait rarement visite à Hyannis Port ; quand il le faisait, il était « parfaitement respectueux et poli. Le digne produit de l'amour et des soins de sa mère ».

Mais les enfants d'Ethel étaient de plus en plus incontrôlables.

« Les enfants grandissaient à la sauvage, sans aucune discipline. Ils prenaient ce dont ils avaient envie et se sentaient au-dessus des lois morales qui régissent tous ceux qui ne sont pas des Kennedy », observa Barbara Gibson.

« Quand ils débarquaient à Palm Beach ou à Hyannis Port, ajouta-t-elle, on aurait cru à l'arrivée d'une horde de Huns déchaînés. »

À Andover, quand il ne faisait pas la fête avec ses amis, John consacrait son temps à d'épuisantes séances marathon à la salle de gym.

« Je lui ai demandé de passer un peu moins de temps à soulever des poids, dit l'un de ses professeurs, Alexander Theroux, et un peu plus à lire son manuel de grammaire. »

John en profita aussi pour exercer ses talents d'acteur. Son intérêt pour la comédie, en fait, avait commencé à la maison, où Marta Sgubin avait mis en scène les enfants dans différentes pièces classiques – en général du Molière – pour célébrer l'anniversaire, le 28 juillet, de « Madame ».

Marta Sgubin appelait Jackie « Madame » parce qu'elle avait toujours appelé ainsi sa précédente patronne, la femme d'un diplomate français. Quand Jackie lui en expliqua le sens un peu osé en anglais, Marta Sgubin fut mortifiée.

« Non, non, insista Jackie, appelez-moi ainsi. C'est mignon. »

Depuis qu'il avait joué dans *Oliver !* à Collegiate, John était, selon son cousin David, « sérieusement atteint par le virus du théâtre ».

À Andover, il fut évident que *Petticoats and Union Suits* n'était pas une représentation estudiantine comme les autres quand parut un article dans le *New York Times*. Le critique du vénérable journal écrivait :

« On ne peut pas s'empêcher de remarquer la présence sur scène de John Kennedy, âgé de quinze ans, bien que, comme tous les membres de sa célèbre famille, il essaie désespérément d'éviter toute attention particulière. »

L'année suivante, John eut un rôle dans *Comings and Goings* avec Jenny Christian comme partenaire, puis dans la production de 1978 d'Andover, *The Comedy of Errors*. John avait dix-neuf ans quand il interpréta le rôle de McMurphy – le rôle qui avait valu un Academy Award à Jack Nicholson – dans la pièce de Ken Kesey, *Vol au-dessus d'un nid de coucou*. Il fut si convaincant dans la scène où son personnage suffoquait que Jackie, qui était dans l'assistance, fut visiblement réellement inquiète.

« Elle a passé un sale moment, rapporte un étudiant qui la regardait. Elle en a eu le souffle coupé. »

Que John prenne manifestement plaisir à jouer ne devait pas surprendre Katharine Hepburn.

« Il ne me semble pas si étrange, que quelqu'un traqué par les médias monte sur scène, dit-elle. Tous les comédiens se cachent derrière un masque. C'est une excellente manière de gérer la célébrité, parce que les gens ne voient que votre personnage. Ils ne perçoivent pas votre moi réel. »

À côté de ses succès de scène, John avait de sérieux problèmes scolaires. Ses notes étaient médiocres et il décrochait complètement en maths. Il y avait une explication possible, ainsi que le suggéra un proche : John souffrait de dyslexie, comme cela s'était déjà vu dans la famille.

« Un des grands mythes était qu'il était un peu idiot. Par une sorte de snobisme inversé, c'était ce que tout le monde espérait qu'il soit, dit Alexander Theroux – qui fut particulièrement impressionné par les dissertations de John sur Herman Melville et Clarence Darrow. Il était intelligent sans être un génie. John était très courageux, un étudiant très calme. »

S'il n'était pas un étudiant spécialement assidu, songeait son professeur, c'est qu'il y avait une raison :

« Marcel Proust disait que dans toute relation il y a celui qui embrasse et celui qui tend la joue. John était de ceux qui tendent la joue. Il n'a jamais eu beaucoup d'efforts à fournir parce que les gens ont toujours fait la moitié du chemin, si ce n'est plus, pour le rencontrer. Dans ce sens, il était très passif – pas paresseux, mais il n'avait jamais eu à faire grand-chose pour que les gens viennent à lui. »

Manquant de stimulation, « John devait se forcer à travailler plus dur. John Kennedy était comme un saumon qui remonte la rivière ».

En fin de compte, JFK Jr n'était simplement « pas fait pour la vie intellectuelle, relevait Theroux. Il était toujours dehors, toujours en mouvement. C'était un actif, il *agissait* ».

À ce moment-là, bien sûr, rien de tout cela n'avait d'importance. Jusque-là, presque tous les étudiants qui, à Andover, échouaient dans une matière étaient tout simplement renvoyés. Cependant, en ce qui concernait John, les administrateurs de l'école lui permirent de rester, à condition qu'il redouble sa première.

« Il est extrêmement rare qu'un étudiant pauvre soit autorisé à redoubler à la Phillips Academy », dit Thomas Wilcox, le directeur des pensions à l'association nationale des écoles privées.

« Les étudiants qui ne sont pas au niveau sont habituellement renvoyés, remarqua un camarade de classe. John ne l'a pas été. Je suppose que c'est parce qu'il était le fils de JFK. »

L'annonce du redoublement de John causa quelques remous.

« Êtes-vous un étudiant pauvre ? demanda un reporter.

— Eh bien, je ne sais pas. Cela dépend de ce que vous entendez par "étudiant pauvre" », répondit John.

Personne ne fut aussi bouleversé par la nouvelle que Jackie qui s'était longtemps tourmentée à propos de l'intelligence de son fils.

« Jackie angoissait à propos de John, se rappela l'un de ses amis, Edward Klein. Quoique Jackie n'en ait jamais parlé ouvertement, elle donnait l'impression à ses amis, y compris à moi, qu'elle était inquiète de ce que son fils soit né avec un QI un peu bas. »

En attendant, en partie dans le cadre de ses efforts pour éviter à son fils de devenir « un pédé », elle l'inscrivit, en juin 1977 au programme Outward Bound – un mois complet d'entraînement à la survie sur Hurricane

Island, dans le Maine. L'une des activités du programme de John consistait à passer trois jours seul sur une île, sans nourriture, avec seulement dix litres d'eau potable, une pochette d'allumettes, une sorte de bâche et le manuel de Euell Gibbons sur les plantes comestibles. Quelle leçon a tirée John de son équipée dans la nature sauvage ?

« J'ai appris, déclara-t-il en agitant le poing en l'air, que plus jamais je ne me mettrais en situation d'avoir si faim ! »

Jackie était ravie. Mais après quelques mois à la maison à New York, il recommença à faire des bêtises. Quand il se fit prendre à verser de la colle dans les boîtes aux lettres du 1040 Cinquième Avenue, Jackie décida qu'il était temps de passer à l'action. Pour l'été 1978, elle l'envoya dans le Wyoming, au Bar Cross Ranch, chez John Perry, pour y travailler comme vacher. Un membre du Congrès du Wyoming avait recommandé ce ranch à Jackie.

« Elle voulait qu'il roule un peu sa bosse, qu'il se confronte à la terre, à la réalité », se souvint Barlow.

Lorsqu'il arriva au ranch, d'après Barlow « il était comme un jeune chien fou, un chiot labrador géant. Beaucoup d'énergie, peu de concentration. Mais il était disposé à se laisser guider. Il savait qu'il devait se montrer à la hauteur et il adorait les défis ».

La première tâche que Barlow assigna au débutant qu'était John consistait à creuser les trous des poteaux de la clôture d'un corral.

« Il s'y est mis comme s'il était en train d'exterminer des serpents, bêchant les pierres et la roche. Il l'a fait sans se plaindre, avec une énergie féroce. »

C'était son premier job payé et – en dépit de sa fortune qui approchait les 5 millions de dollars – John mit toute sa fierté dans son travail.

« Sa mère n'avait pas payé pour son séjour parmi nous, remarqua Barlow. Il le faisait pour lui, et il était enchanté. »

Quand il fut question de rassembler le bétail, il regretta sérieusement de ne pas posséder l'habileté équestre de sa mère.

« Vous auriez vraiment besoin de ma mère et de ma sœur, ici, remarqua-t-il en fermant la marche à cheval, poussant les vaches et les veaux à la traîne du reste du troupeau. Elles seraient bien meilleures que moi pour faire ce genre de choses. »

Quand Barlow avait annoncé aux gars de son équipe que JFK Jr allait se joindre à eux, ils eurent une réaction prévisible.

« Ils m'ont rétorqué "Hé, ça va ! Tu ne vas pas nous faire ça !" Mais en un rien de temps, John les a mis dans sa poche. »

Les autres employés du ranch furent aussi impressionnés par la force physique de John que par sa totale absence de prétention.

« Je crois que nous nous attendions à un gosse de riche gâté qui viendrait passer quelques semaines au ranch-hôtel, expliqua l'un d'eux. Au lieu de ça, c'était un gars simple et travailleur. C'était vraiment un gentil gamin. »

Il rentra à la maison, six semaines plus tard, et les changements qu'elle percevait chez son fils ravirent Jackie.

« Ils ont dit que j'étais un faiseur de miracle, se rappela Barlow. Mais, quand il est arrivé ici, il était déjà un miracle en soi. »

John retourna à Andover et ne perdit pas un instant, il se porta volontaire pour le programme d'aide au travail scolaire. Deux jours par semaine, à Lawrence dans le Massachusetts, ville touchée par la crise économique, il enseigna l'anglais aux fils d'immigrés qui étaient au collège.

John compensait plus que largement par le cœur ce qui lui manquait en intelligence.

Caroline, qui s'épanouissait en licence à Radcliffe College, était aussi la fierté de sa mère. Pour les dix-huit ans de son fils et les vingt et un ans de sa fille, Jackie invita cent cinquante personnes – tous les membres du clan Kennedy, plus les amis des deux héros de la soirée – à une fête donnée le 26 novembre 1978, au très chic Le Club, dans Manhattan.

Ce fut une soirée chargée d'émotion. Cela faisait quinze ans que JFK avait été assassiné et Ted, le seul frère encore vivant, porta un toast à John et Caroline, célébrant les remarquables jeunes gens qu'ils étaient devenus.

« Je ne devrais pas faire cela, ici, ce soir, dit Ted d'une voix qui tremblait d'émotion, tout comme lorsqu'il avait fait l'éloge funèbre de Bobby. En toute justice, ce devrait être la place et le rôle du père de ces deux enfants. John aimait ses enfants par-dessus tout. La jeunesse de John et Caroline redonne de la vie à notre famille. »

Tandis que les amis raffinés de George Plimpton et Bunny Mellon sirotaient du Dom Perignon, les camarades de John descendaient bière sur bière. Les jeunes poussèrent de bruyants hourras quand les deux gâteaux d'anniversaire ornés de bougies magiques arrivèrent devant les deux invités d'honneur.

Dès que Jackie, Ethel, Eunice, Ted et les autres invités de cette génération se furent éclipsés, juste après minuit, John et ses copains allumèrent des joints. Ils restèrent dans le club à fumer et boire de la tequila jusqu'à l'aube.

À 4 heures du matin, l'un des copains de John, un balèze, tituba dehors, sur la 55th Street où il se retrouva face aux photographes.

« O.K. Bon, pas de photo, déclara le costaud. Vous voilà tous prévenus ! »

Quelques instants plus tard, John apparut ; il portait des lunettes noires, une veste noire et une longue écharpe de soie blanche. Les appareils photo se mirent à crépiter.

« Le grand type a commencé à boxer et donner des coups de pied, se souvint le photographe du *New York Daily News*, Richard Corkery. Soudain ce fut la bousculade générale. »

John essaya de dégager un journaliste du *National Enquirer* des mains de ses amis et dans l'action, se retrouva étalé sur le trottoir.

« Stop », hurla John pour ramener le calme.

Se remettant péniblement sur ses pieds, il réussit à calmer tout le monde avant de quitter les lieux.

Le lendemain, les images de la mêlée s'étalaient à la une des tabloïds, mais John n'était pas près de répéter cette prestation – acteur ou pas. Trois semaines plus tard, lorsqu'il fit une apparition au Studio 54 avec sa fiancée du moment, Lynn Hutter, John se contenta de sourire poliment pendant que les photographes mitraillaient.

En fin de compte, cependant, l'agitation se révéla trop pénible pour le couple. John s'engouffra dans un taxi, tirant Lynn Hutter à l'intérieur, et, alors qu'ils s'éloignaient en trombe, il ne put s'empêcher de se retourner pour faire un geste obscène du doigt.

Le ton devait à nouveau monter après la cérémonie de remise de diplôme de fin d'études à Andover. Les reporters bloquaient complètement Jackie et John, les entourant de toutes parts, les empêchant de se frayer un chemin jusqu'au buffet.

« Mais regarde ! s'exclama-t-il excédé, je voudrais juste passer un moment avec mes potes et profiter de ma remise de diplôme ! »

Mais Jackie accoutumée, elle, à ce genre de chaos savourait l'instant.

« Oh, Ted, soupira-t-elle, blottie contre le sénateur. Tu te rends compte ? Mon bébé... diplômé ! »

John Wash vint s'asseoir avec la famille. Il était l'agent du *Secret Service* qui avait sauvé Jackie de la noyade sur la côte irlandaise, tiré John d'un incendie à Hawaii, celui qui avait aussi représenté une figure paternelle pour le fils du Président. Jackie, souriant chaleureusement, se pencha, et lui pressa affectueusement le bras.

*
* *

Une fois de plus, Jackie s'arrangea pour que son fils parte « loin, très loin du cirque de Hyannis Port. Au 1040 Cinquième Avenue, on se tordait les mains de désespoir et d'angoisse, rapporte Peter Duchin, en écoutant les histoires toutes plus horribles les unes que les autre survenues chez les Kennedy et Jackie était plus fermement décidée que jamais à ne pas laisser John tremper là-dedans ».

Cette fois, John et une demi-douzaine d'autres randonneurs sillonnèrent les étendues sauvages du Kenya au cours d'un raid de dix semaines, organisé par le National Outdoor Leadership School. À un moment, le groupe de John s'égara. Ses camarades de stage de survie décidèrent qu'il était celui qui fallait pour les guider hors de la jungle. Ils se mirent à se frayer un chemin dans la végétation dense du sous-bois, en priant pour retrouver le chemin de leur campement.

« J'espère que la presse n'aura pas vent de ça, répétait John. Ma mère en deviendrait folle. »

Pendant ce temps, les organisateurs commençaient à paniquer. On envoya d'urgence aussi bien des avions de reconnaissance que des guerriers Massaï à leur recherche, déployant un maximum de moyens pour retrouver JFK Jr. Après quarante-huit heures de stress intense, un pisteur massaï solitaire repéra enfin John et ses camarades.

Heureusement, Jackie apprit cette mésaventure bien plus tard, alors qu'il était déjà tiré d'affaire. Et elle se préoccupait surtout à ce moment-là de l'inscription de John à l'université.

John était admis à Harvard, mais cela ne lui plaisait pas trop parce que, selon son ami John Perry Barlow, « il savait qu'il ne le méritait pas. Il savait bien que c'était uniquement dû à ce qu'il était, qu'il n'avait pas le niveau, aussi décida-t-il de ne pas y aller ».

Jackie reconnut une certaine sagesse dans la décision de John : il préférait faire Brown University plutôt qu'Harvard. Elle se rendait compte que, s'il intégrait l'université qui avait formé son père, contrairement à Caroline, il serait totalement submergé par le mythe Kennedy.

Depuis 1979, Brown était devenue l'école de prédilection des étudiants fortunés qui désiraient se targuer de sortir de la Ivy League (représentant les huit meilleures universités des États-Unis), mais ne pas subir les exigences scolaires rigoureuses imposées par Princeton, Harvard, Yale, Columbia ou Dartmouth. En effet, Brown n'imposait pas de tronc commun de matières obligatoires et chaque étudiant était invité à concocter son propre programme universitaire.

Fondée en 1764, la septième plus ancienne université des États-Unis, Brown, était un agglomérat d'édifices en brique rouge et de bâtiments coloniaux en bois, peints en blanc, perchés au sommet d'une colline au centre de Providence, dans le Rhode Island. Grâce à sa situation centrale, contrairement à Andover, Brown offrait à John un minimum de protection vis-à-vis des regards inquisiteurs de la presse. Lorsqu'il apparut pour s'inscrire aux cours, une fois de plus, un essaim de journalistes s'agglutina autour de lui, provoquant une scène gênante.

Le « première année » nerveux promit de poser devant le fronton de Brown University, à l'entrée du campus, si on le laissait tranquille assez longtemps pour qu'il puisse s'inscrire.

« Contrairement à sa sœur et au reste des Kennedy qui découvraient toutes leurs dents trop ostensiblement, John savait sourire face aux objectifs, analysa l'un des photographes. Mais, la moitié du temps, il semblait qu'il était en train de dire entre ses dents : "O.K., vous en avez eu assez ? Je me sens vraiment niais, là. On peut arrêter, maintenant, les gars ? Les gars ?" »

John désirait vivement être traité comme les autres étudiants. Et l'une des voies les plus directes d'intégration était, bien sûr, de passer les ignominieuses épreuves obligatoires pour rejoindre une confrérie. Après un bizutage rituel – qui incluait comme épreuve de gober un poisson rouge vivant, se vautrer dans des entrailles d'animaux, descendre une chope de bière et finir par se déshabiller et cavaler à travers le campus sous les yeux des étudiants et étudiantes de Brown qui braillaient abondamment – John put être fier de devenir membre de la confrérie Phi Psi.

Il n'avait pas plus tôt passé la nuit de bizutage que, le 20 octobre 1979, John prononça son premier discours lors de l'inauguration de la Bibliothèque John F. Kennedy. Située à la périphérie de Boston, la structure futuriste, blanche et sobre de I.M. Pei, avec ses grands murs de verre donnant sur les eaux étincelantes de la baie de Dorchester reflétait l'éternelle jeunesse de JFK et son invite à la modernité.

Caroline, âgée maintenant de vingt-deux ans, était aux côtés de John. Elle pouvait remercier sa mère de lui avoir mené une guerre implacable pour qu'elle perde du poids. Caroline était devenue, selon les mots mêmes d'Andy Warhol, « une beauté affolante » – dents blanches et parfaites, pommettes hautes et cheveux bruns négligemment tressés.

Elle était si atrocement timide qu'elle ne put que présenter son frère aux dignitaires assemblés – parmi eux, des douzaines d'anciens élèves de New Frontier et le président Jimmy Carter.

À presque dix-neuf ans, John avait déjà une carrure imposante et mesurait un mètre quatre-vingt-cinq ; le jeune homme dégingandé qui en venait aux mains avec les journalistes à peine un an auparavant était maintenant d'une beauté frappante, un mélange parfait des Kennedy et des Bouvier.

Il monta les marches jusqu'au podium, semblant avoir hérité la prestance de ses deux parents. En hommage à son père, il lut un poème de Stephen Spenders, « I Think Continually of Those Who Were Truly Great ».

Pendant l'inauguration, le vent déchira les voiles du *Victura*, le bateau de John, qui devait rester exposé à l'extérieur de la bibliothèque. En sortant, la veuve de JFK et son unique fils s'arrêtèrent près du voilier un court instant.

« Tu sais, dit-il à voix basse à sa mère, je ne me souviens même pas de lui. Quelquefois je crois que j'y parviens, et puis... non. »

Pendant des années, il avait prétendu se rappeler les événements passés. Et, en quelques rares occasions, un souvenir remontait à la surface. Un jour, un ami de Jack, Chuck Spalding, entra dans la pièce où John écoutait l'enregistrement de l'un des discours de son père – un éloge d'Eleanor Roosevelt – pour l'un de ses cours à Andover.

« Écoute ! Juste là ! C'est quand je rampais sous le bureau de papa, et il m'a donné une taloche. Là maintenant... Il parlait à la radio et je rampais sous le bureau et je le pinçais. »

Mais devenant adulte, John concéda qu'il se souvenait de son père « à travers les yeux et les perceptions des autres. À travers les photos et ce que j'ai pu lire ». Il avait beau essayer très fort de se rappeler ce moment historique, fixé par la photo si émouvante de cet enfant saluant le cercueil de son père, – l'une des plus célèbres photos de tous les temps –, cela ne suscitait en lui aucun souvenir.

À Brown, John entreprit de comprendre ce père qu'il n'avait jamais connu. Il étudia son père comme tous les autres étudiants, assistant à un séminaire sur la guerre du Viêt-nam.

Il convainquit sa mère, qui fréquentait alors le documentariste Peter Davis – après Pete Hamill – de lui demander de venir projeter en classe son film controversé, *Hearts and Minds*, primé par l'Academy Award.

Avec quelques autres étudiants, John organisa un groupe de discussion informel qui débattait de toutes sortes de problèmes : du racisme jusqu'au désarmement nucléaire, en passant par le droit à l'avortement.

« John avait des opinions arrêtées, mais savait aussi défendre des positions opposées aux siennes, note son ami Charlie King. Il était décidément passionné par les droits civils. John était inflexible sur un point : il faut les mêmes droits pour tous dans notre société. »

Mais c'était le théâtre, et non les affaires du monde ou la politique qui intriguait le plus le jeune John. Quand il se produisit dans le rôle du soldat Bonario, dans le *Volpone* de Ben Jonson, le critique du *Brown Daily Herald* le gratifia d'un article chaleureux – avant de se rétracter publiquement à la pièce suivante.

« John ne bouge pas bien sur scène, il est inhibé et contraint, écrivait le journaliste du *Daily Herald*. Il a une voix rébarbative, qui sonne comme celle d'un riche New-Yorkais bon chic bon genre. »

Pourquoi, alors, avait-il encensé John la première fois ?

« Je ne pensais pas vraiment que John était aussi bon que ce que j'en ai dit, tenta-t-il d'expliquer. Mais j'étais placé près de sa mère, à la première, et je crois que j'étais complètement ébloui. »

Meurtri mais ne s'avouant pas vaincu, John continua de perfectionner ses talents d'acteur. Pendant ses études, il devait tenir les premiers rôles dans des pièces qui allaient de *La Tempête* ou *In the Boom Boom Room* de David Rabe (où sa nouvelle coupe de cheveux en brosse causa plus d'émoi que l'étudiante qui interpréta, seins nus sur scène, sa petite amie strip-teaseuse), jusqu'aux œuvres de J.M. Synge, le classique *Playboy of the Western World* ou de Miguel Pinero pour son drame carcéral *Short Eyes*.

Rick Moody, qui jouait avec John dans *In the Boom Boom Room*, fut impressionné par son jeu très naturel : un peu de Brando, un peu de De Niro, une bonne rasade de Nicholson et peut-être une pincée du courage de son père. Plus tard, Moody se demanda pourquoi il s'était étonné de voir John interpréter son rôle avec « un troublant charisme ». En effet, qu'y avait-il là de surprenant ? « Il a passé sa vie entière à jouer. » Le soir de la première, John et Moody étaient encore en coulisses, avant d'entrer en scène, quand soudain ils entendirent de grands rires dans le public. « C'est ma sœur, dit John avec un sourire. C'est Caroline. »

Jackie assistait avec application à la plupart de ces représentations estudiantines, mais elle n'approuvait pas.

« Sa mère dictait sa loi, remarqua un camarade de Brown. Elle a dit à John, en termes clairs, que faire l'acteur était indigne de lui, qu'il était le fils de son père et qu'il se devait d'honorer la tradition familiale : se mettre au service de la communauté. »

La mère et le fils « avaient vraiment des frictions terribles à ce propos. John savait particulièrement bien se contrôler, mais il y avait des moments, quand il parlait de tout ça avec sa mère, où il craquait. Ce qu'il attendait d'elle, c'était du respect. Et dans ces affrontements-là, il n'avait vraiment pas l'impression qu'elle lui en accordait. »

John n'avait pas encore vingt ans quand le producteur de *La Fièvre du samedi soir*, Robert Stigwood, lui offrit de jouer le rôle de son père dans un long métrage fondé sur l'histoire de la jeunesse de JFK. Il supplia sa mère de lui laisser endosser ce rôle mais Jackie fut inflexible. Elle voulait qu'il termine ses études.

« Ensuite, je pourrai faire ce que je veux ? demanda-t-il.

— Tout, répondit-elle. Sauf l'acteur. »

De plus en plus, John s'irritait de la manière dont sa mère exerçait son autorité : d'une main de fer.

« Sa mère lui rendait visite et il était évident qu'ils étaient très proches, rapporte un autre camarade qui est devenu un journaliste célèbre. Il était clair que c'était elle qui menait la danse, et qu'il n'appréciait pas toujours cet état de fait. Il y avait beaucoup de frictions sous-jacentes que la plupart des gens ignoraient. Il souhaitait qu'elle le prenne au sérieux, qu'elle le traite en adulte comme Caroline. Mais elle ne le faisait pas. Elle était terriblement exigeante. »

Avec raison, semble-t-il. Toute sa scolarité, John prit décidément ses études avec une certaine désinvolture, oscillant en permanence au bord du renvoi.

Dans une lettre adressée à Jackie, le doyen Bruce Donovan remarquait que les résultats de John devaient s'améliorer sinon il « s'exposait au renvoi ». S'appuyant sur la constatation qu'il avait déjà dû repasser plusieurs examens de fin de semestre, le professeur Edward Beiser prévint John : « Même au regard de nos modestes exigences de résultat, vous évoluez sur une très mince couche de glace qui risque de céder sans prévenir... »

Jackie, au contraire de son fils, prit ces avertissements très au sérieux. « Dans cette maison, réussir ses études a toujours été de la première importance, lui répondit Jackie sur son célèbre papier à lettres bleu. En conséquence, John et moi, prenons votre message très au sérieux. »

À l'annonce que John était mis à l'épreuve, Jackie réagit en écrivant que le choc provoqué par cette nouvelle « donnerait à John une leçon essentielle sur la meilleure façon d'utiliser son temps. Je suis persuadée qu'il l'assimilera en se lançant à corps perdu dans le travail à rattraper ».

À une autre occasion, elle écrivit, de Hyannis Port : « Il me tarde d'apprendre qu'il est sorti de cette période dangereuse où il doit faire ses preuves – et j'espère que je ne recevrais plus jamais d'avertissement de cette sorte. »

Il arrivait que John se montre à la hauteur de la situation – en particulier quand le sujet le concernait directement.

« J'avais entendu dire que John était un abruti, plus intéressé par le sexe que par les études, relate Steve Gillon, un professeur assistant du cours d'histoire américaine qui couvrait la période de la présidence Kennedy. Mais il était très clair et intelligent. Il apportait des éléments de discussion qui ne figuraient pas dans les manuels. En fait, il dominait le débat en ce qui concerne certains domaines, comme les droits civils ou le rôle de la cour suprême. »

En classe, parlant de son père, John disait toujours « le Président ». John obtint un B+ dans cette matière, mais cela n'était pas suffisant pour compenser les D et F qu'il collectionnait sur ses bulletins de notes.

Même si sa mère cherchait plus que jamais à lui imposer ses points de vue, John cachait soigneusement à ses camarades de campus les frustrations qu'il éprouvait. Jackie lui rendait visite périodiquement et les relations de la mère et du fils paraissaient « très chaleureuses », selon un ami de la confrérie, Richard Wiese. Un après-midi, alors que John et Wiese étaient assis sur un muret de brique à l'extérieur de la confrérie, John se rappela soudain qu'il avait oublié de rendre un devoir et il bondit sur ses pieds.

« Tu peux attendre ma mère ? demanda John à son ami. Tu sais à quoi elle ressemble : cheveux noirs et grandes lunettes de soleil.

— Oui, répondit Richard. Je pense que je la reconnaîtrai. »

Quand Jackie arriva quelques minutes plus tard, elle demanda à Wiese (« J'étais pétrifié ») de lui montrer la chambre de John car elle voulait téléphoner. La chambre de John était un véritable champ de bataille, « à croire que quelqu'un y avait jeté une grenade ». Des vêtements traînaient partout, « John ne rangeait jamais rien. Il laissait simplement tomber les choses qui ne lui étaient plus utiles », et des livres, des papiers, des équipements de sport, des bouteilles et des emballages de nourriture jonchaient le sol. Toutes les surfaces – sols, lits, meubles – étaient couvertes d'une épaisse couche de détritus.

Jackie repéra le fil noir du téléphone par terre et, selon Wiese, « elle se mit à quatre pattes pour le suivre », se frayant un chemin dans le linge sale et les boîtes de pizza abandonnées. Arrivée au bout, l'ancienne First Lady découvrit que le cordon était branché à une chaîne stéréo.

« Mais où est le *téléphone* ? » demanda-t-elle. Wiese l'invita à utiliser le sien.

D'autres rappels, au moment où il s'y attendait le moins, empêchaient John d'oublier sa place dans l'histoire américaine. Peut-être en partie à cause de ses efforts continuels pour être traité comme n'importe qui d'autre, John continuait à fumer de l'herbe. Un temps, il essaya d'autres substances plus fortes. À une fête, ses prétendus amis firent passer une paille en argent et une cendrier rempli de cocaïne. Chaque fois que quelqu'un se servait on découvrait un peu plus du dessin qui ornait le fond du cendrier. Quand on le tendit à John, chacun frémit en voyant ce qui était apparu au fond du cendrier : le visage de John F. Kennedy, avec les dates 1917-1963 gravées dessous. Il y eut un moment de tension. Selon un témoin, John « vit ce qu'il y avait sur le cendrier et se servit quand même ».

« En dépit de ces expériences et de la témérité atavique qui marquait profondément la nature des Kennedy, dit Wendy Leigh, la biographe des Kennedy, il jouissait d'un puissant instinct de survie qui, finalement, lui évitait les excès. »

Nonobstant quelques bizarres incidents occasionnels, John avait largement réussi à se faire considérer comme n'importe quel étudiant de Brown.

« C'était un optimiste adorable. Les gens étaient attirés par lui », dit Wiese.

Le plus souvent, c'était John qui brisait la glace.

« Il s'avançait vers vous, vous tendait la main et disait “Salut, je m'appelle John”, se souvient Rick Guy, un camarade de classe d'histoire, membre de l'équipe de la crosse de Brown.

« Jamais John Kennedy, juste John... Il a plusieurs fois dîné avec moi, et la première fois je me suis senti incroyablement flatté. Mais il vous désarmait totalement par ses questions – il ne prétendait pas s'intéresser artificiellement à vous comme certaines personnes, c'était sincère. Il voulait réellement savoir comment étaient les autres. Tous les gens qui ont approché John pensaient, avant tout : c'est un garçon extrêmement sympa et réglo. »

En accord avec cette image de « gars sympa », John conduisait une Honda Civic grise déglinguée et jonchée de boîtes de bière, marquait des paniers dans le patio pendant les intercours et, « pour se faire de l'argent de poche », il engraissa dans le sous-sol de la confrérie Phi Psi un cochon pour le vendre à un abattoir (il l'offrit finalement à quelqu'un pour en faire un animal de compagnie).

Un groupe d'autres étudiants projeta de kidnapper le cochon et de laisser à la place un gros tas de bacon, mais ils abandonnèrent à la dernière minute. Pour autant John ne pouvait éviter d'être la cible des farces de ses amis.

Alors qu'il sortait de chez lui, maquillé et costumé pour jouer, le soir de la première, dans une pièce de Shakespeare, il mit à peine un pied dehors qu'un canon improvisé, placé de l'autre côté de la cour, le bombarda de bombes à eau.

« Il en eut le souffle coupé, se rappelle un des farceurs, Rick Guy. Il avait l'air exaspéré. Mais il ne s'est pas mis à hurler ou à pousser des cris comme d'autres l'auraient fait. Il a simplement tourné les talons et il est rentré pour se nettoyer. John prenait toujours les choses calmement, parce qu'il désirait plus que tout être traité comme un gars ordinaire. »

Dans cette optique, John participait volontiers aux batailles de bouffe de la cafétéria.

S'il existait une règle tacite qui voulait que personne ne prononce le nom de son père en sa présence, ses frères de confrérie ne dédaignaient pas de profiter de la célébrité de John pour séduire les filles. Quand ils accrochaient un signal pour dire qu'il était présent à la résidence, la file de jolies filles qui attendaient de pouvoir entrer s'allongeait jusqu'au coin de la rue.

John ignorait les centaines d'appels qu'il recevait de femmes – complètement inconnues – qui quémandaient un rendez-vous, et se plaignait de ce qu'il était gênant d'être l'objet de tant d'attentions féminines.

Par ailleurs, qu'il ôte sa chemise chaque fois que l'occasion s'en présentait ne l'aidait pas beaucoup à y échapper. En fait, il avait déjà écopé de la réputation d'être une sorte d'exhibitionniste. Comme son père qui nageait nu dans la piscine de la Maison-Blanche et prenait des bains de soleil, tout aussi nu, à Palm Beach, JFK Jr n'avait aucun complexe à montrer son corps en public. Il pesait à ce moment-là quatre-vingts kilos mais pouvait en soulever cent dix sans peine et « il était fier de sa grande forme physique », se souvient Guy.

« Quant aux filles, elles ne vous prêtaient aucune attention si John était dans les parages. »

Durant son année de licence, John avait rompu avec Jenny Christian, partie étudier la psychologie à Harvard. Il sortait maintenant régulièrement avec une brune, étudiante en histoire et littérature, Sally Munro. Il est significatif que John soit non seulement resté ami avec Jenny Christian mais aussi avec toutes ses anciennes petites amies. Plus remarquable encore – si l'on considère que beaucoup, sinon la plupart des histoires d'amour finissent sur une note amère – pas une seule de ses anciennes amours n'a jamais fait la moindre remarque négative à son propos.

Née et élevée dans la pittoresque ville côtière de Marblehead, Massachusetts, l'Irlandaise de Boston, tout en dents, Sally Munro était le sosie de Caroline – à tel point que, souvent, les photographes ont légendé ses photos en la confondant avec Caroline.

Elle avait même été dans la même école que Caroline, la Concord Academy. Plus sagement séduisante qu'étourdissante, la nouvelle fiancée de John ne cachait pas qu'elle était sous le charme.

Jackie avait approuvé Jenny Christian et Sally Munro obtint elle aussi son approbation. Leur romance qui passait par des hauts et des bas s'étira sur cinq ans – période durant laquelle John s'offrit nombre de relations avec d'autres jeunes femmes.

« John n'était pas un homme à femmes comme son père, explique l'un des membres de Phi Psi. Mais sa relation avec Sally n'était pas exclusive. Quand elle n'était pas là, il rencontrait une ou deux autres filles. Il ne faut pas oublier que son téléphone sonnait sans discontinuer – des appels de femmes qu'il connaissait ou pas. Des femmes lui envoyaient leur culotte et l'attendaient dehors en prétendant être sa fiancée. Nous trouvions tous qu'il se montrait d'une remarquable retenue, malgré tout. »

Pendant ce temps-là, la mère de John s'était elle-même installée dans une relation sérieuse. Jackie et le puissant marchand de diamants Maurice Tempelsman avaient en fait eu leur premier rendez-vous le 20 août 1975. Né dans une famille orthodoxe juive d'Anvers en Belgique, il avait fui les nazis en venant à New York en 1940. Renonçant à l'université, Maurice rejoignit la société d'importation de diamants de son père, Leon Tempelsman & Son. Utilisant son avocat, Adlai Stevenson, deux fois candidat démocrate à la présidentielle, il établit des liens avec les Oppenheimer, la puissante famille qui exploitait les mines de diamant. Il devint rapidement un « contrôleur ». L'une des seules cent soixante personnes au monde autorisées à acheter directement les diamants au cartel De Beers, dix fois par an.

Important donateur du parti démocrate, Maurice et sa femme Lily devinrent des amis des Kennedy quand John était encore sénateur, et, plus tard, furent souvent invités à la Maison-Blanche. Bien qu'il fût encore marié à la dévote et orthodoxe Lily, sans parler de leurs trois enfants, Jackie ne faisait aucun effort pour cacher son affection grandissante pour Tempelsman.

Par la suite, Tempelsman obtiendrait le divorce, ou tout comme. Quand Maurice déménagea dans l'appartement de Jackie en 1982, Lily lui accorda le divorce juif orthodoxe devant un « get ». Mais, légalement, Maurice et Lily restaient mari et femme.

Dégarni, bedonnant, effacé, le gros bonnet du diamant semblait, à première vue, un choix improbable pour Jackie.

« Ses maris ne l'avaient pas toujours traitée comme elle le méritait, observa Vivian Crespi, une amie de Jackie. Maurice, lui, adorait le sol sur lequel elle marchait. Il ne la dominait pas, elle ne le dominait pas. Ils étaient égaux. »

Aileen Mehle était de ceux qui pensaient que Tempelsman était « parfait pour Jackie. Un nounours. Un nounours très chic ». En effet, Tempelsman commença, à la fin des années 1970, à s'occuper des intérêts financiers de Jackie, et il réussit à faire fructifier les 26 millions d'Onassis jusqu'à atteindre une fortune de plus de 100 millions de dollars.

À peu près au même moment, Caroline tombait elle-même amoureuse. Après avoir obtenu sa licence avec mention à Radcliffe en 1980, elle travailla au département audiovisuel du Metropolitan. C'est là qu'elle rencontra Edwin Arthur Schlossberg, un soi-disant historien de l'art – artiste –, écrivain et fondateur d'une petite compagnie de productions multimédias pour les musées et les entreprises. Juif, de treize ans l'aîné de Caroline, il était le fils d'un opulent fabricant textile.

Après une fête à Aspen, Andy Warhol consigna dans son journal « avoir vu Caroline et le fils Schlossberg. Ils sont éperdument amoureux ». Très vite, elle devait emménager dans son loft à un million de dollars. Cette année-là, Jackie accueillit chaleureusement Ed à la fête de Noël et le présenta à la ronde.

« Je veux que vous rencontriez le nouvel ami de ma fille, Ed Schlossberg », glissait-elle avec son chuchotement de petite fille.

L'ami de Jackie, dans l'intervalle s'était discrètement arrangé pour que John passe l'été en Afrique du Sud, afin d'y apprendre les ficelles du négoce de diamants – juste au cas où entrer dans l'affaire familiale des Tempelsman l'intéresserait un jour.

Au lieu de quoi, John revint à Brown déterminé à agir contre l'apartheid. Avec l'appui financier de Tempelsman, John organisa le South African Group for Education – une série de conférences destinées à faire connaître la situation politique en Afrique du Sud. La première personnalité que John convia à s'exprimer fut Andrew Young, qui fut à différents moments un leader des droits civils, maire d'Atlanta, et ambassadeur US des Nations unies.

C'est une facette de John dont le public américain n'a pas eu connaissance. Au cours des années, le sentiment que le fils unique de JFK évoluait vers quelque chose de décevant grandissait.

La plupart des anecdotes relatées dans la presse à propos de John – depuis son agression dans Central Park ou son redoublement à Andover, jusqu'à la bagarre de son dix-huitième anniversaire qui l'avait exhibé étalé de tout son long sur le trottoir – ne l'avaient pas montré sous son meilleur jour. Et les dernières photos d'un John aux cheveux longs, affublé d'une fausse moustache et en costume d'époque pour son rôle dans *Volpone* ne firent que susciter davantage de grimaces de désapprobation.

Conscient que l'image publique de John manquait d'envergure, Ted supplia Jackie de laisser John donner une conférence de presse au Center for Democratic Policy, où, stagiaire durant l'été 1981, il avait gagné 100 dollars par semaine.

« Les gens verront, plaida Ted, que ce qu'ils ont pu lire dans la presse sur John ne lui rend pas justice. »

À la conférence, John désarma instantanément les journalistes. L'un d'eux fit remarquer qu'il avait une tache d'encre sur sa chemise blanche, John y jeta un coup d'œil et répondit :

« Je pourrais m'équiper d'une de ces pochettes en plastique de protection, mais ça me ferait ressembler à un Républicain. »

Quand on lui demanda s'il envisageait une carrière politique, il haussa les épaules.

« Je ne me préoccupe pas vraiment de carrière, pour le moment. Je ne suis pas un grand planificateur. »

En réalité, John brûlait toujours de devenir comédien. Il avait déjà obtenu le soutien de son oncle, l'acteur Peter Lawford.

« Peter encourageait John à persévérer si tel était son rêve, raconta plus tard la veuve de Lawford, Patricia Seton Lawford. Quand elle le découvrit, Jackie écrivit à Peter pour lui demander de ne pas interférer – ce qui, bien sûr, renforça la détermination de Peter à soutenir John dans ses projets. »

Ce que voulait John, en cette année de licence, c'était quitter le campus pour emménager dans une maison, au 155 Benefit Street. Ses nouveaux colocataires étaient le capitaine de l'équipe de tennis, John Hare, le joueur de lacrosse, Rob Littell, l'actrice en herbe Christina Haag et Christiane Amanpour qui allait devenir l'une des journalistes vedettes de CNN et de CBS.

La comédie pouvait bien être sa passion, John ne s'en sentait pas moins obligé par la tradition familiale de se mettre au service de la communauté. Six ans auparavant, John et son cousin Timothy Shriver avaient côte à côte travaillé au Guatemala, à reconstruire une ville détruite par un tremblement de terre. Cet été-là, John passa six semaines, avec Shriver, à enseigner l'anglais aux enfants d'immigrants, à l'université du Connecticut.

John ne se consacrait pas pour autant intégralement aux bonnes œuvres. Il se montrait souvent à Xenon, l'une des quelques boîtes qui dominaient la nuit new-yorkaise au début des années 1980. Comme le Studio 54 avant elle, elle proposait un hédoniste mélange de drogue, de sexe, de spectacle et de musique trépidante.

Après les week-ends à courir les clubs dans Manhattan, il rentrait dans le Connecticut au volant de sa Honda Civic grise. Comme son père et le reste du clan Kennedy, John, et c'était notoire, avait une tendance certaine à appuyer sur le champignon. À la fin de l'année, il avait accumulé un beau petit paquet d'amendes pour excès de vitesse dans quatre États différents – le Massachusetts, l'État de Rhode Island, le Connecticut et l'État de New York. Il ignora les convocations, et début 1983, son permis de conduire fut suspendu dans le Massachusetts. Ce n'était pas un problème.

« John prenait quand même le volant, remarqua un camarade de Brown. Quand il écopait d'un PV pour excès de vitesse ou de stationnement interdit, il ne prenait pas cela au sérieux. Il avait grandi à New York City, où beaucoup de gens considèrent tout cela comme un jeu. »

Alors qu'il entamait sa dernière année à Brown, John était plus convaincu que jamais que sa voie était le théâtre. Au mois d'avril, son rôle dans *Short Eyes*, qui racontait l'assassinat en prison d'un pédophile, lui valut d'excellentes critiques.

« John a joué à la perfection, a écrit le critique de théâtre du campus, Peter DeChiara. Mâchant du chewing-gum et tatoué, Kennedy trimbale sa masse imposante avec une assurance infinie et un air de défi obstiné. »

Bonnes critiques ou pas, Jackie opposa son veto au projet de John de s'inscrire à l'école d'art dramatique de Yale.

« Jackie avait le sentiment, expliqua Letitia Balbdrige, qu'une carrière dans le show business n'était pas nécessairement la meilleure chose pour son fils. »

Jackie n'a pas, comme cela a été rapporté plus tard, menacé son fils de le déshériter s'il ne faisait pas son droit comme elle le souhaitait. Elle n'en eut pas besoin.

« La personne la plus importante de la vie de John, expliqua Peter Duchin, était sa mère. Il était très protecteur envers elle, il n'aurait jamais fait quelque chose qui pût la décevoir, même si cela l'obligeait à renoncer à quelque chose d'important pour lui. »

Le théâtre ne fut pas la seule chose que sa mère le poussa à laisser tomber. En février 1988, John décida de tenter de réaliser le rêve de sa vie, devenir pilote. Il commença en secret à prendre des leçons de pilotage avec Arthur Marx, à l'aéroport de Martha's Vineyard.

« Il m'a immédiatement impressionné, se rappelle Marx. Il est venu en vélo, depuis la maison de sa mère, à l'autre bout de l'île, et il faisait glacial. C'était à la mesure de son désir de voler. »

Marx se souvient de son élève comme d'un jeune homme « plein d'enthousiasme. Il adorait vraiment, vraiment ça. Et il prenait le pilotage au sérieux ».

Au cours de la décennie suivante, Marx devait faire plusieurs vols avec John aux commandes.

« Il était toujours très concentré, témoigne Marx, qui effectua son dernier vol avec John en 1998. Je ne l'ai jamais vu agir sous le coup d'une impulsion en pilotant. De fait, John était probablement meilleur pilote qu'il ne le pensait lui-même. »

Au bout de quelques mois, John trouva le courage de dire à sa mère qu'il prenait des leçons de pilotage. Il avait déjà fait se rencontrer Jackie et Marx.

« Il a dit "Voici ma mère, Jacqueline Onassis" – comme si je ne savais pas qui elle était, relate Marx. Si l'idée que John vole lui causait le moindre souci, je ne l'ai pas remarqué. Elle était parfaitement charmante. »

Comme elle avait appris à le faire si habilement au cours de sa vie, Jackie avait caché ses vrais sentiments à Marx. En dépit du fait que Jackie l'avait encouragé à partir à l'aventure dans des contrées lointaines telles l'Inde ou l'Afrique, pour elle il y avait, comme le rapporta Tempelsman à un ami, « dans l'idée que John pilote un avion, quelque chose qui la glaçait ».

Jackie, qui avait revécu en cauchemar l'assassinat de son mari pendant des années, faisait des rêves tourmentés à propos de son fils. Elle exigea que John laisse tomber les leçons de vol.

Son fils commença par refuser. « S'il te plaît, ne fais pas ça, supplia Jackie. Il y a déjà eu trop de morts dans la famille. »

Par déférence envers sa mère – et parce qu'il désirait lui épargner davantage d'anxiété – John se laissa fléchir.

Le 5 juin 1983, Jackie et John applaudissaient le sénateur Ted Kennedy qui apparaissait à un forum, à Brown, sur le désarmement nucléaire. Le lendemain, John obtenait son diplôme et Ted, dans son laïus, s'éloigna de ses notes pour invoquer une fois de plus le nom de son frère disparu.

« Je sais à quel point John croyait en l'avenir de son fils, commença Ted avant de faire une pause pour s'éclaircir la voix. Et combien il aurait été fier s'il avait pu être ici aujourd'hui. »

Ce soir-là, au dîner donné à Providence, dans l'élégant Biltmore Plaza Hotel, le cadeau que Ted offrit à John pour son diplôme sembla l'émouvoir profondément. C'était une copie encadrée des notes que son père avait griffonnées pendant la crise des missiles cubains.

Le lendemain, John portait, sous la robe et la toque réglementaires, un jean blanc, un t-shirt noir et des bottes de cow-boy. Il avançait avec les autres étudiants de la promotion 1983 à la queue leu leu sur la pelouse, quand il repéra Jackie dans la foule des familles qui assistaient à la cérémonie. John fit un grand signe et s'écria bien fort « Salut, Mom ! »

Une acclamation monta du groupe des Kennedy et Jackie fit signe à John de regarder vers les cieux. Lui et ses camarades, se protégeant les yeux de la main, contemplèrent un message écrit dans le ciel – une variante de l'inscription ratée sur un gâteau qui les avait un jour fait se tordre de rire : GOOD GLUCK JOHN.

Écartelé entre son désir toujours vivace de faire du théâtre et celui, insistant, de sa mère qu'il s'inscrive en droit, John avait besoin de temps pour décider de son choix. En ce mois de juillet de 1983 John, qui n'avait pourtant pas besoin de s'endurcir davantage, embarqua pour un nouvel été d'aventures.

Cette fois, John rejoignit son vieux pote de plongée, Barry Clifford qui tentait de retrouver et de renflouer l'épave du légendaire bateau pirate, le *Whydah*. Il avait sombré vers Cape Cod, en 1717, lors d'une terrible tempête. À ce que l'on dit, lors du naufrage, le *Whydah* était chargé d'un butin d'une valeur de 200 millions de dollars amassé par le boucanier connu sous le nom de *BlackSam Bellamy*.

Obnubilé par ce trésor immergé, Clifford patrouillait sur le site avec son bateau de vingt et un mètres, le *Vast Explorer*. Quand John demanda à rejoindre l'équipe, Clifford se porta garant de l'expérience de son ami.

« Écoute, je plonge avec ce gars depuis des années. C'est un bon », affirma-t-il à Richard « Stretch » Gray, le capitaine du *Vast Explorer*, un gaillard d'un mètre quatre-vingt-cinq pesant plus de cent kilos. « C'est un bon plongeur, et un formidable sportif. Tu peux compter sur lui, crois-moi. »

Mais d'abord, Stretch voulait que le gosse de riche fasse ses preuves. Son premier boulot fut de nettoyer la lazarette, une partie du mécanisme de gouvernail. « C'était dégueulasse, se souvient Clifford. L'eau de cale a une odeur de cloaque. »

Comme à son habitude, John effectua le travail sans émettre la moindre protestation.

« Quand John sortit de la cale, dans l'esprit de Stretch, il faisait partie de l'équipe. »

Avec sa modestie et sa désarmante gentillesse, John ne tarda pas à devenir l'un des acteurs les plus efficaces de l'opération de renflouage – plongeant six heures par jour, partageant avec les autres les moments de détente dans les pubs de Vineyard, couchant comme tout le monde sur le pont inférieur. Comme il échangeait constamment des vannes avec les autres, il devint très vite le boute-en-train de service.

« Qui a laissé ses affaires personnelles dans le vestiaire de plongée ? beugla-t-il un jour, sachant très bien qu'elles appartenaient à Clifford, le propriétaire du bateau. Jetons tout ça par-dessus bord ! »

Clifford finirait par localiser le *Whydah* – le seul bateau de pirate jamais retrouvé – mais deux bonnes années plus tard. Pourtant, l'expérience marqua d'une façon indélébile le jeune John. (« C'est pas tous les jours que l'on plonge à la recherche d'une épave ! ») – et vice versa.

« John était vraiment quelqu'un, dit Clifford. Nous l'aimions et l'apprécions tous... J'avais le plus grand respect pour lui. »

Il était encore à bord du *Vast Explorer* quand John commença à se préparer à son prochain grand voyage qui allait lui permettre d'aller à la découverte de lui-même.

Jackie et John appréhendaient tous les deux le vingtième anniversaire de l'assassinat de JFK qui approchait, et la frénésie des médias qui l'accompagnerait immanquablement. Jackie craignait que l'attention soit plus que jamais focalisée sur le fils homonyme de JFK, et ce à un moment délicat où il tentait encore de choisir ce qu'il voulait faire de sa vie.

En octobre 1983, John s'envola pour l'Inde, où il devait passer neuf mois à étudier la santé publique et l'éducation à l'université de New Delhi.

« C'était très courageux de la part de Jackie de l'envoyer neuf mois en Inde pendant le vingtième anniversaire de l'assassinat de son père, confia l'écrivain Gita Mehta, une amie de Jackie, à Ed Klein. Il aurait pu grandir dans la peur, avec une mentalité d'assiégé, mais non, elle lui avait transmis le courage de partir vivre dans un pays aussi étranger que l'Inde sans crainte aucune. C'est un exemple qui montre à quel point elle a été intelligente et fine en tant que parent. »

C'était précisément à cause de ce vingtième anniversaire qu'elle souhaitait qu'il soit hors du pays. Depuis que les Indiens étaient descendus dans la rue par millions pour l'acclamer, lorsqu'elle était First Lady, scandant « *Jackie ki jail ! Ameriki rani !* » « Nous vous saluons, Jackie ! Reine de l'Amérique ! »), elle ressentait un lien spirituel avec le sous-continent. Étrangement, peut-être, il lui semblait que son fils y serait plus en sécurité.

À son retour à New York en juin 1984, John déménagea dans un petit appartement de West 86th Street et se mit à travailler pour une association créée par sa mère, la société à but non lucratif « 42nd Street Development Corporation ». Son salaire s'élevait à 20 000 dollars par an.

Jackie apprit alors que John n'avait toujours pas abandonné l'idée de devenir acteur. Parmi le petit cercle des intimes de Jackie à New York, seul Rudolf Noureev eut le courage de s'opposer à l'intimidante Mme Onassis – ou au moins de presser son fils de le faire. « Montre que tu en as ! l'encourageait Noureev. Fais ce que *tu* veux ! »

Pendant que Jackie serrait la bride à John, elle ne pouvait deviner que la solide, la fiable Caroline allait être impliquée de près dans les dangereuses imbécillités de la tribu de Bobby. David, le fils de Bobby et Ethel, faisait des descentes régulières à Harlem pour s'approvisionner en héroïne.

Le 25 août 1984, le corps de David fut retrouvé au Brazilian Court Hotel à Palm Beach. Il était mort d'une injection d'un cocktail de cocaïne, d'un tranquillisant, le Melaril et d'un antidouleur, le Demerol. Mais aucune drogue illégale ne fut trouvée sur les lieux de sa mort, ce qui porta la police à croire que quelqu'un avait nettoyé la chambre.

Dans sa déposition, on demanda au chef des chasseurs de l'hôtel si quelqu'un avait pu se rendre dans la chambre avant la découverte du corps.

« Peut-être Caroline », répondit-il.

Caroline était passée le matin même : elle cherchait David.

« Elle a appelé sa chambre de la réception, mais personne n'a décroché. Alors, elle est allée jusqu'à sa chambre, et elle a frappé à la porte. C'est tout ce que j'ai entendu. Ensuite, je l'ai vue sortir par l'aile sud. »

Caroline maintint qu'elle n'avait jamais été ne serait-ce qu'à proximité de la chambre de David, et la police laissa tomber. Ce fut la seule fois que Caroline faillit être entraînée dans un scandale de la famille Kennedy.

*
* *

La veille de Noël 1984, John perdit un de ses meilleurs alliés dans l'éternelle bataille qui l'opposait à sa mère : Peter Lawford mourut à l'âge de soixante et un ans, après des années d'excès d'alcool et de drogues.

John passa Noël avec sa mère et sa sœur au 1040 Cinquième Avenue, avant de s'envoler à Los Angeles le jour suivant, pour assister aux funérailles de son oncle. Aussitôt après le dîner qui suivit à La Scala, il sauta dans un avion, en direction de New York et d'un avenir de plus en plus incertain.

« Quand Peter est mort, rappelle Pat Seton Lawford, Jackie fut accablée de douleur. Elle et Peter avaient été très proches, et quand elle m'a appelée le jour même de sa mort, elle était très émue, très gentille et pleine de compréhension avec moi. John a été adorable, un peu perdu – Peter soutenait son désir de devenir acteur à cent pour cent puisque c'était ce qu'il voulait. Et John comptait sur ses conseils. Peter parti, il n'y avait vraiment plus personne dans la famille pour le soutenir. Tous les autres Kennedy semblaient d'accord avec Jackie pour penser qu'il devait faire du droit. »

Indécis, John donna libre cours à son goût du sport – course à pied, tennis, patins à roulettes, vélo, randonnée, nage, aviron, voile, ski nautique. Il jouait aussi au football américain au parc et s'épuisait dans les salles de gym tout en continuant à soupeser les différentes options qui s'offraient à lui. Il passait aussi les mardis soir dans des bars avec ses amis pour regarder le football, et, régulièrement, il assistait aux matches des Knicks à Madison Square Garden.

Il explora aussi d'autres centres d'intérêt. En short et avec un sac à dos sur les épaules, il se balada incognito sur Times Square en milieu de journée et étudia de près les photos de filles nues affichées à l'extérieur des sex clubs. Ensuite quand il eut décidé quelle femme l'attirait le plus, il entra pour assister au spectacle intitulé « LIVE SEX LIVE ». Durant une brève période, il sembla aussi fasciné par la pornographie. Au point qu'une boutique de location vidéo l'accusa de lui devoir plus de mille dollars pour des douzaines de vidéos interdites aux moins de dix-huit ans qu'il avait négligé de rendre.

Entre-temps John, dont le corps sculptural était régulièrement étalé dans les journaux et les magazines du monde entier, avait acquis une certaine réputation d'exhibitionniste. À Edgartown, sur Martha's Vineyard, les gens du coin l'accusaient de déambuler dans la ville avec une simple serviette nouée sur les hanches, qui, comme par hasard, avait tendance à glisser très souvent.

« Il adorait se balader nu, dit Couri Hay, qui travaillait à l'Aspen Club dans le Colorado quand John y était.

« Il déambulait dans la salle de sport avec son peignoir ouvert, et quand il prenait sa douche, il ne fermait pas le rideau. »

Selon Coury Hay, il arriva que John se baigne nu lors d'une fête donnée au bord de la piscine de Hyannis Port, et il flâna ensuite, tout aussi nu, tandis que les maîtres d'hôtel proposaient des boissons aux invités. Couri Hay finit par en conclure que JFK Jr « aurait pu être une porno-star ».

Ces tendances exhibitionnistes devaient perdurer. Des années plus tard, en 1990, John passait des vacances à St. Bart, aux Antilles françaises. Une fois encore il se baigna nu et resta dans le plus simple appareil sur la plage – seulement cette fois-ci, un employé d'une agence de voyages de New York, Shelley Shusteroff, le prit en photo. Ces clichés, pour lesquels on proposa paraît-il une somme à six chiffres à Shusteroff, ne furent jamais publiés.

Mais John, qui n'avait pas encore vingt-cinq ans, ne pouvait laisser choir son rêve de devenir acteur sans, au moins, comme il le dit à sa mère, « [se] mettre à l'épreuve dans une pièce professionnelle, pour voir [s'il avait] un réel talent ».

En mars 1985, il accepta le rôle principal masculin dans *Winners* de Brian Friel, le dramaturge irlandais qui allait écrire *Dancing at Lughnasa*. Comme si l'art préfigurait la vie, John jouait avec son ancienne colocataire de Brown, Christina Haag, l'histoire d'amants maudits qui se noyaient dans l'océan lors d'un naufrage.

Pendant les répétitions, Haag, qui avait suivi les cours d'art dramatique de Juillard pendant un an, fut surprise de constater que John avait « une oreille extraordinaire pour les accents ». Une fois, ils se disputèrent sur la prononciation correcte du mot Dieu, avec l'accent irlandais. Le directeur, qui était irlandais, décida que John avait raison.

« Après ça, dit Christina Haag, je me suis calée sur John. »

Malheureusement, en avril, John se brisa la cheville droite – pendant qu'il s'entraînait à la salle de sport. Au début, il crut à une simple entorse, mais Jackie insista pour l'emmener elle-même à l'hôpital Lenox Hill tout proche. Les radios révélèrent une petite fracture. Cette mésaventure, une parmi les nombreuses qui affligent les Kennedy, prédisposés aux malheurs, obligea la compagnie à reporter d'un mois la première de la pièce.

Le 15 août 1985, JFK Jr fit ses débuts d'acteur professionnel à Manhattan, au minuscule Irish Arts Theater. Jackie et Caroline, toutes deux résolument opposées à ce qu'il poursuive une carrière dans le show business, refusèrent ostensiblement d'y assister. De plus, Jackie exigea qu'il n'y ait pas de critiques.

« Jackie était terrifiée à l'idée que des chroniqueurs puissent aller voir John dans *Winners* parce que des critiques élogieuses risquaient de l'encourager à continuer de vouloir être acteur », raconta son cousin John Davis.

Le metteur en scène de la pièce, Nye Heron, qualifiait

John de « meilleur jeune acteur qu'[il a] vu depuis une douzaine d'années ». Tout comme Sandy Boyen du Irish Arts Center qui affirma que « John est un extraordinaire et très talentueux jeune comédien. Il pourrait briguer une brillante carrière, à la scène comme au cinéma, s'il le voulait ».

Sandy Heron ajoutait :

« Évidemment, ça n'arrivera pas. »

(Des années plus tard, John fit ses débuts au cinéma dans *A Matter of Degrees*, où il disait deux répliques. Il jouait le rôle d'un guitariste.)

John était le premier à considérer son rôle dans *Winners* comme une simple pochade. Plusieurs producteurs proposèrent pourtant de reprendre la pièce à Broadway s'il gardait le rôle, mais il refusa.

« Il ne s'agit pas, définitivement, de débuts professionnels ; en aucune manière. C'est juste un hobby », insista-t-il.

Pourtant, d'après Christina Haag, il semblait sérieux.

« Nous sommes tombés amoureux, dit Christina Haag. Notre histoire a duré jusqu'en 1991. »

Fille d'un riche directeur marketing, diplômée de la Brearley School, une école privée de Manhattan – que Caroline avait elle aussi fréquentée – la ravissante Christina Haag connaissait John depuis qu'ils avaient quinze ans. Leur amitié s'était renforcée à Brown.

« Nous avons presque grandi ensemble », remarqua-t-elle.

Sa relation avec Christina Haag, comme plusieurs de ses liaisons, était orageuse – cela était dû, en partie, à ce que, de temps en temps, il lui arrivait de succomber à d'autres femmes. Étant donné ce qu'il était et sa prestance, les occasions se présentaient avec une certaine fréquence.

« John était un passionné. Il avait du caractère et il était sûr de lui », rapporta John Perry Barlow.

Et lorsqu'il se lâchait John pouvait aussi avoir « des crises de jalousie » – mais sans commune mesure avec celles de son père – selon un de ses camarades de classe.

« Il pouvait piquer des colères et hurler, ou brandir son poing sous le nez de quelqu'un – je l'ai vu trépigner comme un enfant – mais jamais faire mal à quelqu'un. Et s'il explosait de colère, il le regrettait trois minutes après et s'excusait. »

Une de ses grandes sources de frustration résidait dans le fait que Jackie était déterminée à contrôler la vie sentimentale de ses enfants – en particulier celle de John. Au 1040 Cinquième Avenue, elle mettait un point d'honneur à filtrer tous les appels de John. Si quelqu'un cherchait à le joindre, le scénario était immuable.

« Qui est à l'appareil ? De quoi s'agit-il ? »

Et quand elle n'approuvait pas, ce qui était le cas neuf fois sur dix, cela se terminait par un : « Il n'est pas là. »

Dans les années qui suivirent, plusieurs altercations entre John et sa fiancée du moment qui avaient eu lieu en public seraient immortalisées sur pellicule et largement diffusées. Mais, si énervé qu'il fût par les efforts de sa mère pour contrôler sa vie, John ne fit jamais allusion ouvertement à ses griefs.

« Il était trop bien élevé pour ça, commenta Baldrige. Et il la respectait beaucoup trop. »

En ce qui concernait Jackie, John ne laissait son caractère volcanique entrer en éruption que derrière les portes closes. Contrarié par sa mère dans ses efforts pour devenir acteur, John explosa de rage un jour si violemment qu'il boxa le mur de son appartement de 86th Street et y fit un trou.

(Ce ne fut pas le seul dégât que subit cet appartement. « On aurait dit qu'un troupeau de yacks était passé par là », raconta un ami de John à l'écrivain Michael Gross. John laissa le studio dans un tel état – la moquette était brûlée, « comme si on y avait fait un feu de bois dessus », relate un voisin, le sol était si abîmé que toutes les surfaces étaient à décaper et à rénover ; des moisissures couvraient les parois de la douche et il y avait l'empoisonnant problème de ce trou de la taille d'un poing dans la cloison – que le propriétaire poursuivit John en justice pour obtenir réparation quand il le quitta en 1986. Mais l'affaire fut réglée à l'amiable.)

Peu de temps avant que John ne se casse la cheville, Jackie était au chevet de sa demi-sœur Janet, quand cette mère de trois enfants mourut d'un cancer du poumon à trente-neuf ans. Dévastée, Jackie repartit là où elle commençait à croire que sa « source » était : l'Inde. John la rejoignit cet automne-là, dans les somptueux palaces de Jaipur, Hyderabad, Delhi et Jodhpur.

De retour d'Inde, John participa à la fête du rollerskate, qui marquait le vingtième anniversaire du Bedford Stuyvesant Restoration Project mis sur pied par son oncle Bobby. Sa cousine, Rory Kennedy, née après l'assassinat de son père, était présente elle aussi. JFK Jr, chaussé d'une paire de patins, serrant énergiquement les mains de deux enfants du quartier s'élança pour faire un tour sur la piste.

Remarquant que la presse enregistrait les moindres mouvements de John, un des gamins le regarda et dit :

« Je ne savais pas que vous étiez si célèbre. Comment vous appelez-vous ?

— John Kennedy.

— John Kennedy ! s'exclama le garçonnet. Mais c'était un de nos présidents !

— Je sais, ouais, dit John. C'était mon père. »

*
* *

Ruisselant de larmes de joie, accrochée au bras de John, Jackie contemplait sa fille qui épousait Ed Schlossberg. C'était le 19 juillet 1986, à l'église Notre-Dame de la Victoire, à Cape Code. En choisissant cette date pour leur mariage – qui était aussi le dix-septième anniversaire de Chappaquiddick –, la mariée et son promis montraient bien peu de considération pour les possibles retombées politiques et médiatiques de leur choix.

John était témoin et sa cousine Maria Shriver demoiselle d'honneur. Au cours du dîner de la veille du mariage, John s'était levé pour porter un toast au cours duquel il souligna combien sa sœur et sa mère et lui étaient proches.

« Toute notre vie, nous avons été trois, déclara-t-il en se tournant vers Schlossberg. Maintenant, nous sommes quatre. »

Plus tard, l'écrivain Doris Kearns Googwin commenta ce touchant moment avec Jackie.

« Je souhaite à mes fils de connaître une telle entente, dit Goodwin.

— C'est la meilleure chose que j'aie jamais faite », dit Jackie en regardant Doris Goodwin droit dans les yeux.

Caroline était déjà entrée à la Columbia Law School, quand, à l'automne 1986, John emplit sa mère de bonheur en commençant à suivre les cours de New York University Law School. Ses deux enfants engagés sur la voie d'une respectable carrière juridique, Jackie avait le sentiment d'avoir pleinement tenu la promesse muette qu'elle avait faite à Jack. John était enfin sur les rails.

« Maintenant, je peux mourir heureuse », plaisanta Jackie.

8

« Tu as, entre tous, une place dans l'histoire. »

Jackie,
dans son dernier message à John

« On ne devient vraiment adulte que lorsqu'on a perdu ses deux parents. »

John,
après la mort de sa mère

« Il a grandi dans l'idée qu'il faut profiter pleinement de l'existence. Il ne reculait devant aucune expérience. »

Franck Mankiewicz,
ami de la famille Kennedy

« Si vous avez un père médecin, des oncles médecins, que tous vos cousins soient médecins et que dans la famille, on ne parle que médecine, il y a de grandes chances pour que vous deveniez médecin à votre tour. Mais vous avez peut-être envie d'être boulanger. »

John

Le fils de JFK, au faîte de sa maturité et de sa séduction, monta sur l'estrade lors de la Convention Nationale Démocrate d'Atlanta de 1988 pour présenter son oncle Ted. Un soupir collectif fusa dans les rangs des délégués et Walter Isaacson, du magazine *Time*, craignit que le toit de l'auditorium ne s'effondre « sous la brutale chute de pression atmosphérique causée par le souffle retenu de ces milliers de poumons ».

« Il y a plus d'un quart de siècle, commença John, mon père s'est adressé à vous pour recevoir l'investiture à la présidence des États-Unis. Beaucoup d'entre vous se sont mis au service de notre nation à cause de lui et l'on peut dire en vérité que c'est grâce à vous s'il est toujours présent parmi nous aujourd'hui. »

En suivant à la télévision le discours parfait de son fils, Jackie était aux anges. Elle avait livré une guerre d'usure pour lui faire renoncer à son rêve de devenir acteur et voilà qu'il semblait sur le point d'embrasser la carrière familiale : la politique. Ce jeune homme de vingt-sept ans remarquablement à l'aise, stagiaire l'été précédent à 353 dollars par semaine au ministère de la Justice de Washington, passait cette fois l'été à Los Angeles dans le cabinet juridique Manatt, Phelps, Rothenberg et Phillips, moyennant 1 000 dollars la semaine. Cet automne, il entamerait sa dernière année à la New York University Law School. Le moment n'aurait pas pu être mieux choisi.

Mais en couverture de son numéro du 12 septembre 1988, le magazine *People* décerna à John le titre d'« homme le plus sexy de la planète » (deux ans plus tôt, à la veille du mariage de Caroline, *People* l'avait surnommé le « plus beau parti de toute l'Amérique ». *US* lui accordait le même honneur en 1987). Pour Jackie, ce fut une véritable catastrophe.

L'article de *People* sur l'homme le plus sexy commençait ainsi : « Accrochez-vous, mesdames, voici le célibataire idéal. Mais d'abord, que les choses soient claires : ARRÊTEZ DE LE MATER ! C'est un garçon sérieux. Un étudiant en troisième année de droit. Très actif au sein des associations caritatives. Le descendant de la famille la plus charismatique de la politique américaine et l'héritier de son patronyme le plus célèbre. »

Plus tard, John confierait à Barbara Walters : « Franchement, on pourrait dire des tas de choses moins sympathiques sur moi que de me trouver beau gosse et sexy en maillot de bain. » Toutefois, si flatteur que fût l'article de *People*, il désamorça irrémédiablement toute éventuelle aspiration politique immédiate de John. Du jour au lendemain, il passait du dernier espoir de l'administration de John F. Kennedy à l'équivalent de sex-symbol hollywoodien pour l'élite au pouvoir.

Même ceux qui le connaissaient depuis des années concédaient que John avait un physique exceptionnel. « J'ai beau être hétérosexuel, dit son vieil ami John Perry Barlow, parfois, en le voyant assis à table en face de moi, j'étais comme abasourdi par son charme. On ne pouvait pas s'empêcher de penser "Mon Dieu, ce type est la *perfection* incarnée". »

À la suite de l'article, l'homme le plus sexy fut la cible d'impitoyables taquineries de la part de ses amis, qu'il endura avec bonne grâce. « Dis donc, John, plaisantait son copain Richard Wiese, alors comme ça, tu es l'homme le plus sexy de la planète ? Mais quelle planète ? Pas la nôtre, tout de même ! »

« Eh oui, rétorquait John. Jaloux ? » Toujours prêt à se tourner en dérision, John se rendit à une soirée d'Halloween habillé en authentique « golden boy », vêtu en tout et pour tout d'un pagne et de paillettes dorées. Lors d'une autre fête, il apparut en David de Michel-Ange, masquant sa nudité avec quelque chose qui ressemblait à une feuille de figue.

Maintenant qu'il avait fait couper en brosse ses boucles autrefois rebelles, ses amis se moquaient aussi de ses cheveux impeccables. « On l'appelait Helmet Head [1] », raconte son amie Hilary Shepard-Turner. Un jour, elle le fit appeler à l'aéroport : « On demande M. Head. M. Helmet Head. » John se présenta.

« Il était plié en quatre », raconte son amie. À dater de ce jour, il signa ses courriers à Hilary Shepard-Turner et d'autres amis proches « H. Head ».

De son côté, Jackie ne trouvait pas si amusante l'image de John en homme le plus sexy de la planète. Toute cette histoire, à son sens, n'était qu'une grossière manœuvre commerciale visant à exploiter le nom des Kennedy, et elle s'inquiétait des retombées négatives sur la carrière politique naissante de son fils.

John avait passé le reste de l'été 1988 avec Christina Haag à Venice, en Californie, où elle se produisait dans une pièce au Tiffany Theater de Los Angeles. Mais, dans le sillage de la couverture de *People*, les conjectures allaient bon train quant à la vie privée de John.

Les comparaisons avec son père étaient inévitables. Depuis que les aventures de JFK avec Marilyn Monroe, Judith Campbell Exner et les autres, avaient commencé à faire jaser vers la fin des années 1970, Jackie avait réussi à convaincre John qu'elles n'étaient que pure fiction.

Un fâcheux rappel de la liaison de JFK avec Marilyn se manifesta en la personne de Madonna Louise Ciccone. « Je suis coriace, ambitieuse, et je sais exactement ce que je veux, se plaisait-elle à dire. Si ça fait de moi une garce, tant pis. »

---

1. Le Casque (*N.d.T.*).

Déjà figure mythique de la musique pop dans le monde entier, Madonna était peut-être surtout connue à l'époque pour son personnage de « Material Girl », hommage vidéo au numéro de Marilyn dans *Diamonds Are a Girl's Best Friend*, du film de 1953, *Les hommes préfèrent les blondes*. À la suite de cela, elle fut constamment comparée à l'autre bombe sexuelle blonde.

John rencontra la « Fille Matérielle » en 1985, après un concert au Madison Square Garden ; ils eurent une brève – et secrète – aventure avant qu'elle n'épouse l'acteur Sean Penn en août de la même année. En 1988, après l'échec de son orageux mariage, Madonna décida sciemment de poursuivre de ses assiduités l'homme le plus sexy de la planète. Au-delà de ses motivations évidentes – sa voracité sexuelle défrayait la chronique – elle qualifiait de « cosmique » son désir d'avoir une liaison avec John.

Madonna avait lu toutes les biographies existantes sur Marilyn et connaissait les moindres détails de sa sulfureuse aventure avec JFK. Héritière incontestée de l'image de Marilyn, elle confiait à ses amis qu'elle se sentait destinée à consommer sa relation avec le fils unique du Président.

Quant à John, que la célébrité était tout à fait capable d'impressionner, l'idée de sortir avec Madonna, la femme la plus glamour, la plus adulée et sous tous points de vue la plus excitante de sa génération, l'éblouissait. « Ça se voyait dans ses yeux le jour où ils se sont rencontrés », raconte la danseuse Erika Belle, l'une des plus proches amies de Madonna à l'époque. « John était totalement subjugué. »

Ils décidèrent de garder leur liaison aussi clandestine que possible. Comme ils s'entraînaient tous les deux assidûment dans le même club de remise en forme, le lieu de rendez-vous était tout trouvé. Ils couraient aussi ensemble à Central Park.

Plus tard, John présenta Madonna à sa mère.

Au 1040 Cinquième Avenue, Madonna fut accueillie

quelque peu froidement par Jackie. De son côté, lorsqu'elle sortit de l'ascenseur privé de Jackie et pénétra dans le vestibule, elle signa « Mme Sean Penn » sur le registre des invités.

Un ami de John rapporte que Jackie ne goûta pas la plaisanterie. Kennedy lui avait confié qu'après avoir rencontré Madonna, sa mère avait « sauté au plafond et conseillé vivement à son fils de ne plus la voir. Elle avait l'impression que la jeune femme risquait d'exploiter le nom des Kennedy à ses propres fins publicitaires, que ce n'était qu'une vulgaire arriviste, une traînée... de plus, elle était encore mariée à Sean Penn ».

Madonna était catholique, mais cette habitude qu'elle avait de bafouer en public les rituels et symboles de l'Église perturbait Jackie. « Jackie trouvait que Madonna faisait des crucifix et autres icônes catholiques un usage outrageusement sacrilège, explique un autre ami de la famille. Jackie ne voulait pas que son fils fréquente une femme que beaucoup condamnaient comme étant hérétique. »

Les réticences de Jackie à l'égard de Madonna se résumaient peut-être à la femme que Madonna prenait pour modèle, suggère l'ami de John. « Jackie était choquée quand elle a vu dans le magazine *Life* une photo de Madonna qui ressemblait à s'y méprendre à Marilyn. »

Si Madonna n'avait pas acquis sa renommée en chevauchant une onde de choc, Jackie l'aurait probablement jugée moins durement. Cette apôtre de l'ambition était cultivée, s'exprimait bien et connaissait beaucoup de choses en matière de mode, de danse et d'art. C'était également une femme d'affaires extraordinaire. D'après *Forbes*, dont elle fit la couverture, à l'époque où elle poursuivait John de ses assiduités, elle valait aux alentours de 39 millions de dollars.

John et Madonna réussirent à cacher leur liaison à la presse new-yorkaise, allant jusqu'à se rendre à des soirées et des spectacles chacun de son côté pour ne se retrouver qu'ensuite. Ils baissèrent la garde à Cape Cod où, emmitouflés dans des pulls et des blousons, on les vit courir ensemble sur la plage près de la propriété des Kennedy à Hyannis Port.

Sean Penn n'avait pas oublié ce qui s'était passé entre sa femme et JFK Jr. Après un hommage à Robert De Niro à l'American Museum of the Moving Image de New York, John rejoignit Penn, Liza Minnelli, Jeremy Irons, Matt Dillon et d'autres célébrités à une soirée donnée en l'honneur de De Niro au Tribeca Grill.

John aperçut l'ex M. Madonna en train de parler avec un ami. Il alla le voir, lui tendit la main et se présenta. « Je sais qui vous êtes, lui répondit Penn d'un ton glacial. Vous me devez des excuses. » John ne répliqua rien et s'éloigna. Apparemment, Penn n'avait pas encore digéré ce que l'on avait raconté sur John et Madonna du temps où elle était mariée avec lui. Le lendemain matin, John reçut une couronne mortuaire de roses blanches avec un ruban noir et or portant l'inscription MA SINCÈRE COMPASSION. Sur la carte, on pouvait lire « Johnny, j'ai appris ce qui s'est passé hier soir. » C'était signé « m ».

L'incident entre JFK Jr et Sean Penn coïncida avec la sortie d'un nouveau numéro de *Vanity Fair* affichant Madonna en couverture. Là encore, elle faisait surgir le spectre de la légendaire maîtresse de Jack. Pour illustrer un article intitulé « The Misfit » (film dont le titre français était *Les Désaxés*, on voyait deux photographies de Madonna posant nue, dans le cadre d'un portfolio de pin-up intitulé « Hommage à Norma Jean ».

À peine Sean Penn lui reprochait-il son aventure avec Madonna que John s'intéressait à une autre star blonde éblouissante, plus connue, celle-là, pour ses performances à l'écran que pour ses excentricités personnelles. John et Daryl Hannah s'étaient en fait rencontrés à dix-huit ans alors qu'ils étaient tous deux en vacances avec leur famille à La Samanna, à Saint-Martin. À l'époque, bien qu'accompagné de sa petite amie Christina Haag,

John avait été vivement impressionné par Daryl. Belle-fille du financier milliardaire de Chicago Jerry Wexler (dont le frère était le célèbre réalisateur hollywoodien Haskell Wexler), Daryl Hannah ne sortait jamais sans son ours en peluche.

Lorsqu'ils se revirent au mariage de tante Lee Radzwill avec le réalisateur Herb Ross en septembre 1988, Daryl était déjà une star grâce à des films comme *Splash*, *Wall Street*, *Roxanne* et *Potins de Femmes*, de Ross. Elle vivait avec le musicien rock Jackson Browne, et John avait renoué avec la belle-fille potentielle préférée de Jackie, Christina Haag (Jackie et Christina restèrent si proches que Jackie alla lui rendre une visite de condoléances à la mort de son père en 1992).

Mais en ce mois d'octobre, JFK Jr et Daryl furent aperçus dînant dans un restaurant de West Village, puis en train de jouer au billard dans un bar de Tribeca appelé S.T.P. Et si Christina Haag s'affichait, rayonnante, aux côtés de Jackie et de Caroline à la cérémonie de remise des diplômes de la New York University Law School de John en mai 1989, une semaine plus tard, c'est Daryl qui partait en croisière avec lui sur le Smith Mountain Lake, en Virginie, à bord d'un yacht de quatorze mètres de long.

Toutefois, Daryl n'était pas encore prête à quitter définitivement Browne. « Elle jouait sur les deux tableaux », raconte l'ancienne assistante de Daryl, Nathalie Crosse. « Elle savait que John voyait d'autres filles et, tant qu'elle ne serait pas la seule femme de sa vie, elle n'avait pas l'intention de se séparer de Jackson. »

L'affaire Kennedy-Hannah connut un premier dénouement en juillet 1989, quand Daryl choisit enfin de revenir vers Browne, une semaine seulement avant que John ne se présente à l'examen du Barreau, difficile épreuve de douze heures d'affilée. John échoua – de même que 2 187 autres candidats – en partie, d'après Caroline, parce que le départ brutal de Daryl avait

« brisé le cœur » de son frère. John n'allégua aucune excuse. « Il faut que je me fasse une raison, dit-il, et que je mette le paquet la prochaine fois pour ne pas avoir à tout recommencer. »

Cet échec n'empêcha pas John d'intégrer les services du district attorney de Manhattan Robert Morgenthau en tant qu'un des soixante-quatre procureurs assistants débutants. Il serait rémunéré 30 000 dollars par an pour interroger les accusés, effectuer des recherches juridiques et, une fois son certificat en poche, plaider au tribunal dans de petites affaires.

Cependant, avant de commencer, il lui restait à régler quelques petits problèmes juridiques personnels. À peine cinq jours après avoir prêté serment en tant qu'assistant du district attorney, John dépêcha son avocat dans un tribunal du Queen pour régulariser plusieurs infractions au code de la route en souffrance, allant de l'excès de vitesse à la conduite d'un véhicule non immatriculé. Il dut aussi s'acquitter de 2 300 dollars d'amendes négligées depuis des années.

Dans un costume Versace de coupe impeccable, John enfourchait son vélo devant son appartement de l'Upper West Side et traversait un Manhattan encombré jusqu'au cabinet du DA, à Hogan Place. Le premier jour où il se présenta, plus de cent journalistes étaient là pour l'accueillir. À l'intérieur, cela ne valait guère mieux. Dans l'ascenseur, des policiers en uniforme lui demandaient des autographes. Un clerc se vit offrir 10 000 dollars par un journal à sensation pour prendre une photo de lui à son bureau. Contrairement à ses semblables, il lui fallut une secrétaire personnelle. Jill Konviser, dont le bureau jouxtait le sien, se rappelle : « Il recevait des lettres d'amour, des invitations à des soirées, des tas de photos de filles nues. Tous les autres crétins se les disputaient, à l'étage. »

En tant que débutant, John fut affecté aux plaintes, où les procureurs rencontrent les accusés deux fois par semaine. « Il est 3 heures du matin, vous n'avez pas dîné et vous êtes éreinté, raconte Jill Konviser. Un cauchemar... c'est dégoûtant, répugnant de crasse... Et ça pue, les gens vous crient dessus. Nous nous plaignions *tous*. Lui, jamais. »

« Au quotidien, il était simplement l'un des nôtres, rapporte un autre collègue, Owen Carragher. Sauf qu'il avait des petites amies plus canon. »

John se présenta à l'examen du Barreau pour la deuxième fois en février 1990. Nouvel échec. Cette fois, l'incident déclencha une véritable frénésie parmi les médias. THE HUNK FLUNKS (« le beau gosse sèche ») s'étalait en gros titre du *New York's Post* quand les résultats furent connus le 30 avril. « Je suis très déçu, bien sûr », avoua-t-il à la meute de reporters qui l'attendaient devant le cabinet du district attorney. « Mais vous savez, si Dieu le veut bien, je compte me présenter de nouveau en juillet et cette fois, je serai reçu. Sinon je me présenterai encore à la session suivante, ou quand j'aurai quatre-vingt-quinze ans. À l'évidence, je ne suis pas un grand génie du droit. » Il souligna qu'il lui manquait onze points pour atteindre la barre requise de 660, en ajoutant : « Il s'en fallait de peu, mais pour être avocat, on ne peut pas se contenter d'à peu près. »

Son entourage le soutint. « Il n'est pas rare qu'on rate le certificat une ou deux fois », confia Michael Cherkasky, son supérieur hiérarchique dans les services du DA. « John a fait ses études à la New York University Law School, une fac de droit d'État qui ne vise pas uniquement à vous préparer au certificat de tel ou tel État comme le font d'autres écoles de droit. Il était très intelligent, très consciencieux, c'était un bon avocat. »

John Perry Barlow figurait parmi ceux qui trouvaient que monter en épingle l'échec de John relevait du « mythe ». John était extrêmement intelligent. Il se dispersait un peu mais c'était quelqu'un de *très brillant*. Je ne pense pas que les gens le savaient. Ceux qui le rencontraient étaient généralement surpris par sa dignité et sa gentillesse discrète. »

Il reçut même quelques messages d'encouragement : « J'ai raté le certificat, moi aussi, lui écrivit l'ancien maire de New York, Ed Koch. Ça ne m'a pas empêché d'avancer, et ça ne vous en empêchera pas non plus. » Malgré cela, raconte un des amis de John, « il était choqué et peiné » non seulement d'avoir échoué, mais de se faire éreinter par la presse.

Jackie l'était également. En public, elle prétendit ne pas accorder d'importance à la nouvelle mais en privé, elle laissa échapper sa colère. « Comparé à sa sœur, John était plus expansif, rapporte un ami. De ce point de vue, la personnalité de John, plutôt déroutant et imprévisible, séduisait davantage Jackie. »

Caroline, elle, avait réussi son examen du premier coup et commençait à écrire un livre avec sa camarade d'école Ellen Alderman, en plus d'être mère à part entière. Caroline donna naissance à son deuxième enfant, Tatiana Celia Kennedy Schlossberg, le 5 mai 1990. (Sa première fille, Rose, du nom de la grand-mère Kennedy, était née le 25 juin 1988.)

Moins d'un an après la naissance de Tatiana, l'éditeur William Morrow and Company célébra le bicentenaire de la Constitution des États-Unis en publiant *In Our Defense : The Bill of Rights in Action*, co-écrit par Ellen Alderman et Caroline Kennedy. L'ouvrage fut favorablement accueilli par la critique et, en grande partie grâce à l'impact du nom des Kennedy (Caroline n'y accola pas « Schlossberg »), devint un best-seller du *New York Times*.

Si John ratait le certificat une troisième fois, non seulement le fils de JFK serait définitivement catalogué comme un intellectuel médiocre, mais il devrait renoncer à son emploi chez le DA. Cette fois, cédant aux instances de sa mère, John engagea un professeur particulier à 1 075 dollars pour l'aider à se préparer.

Pour un étudiant qui passa l'examen en même temps que lui, il ne fait aucun doute que la source même d'énergie nerveuse qui poussait John à soulever des haltères tous les jours dans l'un des trois gymnases privés qu'il fréquentait nuisait à sa concentration. « Ce qui m'a vraiment frappé, c'est qu'il ne tenait pas en place », déclare un avocat d'entreprise ayant suivi des cours de révision en même temps que John. « Il était incapable de rester assis plus de dix minutes d'affilée. Dans la classe, il y avait une porte qui donnait sur une petite terrasse et tous les jours, il se levait et allait ouvrir la porte trois ou quatre fois, comme ça, sans raison. »

En effet, cet été-là, les distractions étaient légion. À commencer par le dîner à 1 000 dollars l'assiette en faveur de la Fondation Kennedy qui eut lieu le 1er juin à la bibliothèque JFK, suivi du mariage de sa cousine Kerry Kennedy avec Andrew Cuomo, le fils du gouverneur de New York Mario Cuomo, à la cathédrale St. Matthew de Washington. C'est au mariage Kennedy-Cuomo qu'une fois de plus, John constata à quel point certains de ses cousins pouvaient manquer d'égards.

Près de l'autel principal de la cathédrale, dans l'allée centrale, une plaque en marbre indique l'endroit où l'on a placé le cercueil de JFK lors de ses obsèques. Pour ménager John et Caroline, la jeune mariée avait eu la gentillesse de placer un tapis oriental rond à cet endroit.

Les autres cousins Kennedy n'étaient pas tous aussi prévenants. « Hé, John ! cria l'un d'eux. Viens voir, on voudrait te montrer quelque chose ! »

John s'avança. C'est alors que le cousin en question écarta le tapis, révélant la plaque commémorant l'enterrement de son père.

« Regarde, John ! s'exclama le cousin en riant. Qu'est-ce que tu dis de ça ? »

John recula avec répugnance tandis que d'autres cousins ricanaient en disant que John le recalé « ne [savait] même pas où ont eu lieu les obsèques de son père ».

« Remets-le ! ordonna un autre placeur, James Hairston. Remets ce tapis ! ».

Mais le mal était fait. « John était horrifié, commente un témoin oculaire. C'était bête et méchant. »

Ces vexations oubliées, John se joignit à ses cousins lors de la messe de célébration du centenaire de Rose Kennedy le 22 juillet 1990. Deux jours plus tard, John se présenta au certificat pour la troisième fois. Avec succès. « Je suis immensément soulagé, déclara-t-il en apprenant les résultats, des mois plus tard. C'est une bien agréable nouvelle. »

Le lendemain, un ami de la famille, Ted Van Dyk, lui téléphona au cabinet du district attorney. « Te plais-tu, là-bas ? » demanda-t-il.

« C'est l'enfer, répondit John en toute franchise. Je compte n'y rester que quelque temps pour faire plaisir à ma famille, mais ensuite, je passerai à autre chose. »

Pourtant, John voyait aussi du bon à cet emploi, et il finit par y consacrer quatre ans de sa vie. « Quand on travaille dans les services du procureur, on représente la justice, et c'est cela qui lui plaisait, explique Michael Cherkasky. On arrête les méchants, des gens qui ont escroqué des veuves en s'appropriant leurs économies de toute une vie, ou qui ont vendu de la drogue à des écoliers. Ce que voulait John par-dessus tout, c'était aider autrui, et finalement, ces années auprès du district attorney se sont révélées une formidable expérience. »

John remporta les six affaires qu'il plaida au tribunal. « Il était fait pour la compétition, déclare Cherkasky, or un procès est un face-à-face sportif, ni plus ni moins. » Détail étonnant, Kennedy s'attira même le respect de certaines des personnes qu'il envoya derrière les barreaux. « Son boulot, c'était de me mettre en prison, mais je l'aimais bien, ce type », déclare Venard Garvin, qui fut condamné à six ans d'emprisonnement pour détention de drogue. « Pendant la suspension de séance, nous avons parlé. Je me souviens de lui avoir dit : "C'est le boulot, ce n'est pas vous." Il avait beau être DA, il n'avait pas l'instinct de prédateur. »

Cet été 1990, Daryl Hannah, dont les relations avec le versatile Jackson Browne étaient de plus en plus chaotiques, eut un rendez-vous galant avec John dans un hôtel de Boston. Dans le courant des deux années suivantes, ils se rencontreraient ainsi furtivement à plusieurs reprises, tout en niant publiquement qu'il y ait quelque chose entre eux.

En attendant, Christina Haag faisait partie de ceux qui portèrent un toast à John lors de la somptueuse soirée organisée par Jackie pour son trentième anniversaire à la Tower Gallery de Manhattan. Si la chose était restée discrète jusqu'alors, elle fut cruellement flagrante en cette occasion : au bout de cinq ans, c'était officiellement fini entre eux mais ils resteraient bons amis... comme toujours entre John et ses anciennes conquêtes.

John à ce moment-là était installé dans un loft du quartier de TriBeCa et Daryl Hannah avait acheté un spacieux appartement dans l'Upper West Side. Mais la maison de Santa Monica, où elle vivait avec Jackson Browne, restait la résidence principale de la belle actrice.

Tandis que Daryl oscillait entre la star du rock et le fils du Président, le jeune Kennedy s'en donnait à cœur joie. Il afficha un penchant pour les mannequins élancées et, début 1992, il commença à fréquenter Julie Baker, un modèle de l'agence Wilhelmina. Des yeux de biche, une voix de velours, la brune « Jules » ressemblait étrangement à Jackie. S'ils restèrent proches jusqu'à la fin de ses jours, cela n'empêcha pas John de sortir avec Audra Aviznienis, de l'agence Clic, ainsi qu'avec Ashley Richardson, la mannequin de un mètre quatre-vingt-deux qui faisait la couverture de *Sports Illustrated* en maillot de bain. « S'il est sexy ? Oh, oui, affirma-t-elle. Il dégage une sorte de douce mélancolie. Il y a en lui quelque chose de pensif et de triste. »

Il fréquenta également la metteuse en scène Toni Kotite et l'actrice Sarah Jessica Parker. « Son corps est magnifique », déclarait cette dernière, mais elle ajoutait qu'elle ne pouvait supporter d'être éclipsée par lui. « C'est indécent, ce que tu as, plaisantait-elle. C'est amoral. Et quelle injustice, pour une femme, de poser à côté de toi ! »

Une femme qui n'avait aucun complexe à poser à côté de John fut la bombe sexuelle blonde brésilienne appelée Xuxa (prononcer « Shou-sha »), l'une des plus grandes stars de la télévision dans toute l'Amérique du Sud, dont on disait qu'elle valait 200 millions de dollars. Elle s'intéressa de très près à John et, lorsqu'il l'emmena déjeuner et se promener dans son quartier de TriBeCa, une caméra de la télévision se trouva comme par hasard avoir enregistré tout l'épisode.

En dépit de ce défilé quasi ininterrompu, John gardait toujours un faible pour Daryl Hannah. Lors du tournage de *En liberté dans les champs du Seigneur* dans la forêt tropicale amazonienne, elle fut hospitalisée, clouée par une fièvre mystérieuse. Elle délira pendant plusieurs jours et, quand elle revint à elle, sa chambre était remplie de mille roses American Beauty, accompagnées d'un tendre message d'un John inquiet.

John se tourmentait aussi pour l'avenir de William Kennedy Smith, son cousin le plus proche. La loyauté familiale fut mise à l'épreuve une fois de plus quand Willie, le fils de Jean Kennedy Smith, étudiant en quatrième année de médecine à Georgetown University, fut accusé d'avoir violé Patricia Bowman, vingt-neuf ans, sur la pelouse de la propriété des Kennedy à Palm Beach. L'incident, qui se produisit à l'aube du 30 mars 1991, avait suivi une nuit de débauche et d'ivresse avec oncle Ted et son fils Patrick, dans un lieu à la mode de Palm Beach appelé Au Bar.

Par loyauté envers Jean, qui avait toujours été celle des sœurs Kennedy dont elle était la plus proche, Jackie emmena ses enfants jouer au football avec tous les cousins Kennedy, William inclus, lors du pique-nique annuel de la fête du travail à Cape Cod. La traditionnelle photo de famille fournit l'occasion de prouver que les Kennedy se serraient les coudes.

En décembre de la même année, le reste de la famille (Eunice et Sargent Shriver, Ethel, Pat et leurs nichées respectives) présentèrent un front uni en apparaissant au procès de Willie et en affirmant leur inébranlable conviction de son innocence à tous les journalistes qui voulaient bien les entendre.

Tandis que Caroline, suivant l'exemple de sa mère, résistait à la pression familiale et refusait de se montrer, John céda aux prières incessantes de ses cousins et passa quatre jours au tribunal. On le vit aussi en train de déjeuner avec les avocats de haut vol qui défendaient Willie. Aux journalistes qui lui demandaient pourquoi il avait risqué d'entacher sa réputation en prenant le parti de Smith, John répondit : « Il m'a rendu service dans le passé et j'étais heureux de pouvoir faire quelque chose pour lui. Willie est mon cousin. Le moins que je puisse faire, c'était d'être à ses côtés en ces moments difficiles. » Smith fut acquitté.

C'est à peu près à la même époque que sortit le film controversé d'Oliver Stone, *JFK*. Refusant de le visionner ou de commenter publiquement ses spéculations concernant l'assassinat de son père, John fut affecté par l'hystérie des médias qui l'accompagna. On comprend que la mort violente de son père, devenu LE sujet de conversation dans tout le pays, fût restée pour lui douloureuse. « Je vais peut-être devoir tout simplement quitter la ville », confia-t-il à un journaliste de *Time*.

En février 1992, Daryl Hannah vint à New York pour la promotion de son nouveau film, *Les Aventures d'un homme invisible*. Le 13 février, on les vit, John et elle, dans la rue devant chez lui. Leur querelle, qui fut filmée, présageait d'un conflit similaire qui ferait surface quatre ans plus tard entre JFK Jr et sa fiancée Carolyn Bessette.

Cette fois, John répétait sans cesse la même question : « Pourquoi es-tu revenue, Daryl ? criait-il. Pourquoi es-tu revenue ? »

Daryl bafouilla et le supplia de comprendre, mais finalement, elle lui annonça : « John, je voudrais construire quelque chose de durable avec Jackson. Je ne peux plus te voir... ».

Le lendemain, jour de la Saint-Valentin, l'émission *A Current Affair*, qui relate les faits et gestes de toutes sortes de célébrités, passa le reportage du rendez-vous de John avec Xuxa. Bien qu'elle affirmât ne pas avoir su qu'une équipe de télévision les filmait, John, convaincu que c'était un coup monté publicitaire, en fut furieux.

Parallèlement à toutes les liaisons qu'on lui prêtait, à tort ou à raison, avec de ravissantes créatures, John se tournait également vers des femmes de l'âge de sa mère, ou plus mûres encore, en quête de réconfort et de conseils. Si sa mère était un personnage « glamour » et imposant (la « reine Jackie » comme l'appelait son demi-frère Jamie Auchincloss), John avait en fait été élevé par des femmes plus chaleureuses, comme Maud Shaw et Marta Sgubin.

Au fil des années, John se lia toujours d'amitié avec des serveuses, des domestiques, des secrétaires et les mères de ses amis, sexagénaires ou septuagénaires. Alors qu'il travaillait pour le DA, il devint très proche de la femme de ménage, Carolyn Neal. « Quand il arrivait le matin, se rappelle-t-elle, il gardait ses rollers aux pieds même dans le couloir jusqu'à son bureau. Je lui disais de les retirer parce que cela laissait des traces. » Très vite, il en vint à lui offrir des bonbons à la Saint-Valentin et à lui ouvrir son cœur.

En octobre 1991, John, qui aimait beaucoup le blues, se rendit en secret au festival d'Helena, dans l'Arkansas. Il descendit au Riverside, un authentique « blues hotel » situé à Clarksdale, dans le Mississippi. C'est au Riverside que Bessie Smith mourut en 1937. Là, il sympathisa avec Mme Z.L. Hill, la propriétaire, âgée de quatre-vingt-trois ans. « John voulait que personne ne soit au courant de sa présence », raconte son fils Frank “Rat” Ratcliff. « *Personne*. J'ai un peu honte, mais je lui ai parlé tous les jours pendant quatre jours avant de réaliser qui il était. John était tellement simple. Il ne prenait jamais de grands airs ni rien de ce genre, il s'asseyait dans le hall et bavardait avec des gens pendant des heures. Il connaissait plein de choses sur le blues, mais il voulait en apprendre encore plus. Pour nous, c'était John, tout simplement. »

Mais la mère de Rat savait depuis le début qui il était. « John résidait dans l'un des bungalows de l'hôtel, et tous les soirs, il venait frapper à la porte de la chambre de ma mère. Et il restait là, assis au bord de son lit, à papoter avec elle jusqu'à l'aube. Ils parlaient du blues, de la vie. »

John appelait la femme afro-américaine « Mère ». Ce sentiment était réciproque. Très vite, John prit l'habitude d'apporter à Mme Hill son petit déjeuner. Un matin, alors que Rat demandait s'il pouvait lui apporter quelque chose à manger, elle lui répondit : « Ne t'inquiète pas, mon fils s'en occupe. » C'était ainsi qu'elle considérait John, comme son fils.

« Ce qui est drôle, c'est que John avait amené une jeune femme avec lui. Je ne l'ai jamais vue. Il la laissait toute seule dans la chambre et lui, il restait debout toute la nuit à philosopher avec Mère Hill. »

Cet été-là, après s'être consciencieusement allié à Caroline pour promouvoir le portrait de John F. Kennedy dans l'émission d'ABC *Primetime Live*, « Courage Awards », John s'échappa de nouveau dans la nature. Cette fois, il partit faire du canoë-kayak avec des amis dans l'archipel d'Aland, entre la Suède et la Finlande. Lorsqu'un de ses amis chavira, John vola à son secours comme lors de l'épisode du PT-109 de JFK dans le Pacifique Sud. Les jambes de l'accidenté étaient tellement engourdies qu'il ne pouvait plus marcher. C'est John qui le porta jusqu'à la rive et l'enveloppa dans un sac de couchage.

John fut payé 600 dollars pour raconter l'expédition dans la rubrique « Voyager » du *New York Times*. Dans son article, intitulé « Quatre personnages en quête de danger raisonnable », John disserta avec lyrisme sur « l'extravagance d'un ciel où l'aube, le crépuscule et l'apparition de la lune pouvaient se produire presque simultanément ».

Même parmi ses amis proches, les opinions divergent radicalement quant à la capacité de John de réagir face au danger – fût-il raisonnable. L'expert dans la pratique du kayak Ralph Diaz, qui connaissait John, déclara que son ami « faisait preuve d'une attitude excessivement désinvolte » vis-à-vis de ce sport. En regardant John sortir en kayak sur l'Hudson un samedi sans gilet de sauvetage ni aucun dispositif de sécurité, Diaz songea : « Un de ces jours, il va lui arriver des bricoles. »

En septembre 1992, Daryl Hannah annonça à Jackson Browne qu'elle le quittait pour John. Une dispute s'ensuivit et l'actrice dut être emmenée d'urgence à l'hôpital. John accourut à son chevet, la ramena à New York et la soigna jusqu'à ce qu'elle se rétablisse.

Les producteurs de la série télévisée *Seinfeld* se souciaient peu que John eût, momentanément du moins, apparemment disparu de la circulation. L'épisode du 26 octobre montrait Elaine (Julia Louis-Dreyfus) poursuivant effrontément un John invisible... qui de son côté préférait déflorer une vierge incarnée par Jane Leeves, actrice jouant dans la série *Frasier*. Fan de *Seinfeld*, John rata la diffusion mais la regarda le lendemain en vidéo après que ses amis l'eurent submergé de coups de téléphone.

Deux mois plus tard, Daryl s'épanchait de nouveau sur l'épaule de John, cette fois à la mort de son beau-père, Jerry Wexler, le 7 novembre. Quinze jours après, ils prenaient tous les deux l'avion pour Chicago, pour rendre au Drake Hotel un hommage à Wexler, auquel participaient quantité de célébrités. Avec ses chaussettes montantes et ses lunettes, des cheveux châtains ternes, Daryl avait « l'air d'avoir quatorze ans », déclare son amie Sugar Rautbord. Pendant toute la cérémonie, durant laquelle un groupe de gospel chanta une version éraillée du tube de Mary Wells, *My Guy*, pour célébrer un Wexler haut en couleur, John se comporta, rapporta un observateur, comme s'il était « M. Daryl Hannah, un membre de la famille et, croyez-moi, ils étaient heureux de l'avoir à leurs côtés ».

Jackie ne connaîtrait jamais d'autre femme sérieuse dans la vie de John. Il emménagea dans l'appartement de Daryl, dans le West Side et, jusqu'en août 1994, ils s'affichèrent en couple. D'innombrables articles de magazines et de journaux rapportèrent leur idylle.

On les photographia en train de s'embrasser sur un perron, à Central Park, contre une voiture en stationnement, dans un train Amtrak à destination de Providence, pour une réunion d'anciens de Brown (la promotion de John dix ans plus tard) ; on les vit encore faisant du roller sur la Cinquième Avenue, à Los Angeles sur le plateau de tournage du film HBO *Attaque de la femme de cinquante pieds*, et en vacances à peu près partout de la Suisse à Hong Kong en passant par le Viet-nâm et les Philippines.

« C'EST L'AMOUR » claironnait la couverture du magazine *People*, qui les proclamait comme étant « de la même espèce. JFK Jr et Daryl Hannah ont la renommée, la fortune, un physique de rêve, et... l'un l'autre ». Rien de plus typique que l'anecdote rapportée par une New-Yorkaise qui, en regardant par la fenêtre, vit un John torse nu d'un mètre quatre-vingt-cinq et une Daryl en lingerie d'un mètre soixante-dix huit danser au ralenti sur une terrasse.

Alors que John faisait tout pour s'intégrer à la famille de Daryl à Chicago, la jeune femme se glissait dans la vie de John à New York. Avant la naissance du troisième enfant de Caroline, John Bouvier Kennedy

Schlossberg, le 19 janvier 1993, John était déjà un oncle gâteau. Daryl l'accompagnait à présent lorsqu'il se joignait à Caroline et aux enfants le week-end à Central Park, ou quand Jackie emmenait ses petits-enfants manger des glaces à la chantilly chez Serendipity, sur la Troisième Avenue.

Pour Daryl, se faire accepter par la famille de John était un peu plus aléatoire.

Le jour du Memorial Day de 1993, alors que sa mère était en vacances avec Maurice en Provence, John et Daryl donnèrent une soirée pour leurs amis à Red Gate Farm, la propriété de Jackie à Martha's Vineyard. Ils laissèrent une pagaille épouvantable. Ce n'était pas la première fois. Quand sa mère s'absentait, John invitait toute une bande de copains à boire de la bière et, apparemment, fumer des joints.

Marta Sgubin, l'ancienne gouvernante de John qui était restée dans la famille comme cuisinière de Jackie et majordome, avait déjà fait la leçon à John. « Vous devriez montrer plus de respect envers la maison de votre mère ! » lui avait-elle reproché. Avec une mine repentie très convaincante, John avait promis que cela ne se reproduirait plus. Et pourtant...

Lorsque Marion Ronan, femme de chambre à Red Gate Farm, entra dans la maison, elle fut horrifiée. « C'était à peine croyable, raconta-t-elle au journaliste David Duffy. Dans toute la maison, étaient éparpillées des serviettes mouillées, des bouteilles vides de champagne, de bière et de vin. Les tapis étaient tachés, des assiettes encore à moitié pleines traînaient dans toutes les chambres, on avait même projeté de la nourriture sur les murs. » Marion Ronan affirma avoir également trouvé des joints à moitié fumés dans les chambres et les salles de bains. Furieuse, Jackie exila définitivement John dans la maison réservée aux amis qu'il partageait avec Daryl, « the Barn ».

Après avoir travaillé quatre ans chez le district attorney, John quitta son emploi à 41 500 dollars par an en juillet 1993. Pour fêter ses adieux, il invita six de ses collègues dans un gril de New York, le *Old Homestead*, et commanda pour 100 dollars des steaks les plus tendres pour chacun de ses amis. Daryl, la jeune femme libre d'esprit, rejoignit les procureurs impressionnés au moment des liqueurs et des cigares.

« Daryl était très attachée à lui, raconte son amie Sugar Rautbord. Elle ne rêvait que de l'épouser. » Lorsqu'elle acheta une robe de mariée ancienne au marché aux puces Rose Bowl à Pasadena, les rumeurs allèrent bon train quant à l'imminence d'un mariage. En effet, le couple se procura un certificat de publication des bans fin juillet 1993, mais le projet de mariage à Santa Monica n'aboutit pas. Quelques mois plus tard, leurs amis furent prévenus quarante-huit heures à l'avance d'une célébration nuptiale top-secret à Martha's Vineyard, mais au bout de quelques heures on leur annonça que la noce était annulée.

La famille de John ne constituait pas le moindre des soucis de Daryl. Jackie l'aimait beaucoup, et appréciait certainement le fait que la famille de Daryl eût de l'argent – largement plus que les cent millions de dollars de biens que Jackie était parvenue à thésauriser grâce aux conseils de Maurice Tempelsman. Daryl racontait à ses amis que Jackie était très chaleureuse et l'avait soutenue en apprenant qu'elle avait été battue par Jackson Browne. Mais Jackie fit aussi clairement comprendre à John qu'une vedette de cinéma, en particulier blonde et sexy, ne constituait pas un choix approprié pour le fils unique de John Fitzgerald Kennedy. D'après Ed Klein, « elle avait le sentiment que Daryl n'était pas d'une grande stabilité pour John ».

« Il y avait beaucoup de tensions entre John et Jackie, observa un ami. Quelque chose en lui le poussait à résister à toute autorité. Il aimait jouer avec le feu et avait un tempérament explosif. Les portes claquaient, parfois. »

Si John espérait un meilleur accueil de la part de sa sœur Caroline, qu'il traitait désormais affectueusement de « vieille dame mariée », il se trompait. Généralement peu encline à se mêler de ce qui ne la regardait pas, Caroline ne se fit pas prier quand John lui demanda franchement ce qu'elle pensait d'un mariage avec la célèbre star farfelue. « Kiddo, dit-elle en employant le surnom dont elle affublait son petit frère, elle est sympa... mais ce n'est pas la femme de ta vie. »

Jackie et Caroline enfoncèrent le clou lorsque, après avoir appris que Daryl accompagnerait John au mariage de Ted Kennedy Jr à Block Island en octobre 1993, elles annulèrent brusquement leur projet de s'y rendre. Sans Jackie ni Caroline pour distraire au moins en partie l'attention des paparazzi, ce fut un John renfrogné qui attrapa Daryl par la main et la traîna littéralement dans l'église.

La cote de Daryl subit un nouveau revers lorsque des publicités commencèrent à paraître dans les journaux et les magazines pour *L'attaque de la femme de cinquante pieds*, montrant la star en virago plus que légèrement vêtue. Jackie en souffrit. Quand vint l'automne 1993, Jackie évitait presque ouvertement la petite amie de John. Lorsqu'ils allaient la voir au 1040 Cinquième Avenue, Jackie prenait ses repas seule sur un plateau dans sa chambre tandis que John et Daryl dînaient dans la salle à manger.

Le 22 novembre 1993, lors du trentième anniversaire de l'assassinat de JFK, John et Caroline gardèrent un profil bas. Jackie, elle, passa la journée à cheval à faire du saut d'obstacles au Piedmont Hunt Club en Virginie. Soudain, le cheval qui la précédait fit tomber quelques pierres d'une barrière. Le hongre de Jackie, Clown, sauta l'obstacle mais trébucha sur les pierres et éjecta sa cavalière sur le sol boueux.

Jackie resta inconsciente pendant trente alarmantes minutes et fut transportée d'urgence à l'hôpital le plus proche. Les médecins lui découvrirent un hématome abdominal, peut-être une légère blessure infectée. On lui administra des antibiotiques et l'hématome se résorba.

Pendant les vacances de Noël, Jackie et Maurice étaient aux Antilles à bord du *Relemar* lorsqu'elle tomba malade. Elle fut rapatriée d'urgence au New York Hospital, Cornell Medical Center. Une biopsie des ganglions lymphatiques révéla qu'elle souffrait d'une forme particulièrement agressive de lymphome non hodgkinien. Pour avoir une chance de s'en sortir, elle devrait commencer une chimiothérapie immédiatement.

Jackie fit venir John et Caroline au 1040 Cinquième Avenue et dans son salon, Maurice lui tenant la main, elle leur annonça la triste nouvelle. Pétrifiés, John et Caroline étreignirent leur mère, et ils fondirent en larmes tous les trois.

Quelques instants plus tard, Jackie reprenait son calme ; elle était déterminée à rester optimiste envers et contre tout. Elle plaisantait avec Arthur Schlesinger Jr en traitant sa maladie d'« une sorte d'insolence arrogante ». Elle avait toujours été, dit Jackie en feignant l'indignation, « fière d'être en si bonne forme. Je nage, je cours, je fais des tours de réservoir... et voilà que soudain... Je me demande pourquoi j'ai pris la peine de faire tous ces abdominaux. »

De connivence avec Maurice, John et Caroline firent tout afin de tenir secret le combat pour la vie de Jackie. Mais il devint bientôt évident que cela ne serait plus possible. Les effets secondaires de la chimiothérapie – ballonnements, nausées, marbrures sur la peau et chute de cheveux – ne pourraient pas rester longtemps cachés sous des manteaux amples, des perruques et des écharpes. Le 11 février 1994, Nancy Tuckerman confirma au *New York Times* que Jackie suivait un traitement pour un lymphome non-Hodgkinien et ajouta : « Le pronostic est excellent... »

L'anxiété que nourrissait John pour l'état de santé de sa mère eut raison de sa relation déjà instable avec

Daryl. L'apparition d'une rivale n'y fut pas étrangère non plus. John rencontra Carolyn Bessette alors qu'il courait à Central Park en automne 1993. Vendeuse officielle des stars chez Calvin Klein, Carolyn Bessette, alors âgée de vingt-sept ans, habillait des femmes comme Diane Sawyer ou Annette Bening. Tout naturellement, John se rendit chez Calvin Klein et demanda quelqu'un pour l'aider à choisir un costume. Il en ressortit avec trois costumes, plusieurs chemises et des cravates... ainsi que le numéro de téléphone de Carolyn.

Svelte (un mètre quatre-vingts pour soixante et un kilos), blonde et d'une beauté éthérée, Carolyn Bessette ressemblait étonnamment à Daryl. Mais beaucoup de choses les distinguaient. Daryl Hannah, qui à la ville préférait le look grunge négligé très en vogue à l'époque, partageait également le laisser-aller de John vis-à-vis de son environnement. Leur appartement était jonché de vêtements et, d'après un ami, « ressemblait à peu près à un dortoir ». Daryl avait aussi un côté fantasque charmant à la manière d'Annie Hall ; elle était fragile, presque sans ressources.

Carolyn Bessette, en revanche, impressionna John par son intelligence, son assurance, son chic et sa maîtrise d'elle-même. « Je crois, dit Jamie Auchincloss, qu'elle lui rappelait peut-être un peu sa mère. »

Cette année-là, en novembre, on aperçut John et Carolyn main dans la main et serrés l'un contre l'autre sur un banc à Central Park. Quelques jours plus tard, ils s'asseyaient sur le trottoir avec des milliers d'autres spectateurs pour regarder passer les participants du marathon de New York. Des photos de John et de sa ravissante nouvelle amie s'étalèrent bientôt sur les pages des journaux dans le monde entier, et une Daryl bouleversée commença à demander des comptes.

Peu après midi, le 13 janvier, le couple marchait dans une rue à quelques pâtés de maisons de chez Jackie quand soudain, John, sans se soucier des passants, eut un coup de sang.

« Décide-toi ! cria-t-il à Daryl, qui pleurait. Où veux-tu aller ? » John portait un paquet pour sa mère et Daryl un sac de l'épicerie fine de Madison Avenue, E.A.T.

Daryl dit quelque chose, doucement, mais John l'interrompit en agitant les bras et en criant : « Alors, que veux-tu que je fasse ? » Du pouce, il lui fit signe de partir, puis il s'en alla en trombe vers l'appartement de sa mère.

Mais elle ne partit pas. « Elle le suivit jusque chez Jackie sans cesser de se tamponner les yeux, marchant trois pas en retrait », commenta un témoin. Ils reparurent peu après, allèrent déjeuner dans un restaurant voisin et lorsqu'ils en ressortirent, quarante minutes plus tard, « John paraissait encore plus contrarié qu'avant. Quand Daryl essayait de lui parler, il s'éloignait constamment d'elle ».

Enfin, John héla un taxi, sauta dedans et laissa Daryl debout sur le trottoir, choquée, seule et tremblante. Un reporter filma tout l'épisode. Ce ne serait pas la dernière fois que John laisserait éclater en public sa colère contre sa petite amie. Ce ne serait pas non plus la dernière fois qu'un tel incident serait filmé.

Qu'ils se soient disputés au sujet de leur avenir commun ou de Carolyn Bessette, ou simplement pour décider où ils iraient déjeuner, l'incident en disait long.

Quant à l'intérêt croissant que John portait à Carolyn, John Perry Barlow se rappelle une soirée au Tramps, la discothèque de Manhattan, où John lui parlait de cette femme qui « exerçait sur lui un effet considérable ». « Par loyauté envers Daryl, il ne s'engageait dans rien de romantique. Mais au prix de quels efforts ! Il était littéralement obsédé par cette fille. »

« Alors, qui est-ce ? demanda Barlow.

— En fait, personne. Elle est employée chez Calvin Klein. C'est une femme tout à fait ordinaire. » Selon Barlow, la relation de John avec Carolyn demeura platonique tant qu'il resta avec Daryl. « Pour un homme dans la situation de John, il traitait les femmes avec une incroyable correction. Il essayait toujours d'agir de façon correcte et intègre. C'est l'une des raisons pour lesquelles vous n'entendrez jamais une de ses anciennes petites amies dire du mal de lui. D'une certaine façon, elles ne cessent jamais de l'aimer. »

Au mois de mars, tandis que des tempêtes de neige s'abattaient sur le nord-est, Caroline emmena Rose, Tatiana et Jack voir leur grand-mère tous les après-midi. Malgré les températures glaciales, Jackie insistait aussi pour se promener chaque jour dans Central Park. La plupart du temps, Maurice l'accompagnait. À l'occasion, John, qui avait pris une suite au Surrey Hotel, non loin de là, pour être plus proche de Jackie, enfilait sa parka, un bonnet de laine et se rendait au 1040 Cinquième Avenue. Il prenait le bras de sa mère et remontait avec elle la Cinquième Avenue avant de traverser et d'aller dans le parc. Ils soufflaient des nuages de vapeur en parlant d'avenir avec optimisme.

Malgré le souci qu'elle se faisait pour l'avenir de son fils – en particulier pour sa vie privée, étant donné ses prises de bec en public avec Daryl – Jackie était fière de tout ce qu'il avait déjà accompli et le lui disait. Passionnément attachée à la préservation des sites marquants de New York (elle avait elle-même mené une campagne qui sauva sa gare, Grand Central Station), elle était particulièrement impressionnée par la façon dont John œuvrait discrètement dans les coulisses pour améliorer le sort des gens ordinaires.

Sept ans plus tôt, tante Eunice Shriver avait mis au défi les cousins Kennedy d'inventer des projets destinés à aider les personnes handicapées mentales, comme le faisaient depuis des décennies les Jeux olympiques spéciaux instaurés par les Kennedy. Chaque enfant voterait pour les meilleures idées et une fondation familiale accorderait 50 000 dollars aux propositions les plus novatrices.

John s'attaqua au problème bille en tête et, après des mois de recherche, imagina un concept efficace. Pour commencer, il identifia un problème jusque-là négligé : le salaire de misère et la formation insuffisante des assistants sociaux spécialisés en psychiatrie, comme ceux qui s'occupaient de sa tante Rosemary, qu'une lobotomie avait laissée gravement arriérée.

John entreprit de remédier à cet état de choses et lança un projet intitulé « Reaching Up », destiné à convaincre les responsables régionaux de créer des programmes de formation pour le personnel des services médicaux. Il prêta également le prestige de son nom de famille aux Kennedy Fellows, un groupe de soixante-quinze assistants sociaux sélectionnés chaque année pour toucher une bourse de 1 000 dollars.

En 1991, John avait intégré le conseil d'administration de la fondation Robin Hood, un groupe actif qui collectait de l'argent pour réaliser différents projets dans les quartiers les plus défavorisés. Reaching Up et la fondation Robin Hood différaient radicalement des autres organisations caritatives dans la mesure où elles analysaient de près l'affectation de l'argent, la façon dont il était dépensé et les résultats obtenus. « C'est facile de se débarrasser d'un problème en balançant de l'argent, puis de s'en désintéresser, disait John. On a la conscience tranquille. Mais est-ce que votre argent va réellement là où il doit aller, ou est-il gaspillé ? Les résultats. Voilà ce qui compte vraiment. »

John tint sa promesse et surveilla étroitement les deux programmes. Il rendait fréquemment visite aux Kennedy Fellows pour leur demander quels cours ils suivaient, s'ils apprenaient ce qu'il fallait pour améliorer leur vie professionnelle, quels étaient leurs plans de carrière. En tant que membre du conseil d'administration de la fondation Robin Hood, il se rendait en métro à Harlem et dans le sud du Bronx pour vérifier comment y était dépensé l'argent donné par les entreprises et les particuliers généreux.

Ce qui rendait encore plus remarquable la philanthropie de John, c'était le fait qu'il accomplissait tant de choses sans tambour ni trompette. « Il n'avait pas besoin qu'on le félicite tout le temps, dit un membre de Reaching Up. Il trouvait cela d'assez mauvais goût. »

Cependant, en mars 1994, il fit une apparition très remarquée dans *Heart of the City*, une série télévisée en six épisodes diffusée sur une chaîne publique mettant en scène des bénévoles à New York. Comme on pouvait s'y attendre, la participation de John à ce projet de PBS entraîna un déluge de propositions télévisées. Mais John caressait des aspirations différentes et tout à fait inattendues. Quelques semaines avant la diffusion du premier épisode de *Heart of the City*, il confirma qu'il montait un projet de magazine mensuel provocateur et irrévérencieux, qui traiterait les hommes politiques comme on traitait les personnalités.

Jackie et Caroline, comme le reste des Kennedy, furent horrifiées. Du strict point de vue des affaires, lancer un magazine dans un secteur déjà encombré serait dans le meilleur des cas risqué. Quatre-vingt-dix pour cent de tous les nouveaux magazines, souligna Maurice Tempelsman, faisaient faillite la première année. Avec la bénédiction de Jackie, Maurice insista auprès de John pour qu'il renonce à son projet.

De plus, il fallait tenir compte de la profession elle-même. Bien qu'elle essayât toujours de se rendre à son bureau de Doubleday malgré sa maladie, Jackie ne mélangeait pas l'édition et la publication d'un magazine. En particulier un magazine dont l'ambition était de mettre son nez dans les vies privées des hommes politiques, voire de traiter à la légère des questions politiques fondamentales. « Es-tu sûr que tu veux être de *ces gens-là* ? » interrogeait Jackie. John confia par la suite à l'homme d'affaires de Toronto, Keith Stein : « Ma famille passait son temps à me demander pourquoi je voulais rejoindre "l'Autre Camp". »

Dans un sens, John ne faisait que suivre les traces de ses parents. Si le frère aîné de Jack, Joe Jr, n'avait pas été tué pendant la Seconde Guerre mondiale – faisant de lui son successeur pour brandir les couleurs des Kennedy à la Maison-Blanche – JFK, lauréat du prix Pulitzer, aurait sûrement, d'après ses proches, fait carrière dans le journalisme. Quant à Jackie, elle avait été reporter photographe pour le *Washington Times-Herald*.

Sans se laisser dissuader, John annonça à sa mère lors d'une de leurs promenades qu'avec son associé Michael Berman, un ancien copain de Brown, il avait même trouvé un nom. « Nous pensons l'appeler *George*.

— *George ?* demanda Jackie, perplexe.

— Oui, *George*. Tu sais, comme George Washington, le père de notre grand pays. *George*. »

Ils firent encore quelques pas en silence. « John, dit Jackie avec calme, je pense que tu devrais reparler à Maurice. Et cette fois, écoute ce qu'il a à te dire... »

Jackie passa ses dernières fêtes de Pâques dans le New Jersey, à fabriquer d'extravagants chapeaux que ses petits-enfants devaient porter au défilé de Pâques local. Mais le 14 avril, elle s'effondra dans son appartement et fut emmenée d'urgence au New York Hospital. On l'opéra d'une perforation de l'ulcère, effet secondaire rare de la chimiothérapie.

De retour chez elle, pendant qu'elle était encore parfaitement lucide, Jackie rédigea des messages pour ses enfants, dont elle était si fière. À Caroline, elle écrivit : « Les enfants ont été pour moi un merveilleux cadeau et je leur suis reconnaissante d'avoir pu revoir le monde à travers leurs yeux. Ils me redonnent foi en l'avenir de la famille. Ed et toi avez été formidables de les partager avec moi si généreusement. »

Son message pour John avait un ton nettement différent. Elle lui signifiait clairement que JFK Jr devait devenir le porte-étendard de l'administration Kennedy.

« Je comprends les pressions que tu devras à jamais endurer en tant que Kennedy, même si nous t'avons mis au monde comme un innocent, écrivit-elle. Tu as, entre tous, une place dans l'histoire.

« Quel que soit le chemin que tu choisiras, je ne peux que vous demander, à Caroline et à toi, de continuer à me rendre fière, ainsi que la famille Kennedy et vous-mêmes.

« Reste fidèle à ceux qui t'aiment, en particulier Maurice. C'est un homme bien, doté d'un solide bon sens. N'hésite pas à chercher conseil auprès de lui. »

John continua à passer chaque jour voir sa mère, et de temps en temps, à prendre la place de Maurice pour se promener avec Jackie dans Central Park. Ils marchaient bras dessus, bras dessous dans la Cinquième Avenue, tous deux coiffés d'une casquette. Pour John, c'était symbolique. « John adorait les chapeaux, se rappelle Marta Sgubin, et c'était devenu une tradition dans la famille de lui en offrir un nouveau chaque année pour son anniversaire. Il s'y attachait toujours. » (Il était également devenu traditionnel pour Marta de préparer le dessert préféré de John, une île flottante, qu'elle servait avec son gâteau d'anniversaire au chocolat fait maison.)

À mesure que l'état de Jackie s'aggravait, les promenades dans Central Park se faisaient de plus en plus difficiles. En mai, la douleur était devenue insoutenable. Selon l'ami de John, Steven Styles, « elle téléphonait à John et lui disait en sanglotant : “Je crois que je ne peux plus le supporter.” »

Jackie était déterminée à ce que sa mort, comme sa vie, soit organisée comme elle l'entendait. Le mercredi 18 mai, six jours après sa dernière sortie en compagnie de Maurice, les membres de la famille et quelques proches furent convoqués au chevet de Jackie au 1040 Cinquième Avenue. Cette nuit-là et toute la journée du lendemain, John, Caroline et Maurice ne quittèrent que rarement le chevet de Jackie. Daryl était disponible pour soutenir moralement John, mais elle s'efforçait de rester dans l'ombre.

Jackie avait réclamé que plusieurs livres de ses auteurs préférés soient posés sur sa table de nuit, notamment les œuvres de Colette, Jean Rhys et Isak Dinesen. Tandis que leur mère, la tête couverte d'un foulard imprimé, sombrait par intermittence dans des périodes d'inconscience, John et Caroline évoquèrent des souvenirs chers à leur cœur et se lurent des passages de ses recueils de poésie préférés.

Peu après midi, le jeudi 19 mai, Mgr Georges Bardes de l'église St. Thomas More lui administra les derniers sacrements de l'Église catholique. Ce soir-là, plusieurs membres de la famille restèrent dans le salon, parlant à voix basse et essuyant des larmes furtives. Dans sa chambre, baignée par la lueur de trois lampes anciennes, Jackie était allongée, les lèvres entrouvertes, dans un sommeil provoqué par la morphine. John et Maurice la veillèrent à tour de rôle, assis sur une chaise à côté du lit.

Émotionnellement et physiquement vidé, Maurice s'éloigna un moment avec John pour dire quelques mots. Quand ils revinrent, Jackie avait sombré dans le coma. Une heure plus tard, à 22 h 15, le 19 mai 1994, le cœur de Jackie cessait de battre. John était à son chevet, ainsi que Caroline et Maurice.

Le lendemain matin, John se dressa devant le bataillon de journalistes et de reporters qui campaient devant l'immeuble où il avait grandi. « Hier soir, vers 22 h 15, ma mère s'est éteinte, annonça-t-il. Elle était entourée de ses amis et de sa famille, de ses livres et des gens et des choses qu'elle aimait. Telles étaient ses volontés, et nous sommes tous heureux qu'elle ait pu le faire. Elle est à présent entre les mains de Dieu.

« Nous avons reçu d'innombrables témoignages de sympathie issus de New York et d'ailleurs, poursuivit-il. Et c'est au nom de toute ma famille que je vous en exprime notre plus profonde reconnaissance. Et maintenant que vous le savez, j'espère que nous allons pouvoir passer les deux jours qui viennent dans une relative quiétude. »

Naturellement, cela ne risquait pas d'arriver. Quelques heures plus tard, les curieux se bousculaient pour apercevoir John, Caroline et Maurice qui grimpaient dans une limousine devant les emmener, non loin de là, chez l'entrepreneur des pompes funèbres Frank E. Campbell. Ils y choisirent le cercueil en acajou de Jackie et s'occupèrent de l'organisation des obsèques.

De retour au 1040 Cinquième Avenue, les enfants de Jackie discutèrent avec oncle Ted de l'ampleur des funérailles. Ted prônait avec passion de grandes obsèques publiques, mais Caroline insista – comme elle le ferait cinq ans plus tard lorsqu'une autre tragédie s'abattrait sur la famille – pour un enterrement dans l'intimité. John ne prit pas parti, mais finalement, l'obstination de sa sœur l'emporta. À une concession près : des haut-parleurs seraient installés devant l'église St. Ignace-de-Loyola de Manhattan, celle-là même où Jackie avait reçu les sacrements du baptême et de la confirmation, afin que la foule amassée dans la rue puisse entendre la célébration.

John, qui avait fait preuve d'une telle grâce et d'un tel sang-froid pour annoncer au monde le décès de sa mère, se vit attribuer la tâche de rédiger la liste des invités et de faire le nécessaire. « J'aime autant cela, dit-il à Daryl. J'ai besoin de m'occuper... »

Ce dimanche-là, John et Daryl, tous deux en short et tee-shirt, remontèrent Park Avenue en rollers pour se rendre à la veillée funèbre de Jackie organisée à la va-vite au 1040 Cinquième Avenue manquant renverser plusieurs photographes en chemin. La mort de Jackie avait causé une telle commotion – sa maladie n'avait été révélée au public que quatre mois plus tôt – que beaucoup d'Américains furent choqués de voir son fils faire du roller dans les rues avec sa petite amie, la vedette de cinéma.

Mais John avait besoin de se dépenser physiquement pour différentes raisons : cela le distrayait de sa profonde douleur. Cela l'aidait à brûler ses énormes réserves d'énergie nerveuse qui l'empêchaient de rester assis plus de dix minutes. Et, peut-être plus important encore, cela lui permettait de réaffirmer ce qui avait été le principe directeur de toute son existence : quoi qu'il arrive, la vie continue. « Les Kennedy organisaient des veillées funèbres irlandaises bruyantes quand John était enfant, raconte un vieil ami de la famille. C'était ainsi qu'ils parvenaient à supporter leur tristesse : en célébrant la vie de la personne qui était morte. John avait le sentiment d'honorer sa mère en faisant ce qu'il aimait car il savait que c'était ce qu'*elle* aurait voulu. C'était une façon de lui rendre hommage. Et puis, dans ces moments-là, tous les Kennedy se livrent à des activités physiques. C'est un trait de famille. »

Plus de cent personnes montèrent à l'appartement ce dimanche pour la veillée funèbre de Jackie. Des centaines d'autres, venues témoigner leur sympathie ou simples curieux, s'amassèrent sur le trottoir devant l'immeuble. Quand John apparut au balcon du quatorzième étage au côté de Daryl pour faire signe à la foule, en bas, les gens entonnèrent spontanément *The Battle Hymn of the Republic*.

Le lendemain matin, Hillary Clinton et lady Bird Johnson furent parmi les centaines d'écrivains, hommes politiques, hommes d'affaires influents et célébrités en tous genres qui s'assemblèrent en l'église St. Ignace-de-Loyola pour rendre un dernier hommage à la mère de John. L'ami de Jackie, Frederick Papert, qualifia l'événement d'« un de ces miracles logistiques. C'est triste à dire mais vrai, les Kennedy savent organiser des obsèques. Ils n'ont eu que trop d'occasions de le faire ».

La messe fut préparée autour de textes sacrés et profanes dont John espérait qu'ils « restitueraient l'essence de sa mère. Trois choses reviennent à l'esprit constamment et ont fini par dicter nos choix. Son amour des mots, les liens du foyer et de la famille, et son esprit d'aventure ».

L'ami de Jackie, le réalisateur Mike Nichols, lut un court passage de la Bible. Jessye Norman chanta *Ave Maria*. Caroline lut l'un des poèmes préférés de sa mère, *Memory of Cape Cod*, de Edna Saint-Vincent Millay.

Une fois encore, oncle Ted dut prononcer l'éloge funèbre. « Pendant ces quatre interminables journées de 1963, Jackie nous a soudés en tant que famille et pays, dit-il. C'est en grande partie grâce à elle que nous avons pu faire notre deuil, puis continuer à vivre.

« L'amour de Jackie pour Caroline et John était profond et inconditionnel, poursuivit-il. Elle se réjouissait de leurs réussites, souffrait de leurs peines, et éprouvait une joie absolue à passer du temps avec eux. À la seule évocation de leur nom, les yeux de Jackie brillaient et son sourire s'élargissait... »

Cet après-midi-là, le corps de Jackie fut emporté à Arlington pour être inhumé à côté de celui de JFK. De chaque côté étaient enterrés la sœur mort-née de John et son frère Patrick, dont le décès avait rapproché Jack et Jackie plus qu'ils ne l'avaient jamais été dans les mois précédant Dallas.

« En fait, déclara le président Clinton, elle s'attachait surtout à être une bonne mère pour ses enfants, et les vies de Caroline et de John sont la preuve vivante qu'elle l'était, et même bien davantage. »

John et Caroline firent chacun une brève lecture, puis, tandis que soixante-quatre coups de cloche, une pour chaque année de sa remarquable existence, résonnaient à la Washington's National Cathedral, ils s'agenouillèrent et embrassèrent le cercueil de leur mère. John alla ensuite jusqu'à l'endroit où reposait le cercueil de JFK et se pencha en avant pour le toucher.

La douleur était gravée sur le visage de Caroline depuis des jours, mais John n'avait rien trahi de ses sentiments. Là, le choc le frappa soudain de plein fouet. Ils avaient toujours été unis tous les trois contre le reste du monde, et maintenant elle était partie. Avec la main droite qui avait salué son père trente ans plus tôt, John essuya une larme de sa joue.

« Il était anéanti, bien sûr, dit Pierre Salinger du stoïcisme de John. Lui et sa mère étaient extrêmement proches. Mais dans la famille, on ne fait pas étalage de ses émotions. John a hérité de ses deux parents cette formidable dignité. »

Aux yeux du public, il semblait évident que Daryl Hannah allait bientôt devenir Mme John F. Kennedy Jr. D'ailleurs, durant le mois qui précéda la mort de Jackie, John et Daryl semblaient plus proches que jamais. Lors d'une promenade typique – et très publique – à Central Park en plein midi, on les vit s'embrasser passionnément, se rouler dans l'herbe, bref, s'étreindre avec abandon.

Moins de deux semaines après la mort de Jackie, Daryl avait tout d'une épouse Kennedy la main dans celle de John sur la pelouse de Hyannis Port. Le drapeau était en berne au-dessus de la propriété par respect pour Jackie, mais l'humeur était festive quand John, Daryl et les cousins Kennedy livrèrent leur traditionnel match de football annuel du Memorial Day.

À un moment donné, John plaqua Daryl au sol et, pour rire, lui donna une petite fessée. « Tu le regretteras ! s'écria-t-elle, feignant l'indignation. Je me vengerai. » Elle fondit sur lui et ils roulèrent dans l'herbe tous les deux en riant comme des enfants.

Cela fut de courte durée.

Jackie n'étant plus là, Daryl ne voyait plus aucun obstacle à devenir Mme John F. Kennedy Jr. Déjà une fois ils avaient annulé leur projet de mariage à la dernière minute, et à présent, au dire de leurs amis, Daryl avait pratiquement un genou à terre pour demander une deuxième fois à John de l'épouser.

Mais, maintenant, l'idée du mariage répugnait à John, d'autant plus que Caroline et lui se trouvaient devant la tâche colossale de démêler les biens de Jackie, d'une valeur de 150 millions de dollars, et de les partager entre ses deux enfants. De plus, à présent, John s'investissait beaucoup avec son associé Michael Berman dans son projet de trouver un bailleur de fonds pour *George*.

« Ne me harcèle pas, dit-il à Daryl. Je n'aime pas les ultimatums. »

Au bout de six ans, leur liaison était terminée. Fin juillet, Daryl retourna à Los Angeles et, chose incroyable, reprit son histoire là où elle en était avec Jackson Browne, l'homme qui l'avait, disait-on, battue.

Tout aussi rapidement, John revint à ses anciennes amours avec Julie Baker, dite « Jules », la blonde mannequin de chez Wilhelmina et le sosie de Jackie. En septembre de la même année, John fut témoin au mariage de Tony Radziwill et s'y rendit au bras de la ravissante jeune femme... sachant pertinemment que Daryl, qui était une amie du beau-père de Tony, Herb Ross, serait présente. À la réception, il embrassa Daryl sur la joue, puis traversa la pièce et étreignit Jules avec passion.

Jusqu'à la fin de l'année 1994, John continua à voir Jules de temps en temps. « J'étais toujours là pour lui, dit-elle. Et il était toujours là pour moi. » Et pourtant, de plus en plus, c'était celle qui n'était *pas* toujours là pour lui qui fascinait le plus John.

À peu près au moment où il renouait avec Jules Baker, on vit John au large de Hyannis sur son horsbord *PT-109*, Carolyn Bessette en sandalettes élégamment dressée à l'avant du bateau, telle la voluptueuse figure de proue qui avait décoré la chambre de John à

Brown. Des pêcheurs virent John aider sa passagère à enfiler une jupe, puis la soulever dans les airs et la porter jusqu'à terre pour qu'elle ne se mouille pas.

« Elle savait très bien se faire désirer de John, raconte une amie de Carolyn. Elle apparaissait, disparaissait, elle le rendait fou. »

« Carolyn, observa John Perry Barlow, était une de ces mystérieuses créatures qui comprennent parfaitement, intimement, ce qu'est la féminité mystique. Je ne connais quasiment personne qui sache s'y prendre avec les hommes comme elle le fait. Elle connaît les emplacements de toutes les manettes, et elle les manipule avec une remarquable habileté. »

Carolyn Bessette ne rencontra jamais Jackie. Mais presque tous ceux qui connurent les deux tiraient la même conclusion : « Carolyn ressemble énormément, commenta par la suite Barlow, à la femme qui aurait été sa belle-mère. »

[illegible]. Les [illegible] John [illegible] pas [illegible]

[illegible] doubles [illegible]

[illegible] le pas.

Elle [illegible]

[illegible] de Carolyn. Elle [illegible]

elle [illegible].

Carolyn [illegible] Tiny Tears, Barbie [illegible]

[illegible]

[illegible]

[illegible]

[illegible] chez lui. Elle [illegible] les [illegible]

[illegible] les [illegible]

avec une [illegible] habileté.

Carolyn [illegible] Jack. Mais [illegible]

[illegible] les deux [illegible]

[illegible] Carolyn [illegible]

[illegible] la suite [illegible]

[illegible] belle [illegible].

9

« J'espère qu'il saura s'y prendre avec autant de finesse que John Kennedy Jr. J'aimerais que William soit capable de gérer les choses aussi bien que John. »

La princesse Diana,
au sujet du prince William
et des médias

« Carolyn possède un sens du mystère qui lui est propre, n'est-ce pas ? »

Letitia Baldrige

Elle n'avait jamais rencontré Jackie. Mais les points communs entre les deux femmes ne manquaient pas. Elles étaient toutes deux grandes, minces, élégantes, avec de grands yeux, des épaules larges, des lèvres charnues, un long cou et un profil patricien. Toutes deux avaient un port aristocratique qui les rendait presque distantes, une allure unique, et une aura de mystère soigneusement cultivée. Toutes deux fumaient en cachette (à la différence de John qui fumait une seule cigarette par jour en signe de maîtrise de soi) et l'une comme l'autre étaient complexées de chausser du 43. Elles étaient toutes les deux spirituelles et caustiques entre amis, mais réservées devant les inconnus.

Mais surtout, Carolyn Bessette et Jackie Bouvier Kennedy Onassis étaient déterminées à épouser des hommes de pouvoir. À l'âge de dix-huit ans, Jackie disait qu'elle aspirait avant tout à « faire partie de la vie d'un grand homme ». Dans ce but, elle s'intéressa de très près à tout homme qui eut la chance de croiser sa route. « Jackie savait très bien écouter, dit un ami de la famille, Chuck Spalding. Elle avait cette faculté de se concentrer sur vous avec ses immenses yeux marron et d'être suspendue à vos paroles, et soudain, le reste du monde n'existait plus. Les hommes, inutile de le préciser, trouvaient généralement cela irrésistible. »

De la même façon, Carolyn était « très douée pour les conversations en tête à tête, raconte l'ami de John,

Richard Wiese. John la trouvait toujours provocatrice. » Un autre ami proche, John Perry Barlow, ajoute qu'elle « comprenait vraiment les hommes. Carolyn est extrêmement femme et il est logique que cela produise des étincelles. Elle est foncièrement faite pour s'entendre avec le sexe opposé ».

Malgré sa ressemblance physique frappante avec l'également blonde et élancée Daryl Hannah, Carolyn était diamétralement opposée à Daryl dans son attitude vis-à-vis du sexe opposé. Alors que l'actrice était toujours à la disposition de John, Carolyn lui fit comprendre dès le début de leur relation qu'elle n'avait aucunement l'intention d'être au doigt et à l'œil de quiconque. Alors que Daryl mourait d'envie de se marier, Carolyn se révéla être celle qui avait du mal à s'engager. « Elle l'a incontestablement mis à l'épreuve, dit une ancienne collègue de Carolyn. Ce n'est pas à la portée de n'importe quelle femme de préserver son mystère aux yeux d'un homme qui les a toutes à ses pieds. Si elle s'efforçait de réussir une chose, c'était cela : ne jamais paraître acquise. »

De la même façon que Jaqueline Bouvier s'intéressa à JFK et gagna son cœur, ce ne fut pas par hasard que Carolyn Bessette devint la princesse de conte de fées du prince de l'administration Kennedy. Née à White Plains, dans l'État de New York, Carolyn avait six ans et ses sœurs jumelles Lisa et Lauren huit quand leurs parents – le créateur de cuisines William Bessette et la directrice d'école Ann Marie – se séparèrent. En 1973, Ann épousa un riche chirurgien orthopédique, le docteur Richard Freeman, et emménagea avec ses filles dans l'agréable banlieue de Greenwich, dans le Connecticut. Hormis les quelques fois où elles appelèrent William Bessette ou lui envoyèrent une carte d'anniversaire, les filles gardèrent très peu de contact avec leur père.

Dix ans plus tard, lorsqu'elle empocha son diplôme de fin d'études secondaires à l'école catholique

St. Mary, où elle fréquentait un élève appelé Eugene Carlin (qui qualifia leur relation de « torride et passionnelle »), Carolyn fut élue « Beauté suprême » par ses camarades de classe. Eugene, qui devint agent de change, décrirait plus tard Carolyn comme quelqu'un qui « vous rendait jaloux sciemment, et si vous vouliez lui réserver le même sort, elle vous ignorait royalement. C'était à devenir complètement dingue.

« Elle est sexy. Elle s'habille de façon sexy. Elle est passionnément sexy, ajoutait Carlin. Imaginez un peu... Ravissante. Sophistiquée. Dure. Passionnée. De quoi vous faire perdre la tête. »

À la Boston University, Carolyn sortit avec le champion de hockey John Cullen, un sosie de John Kennedy qui continua à jouer professionnellement avec l'équipe Tampa Bay Lightning. Simultanément, on lui prêta une aventure parallèle avec l'ami et coéquipier de John Cullen, Chris Matchett. « Cullen était fou d'elle, rapporte une camarade de la Boston University. Il aurait fait n'importe quoi pour elle. Mais Carolyn était plus ou moins connue comme la mangeuse d'hommes du campus... Elle l'a largué, lui a brisé le cœur et est passée à la victime suivante. »

Carolyn ne perdit pas de temps. Elle posa pour le calendrier des filles de la fac et sortit avec le descendant de l'empire de la mode Alessandro Benetton. Lorsque ses parents lui coupèrent les vivres pendant quelque temps parce qu'elle dépensait trop, Carolyn travailla comme serveuse.

En 1988, elle obtint une licence d'enseignement dans le primaire et commença à travailler pour le Lyons Group, assurant la promotion de boîtes de nuit dans la région de Boston. En 1990, Carolyn s'essaya au métier de mannequin, posant pour une série de publicités pour des jeans. Les photos montraient une Carolyn voluptueuse, aux cheveux frisés, en cuir et jeans déchirés, cambrée, affichant une moue séductrice et se blottissant contre toute une diversité de personnages plus ou moins douteux. Sur l'une d'elles, elle est dangereusement penchée en avant et menace de déborder du décolleté plongeant de son négligé. Sur une autre, elle est adossée à une meule de foin, dans une robe noire remontée presque jusqu'à la taille, ses jambes nues écartées, les mains entre ses cuisses. « J'ai tout de suite vu qu'elle avait de grands projets d'avenir », raconte Bobby Di Marzo, le photographe.

Cette année-là, Carolyn fit ses débuts dans la boutique Calvin Klein de Boston, comme vendeuse. Repérée par Susan Sokol, alors responsable des collections féminines chez Klein, elle fut envoyée à New York dans le but de prendre en charge les personnalités et les stars. « Elle n'était pas intimidée, raconte Susan Sokol. Elle était merveilleusement bien dans sa peau, à l'aise avec tout le monde, et non seulement elle est superbe, mais elle a une grande confiance en elle. »

Carolyn, qui sympathisa avec la femme de Klein, Kelly, et sa fille Marcie, fut bientôt promue attachée de presse pour la coûteuse ligne « collection » de la compagnie. À ce titre, elle se fit remarquer pour ses éclats bruyants et fréquents avec les mannequins et autres membres du personnel. « Ce qui distinguait Carolyn des autres, raconte une de ses collègues, c'est qu'elle n'avait pas peur de dire ce qu'elle pensait. Si elle trouvait que quelque chose ne fonctionnait pas bien, elle le disait à Calvin. Et il appréciait sa franchise. » Sciascia Gambaccini, directrice de mode de *Marie Claire* et amie de Calvin Klein, rapporte que Carolyn « fascinait Calvin et inspira beaucoup de ses campagnes... C'est une Américaine saine de corps, ravissante, et c'est ce que Calvin apprécie le plus chez une femme ».

Il était clair pour tous ceux qui connaissaient Carolyn, l'attachée de presse, qu'elle était sa propre cliente importante. Habituée de clubs en vogue à Manhattan comme le Rex, le Buddha Bar, le Merc Bar et MK, Carolyn, comme tant de ses jeunes collègues du milieu de la mode, prit goût à la cocaïne. Cela ne devint jamais, préciseraient plus tard ses amis, une dépendance avérée. « Elle en consommait souvent raconte Eric Goode de MK, mais elle n'était pas excitée ou hystérique ni rien. »

Quand elle rencontra John, durant l'automne 1993, Carolyn vivait une histoire très sérieuse avec Michael Bergin, un mannequin de chez Calvin Klein, qui à vingt-cinq ans avait presque dix ans de moins que JFK Jr. À l'époque, Michael Bergin surplombait Times Square en caleçon sur une affiche vantant des sous-vêtements Calvin Klein. Son physique l'aiderait par la suite à obtenir un rôle important dans la série télévisée *Alerte à Malibu*.

Pendant les trois ans qui suivirent, Michael Bergin allait servir d'atout majeur à Carolyn dans son opération séduction sur John. « Kennedy a la réputation de s'entourer des plus jolies femmes, soulignait un ami de Bergin. Carolyn, elle, voulait les hommes les plus séduisants. Michael était sa meilleure cartouche pour tenir la dragée haute à John. »

Tout le monde savait qu'elle ne lâcherait jamais JFK Jr pour le mannequin de Calvin Klein, mais du moment que John le croyait, c'était tout ce qui comptait. S'il annulait une sortie à la dernière minute ou s'affichait avec une autre, la réaction de Carolyn était très prévisible. « Va te faire foutre ! lui cria-t-elle plus d'une fois sans se soucier que des amis les entendent. Je sors avec Michael. »

« La plupart des femmes perdaient l'usage de la parole en présence de John, raconte Wiese. Carolyn, elle, n'avait pas ce problème. Très opiniâtre, elle savait ce qu'elle voulait et n'hésitait pas à vous faire connaître le fond de sa pensée. »

« Elle disait aux gens : "Je n'ai pas l'intention de l'attendre toute ma vie", sachant que cela reviendrait aux oreilles de John, raconte un membre de leur petit groupe. Mais en fait, elle restait chez elle et attendait qu'il appelle. »

Il faut dire à la décharge de John que les autres femmes n'étaient pas les seuls motifs de distraction dans sa vie. L'appartement de sa mère au 1040 Cinquième Avenue étant chargé de trop de souvenirs, John acheta 700 000 dollars un appartement de grand standing de huit cents mètres carrés au dixième étage d'un immeuble situé 20 North Moore Street à TriBeCa. En janvier 1995, l'appartement de Jackie fut vendu 9,5 millions de dollars au magnat du pétrole David Koch. Assis sur le trottoir d'en face, John regarda en silence les déménageurs vider l'appartement des affaires de sa mère.

Ce même mois, un autre chapitre de la saga des Kennedy se referma : Rose Fitzgerald Kennedy s'éteignit à l'âge de cent quatre ans. Le 25 janvier 1995, John et Carolyn faisaient partie des centaines de personnes qui s'entassèrent dans l'église St. Stephen à Boston pour les obsèques. Rose, la fille aînée du légendaire maire de Boston John Francis « Honey Fitz » Fitzgerald, avait été baptisée à St. Stephen. Jusqu'à ce qu'une crise cardiaque la rende infirme en 1984, la grand-mère de John n'avait pas raté une messe du dimanche, et mettait un billet d'1 dollar dans le panier à la quête.

Des vingt-six cousins de John, le fils d'Ethel, Michael Kennedy, fut le seul à ne pas venir. Michael, dont la vie privée dissolue et la mort brutale et tragique défrayeraient la chronique par la suite, avait entrepris un programme de réinsertion antialcoolique près de Baltimore et était « trop malade » pour effectuer le voyage dans le Massachusetts.

En avril 1995, Carolyn s'installa chez John. Mais elle dut accepter sa nouvelle maîtresse : *George*. En six mois, les cofondateurs de Random Ventures, JFK Jr et Berman, avaient réussi à amasser 3 millions de dollars pour lancer leur magazine, soit moins d'un tiers de la somme requise. En mars, Hachette Filipacchi, éditeurs de vingt-deux magazines, de *Première à Elle* en passant par *Woman's Day* et *Road & Track*, acceptèrent d'investir 20 millions de dollars sur une période de cinq ans ou jusqu'à ce que l'affaire commence à rapporter.

Hachette misait lourd sur la célébrité de John pour attirer non seulement des abonnés et des annonceurs, mais des sujets d'interviews et des sources. « Avoir John Kennedy comme rédacteur en chef, expliquait le responsable américain de Hachette, David Pecker, constitue un énorme plus pour le magazine. Il a accès à quasiment tout le monde. »

Pour la première fois de sa vie, disait John à ses amis, il avait trouvé une chose qu'il pouvait appeler à lui. On lui avait maintes fois proposé de se présenter à la mairie de New York et dans le Massachusetts mais il n'était pas encore prêt à franchir le cap. « Il y a intérêt à être vraiment sûr que c'est ce qu'on veut faire, et que le reste de votre vie va s'organiser autour, disait-il. Les charges politiques mettent rudement à l'épreuve votre personnalité et votre vie. Je suis bien placé pour le savoir. Aussi, si je me décidais, je m'assurerais que j'en ai vraiment envie et que je ne fais pas cela parce que les gens trouvent que je devrais le faire. »

En réaliter fonder un magazine politique, fût-il impartial et résolument orienté vers la culture pop, aurait pu être considéré comme un timide premier pas vers une carrière politique. Soulignant le fait que son père avait couvert la fondation des Nations unies en 1945 au titre de journaliste, et que sa mère avait été autrefois photojournaliste et rédactrice, créer un magazine entrait dans la logique des choses. « Pour moi, expliqua John, le mariage de l'édition et de la politique ne fait que souder les deux pratiques familiales. »

À l'approche de son trente-cinquième anniversaire, Kennedy avait aussi « vraiment envie d'être pris au sérieux. Les gens ne parlaient que de ses petites amies, de son mariage potentiel..., raconte Pierre Salinger. Cela l'agaçait. »

À une semaine du lancement prévu de *George*, la une d'un quotidien populaire non seulement cibla la vie sexuelle de John, mais déclencha une véritable crise dans sa relation avec Carolyn. Le 22 août 1995, le *National Inquirer* parla d'une « torride histoire d'amour secrète » entre John et Sharon Stone à Martha's Vineyard.

Fin juillet, John et Carolyn avaient rejoint l'actrice pour dîner à Tashmoo Farm, la propriété de Martha's Vineyard qu'avait louée Sharon Stone pour la saison. Mais d'après le tabloïd, l'actrice avait invité John de nouveau huit jours plus tard, et cette fois il était venu seul.

Carolyn se renseigna aussitôt auprès d'amis. Ne pouvant trouver de preuve tangibles d'infidélité, elle décida rapidement que Sharon Stone avait invité John à un dîner et qu'on les avait vus ensemble sur l'île. Après une confrontation houleuse avec John, elle lui annonça qu'elle déménageait.

John avait également été lié à Melanie Griffith avant qu'elle n'épouse Antonio Banderas. Il avait confié à un collègue de travail que la jeune femme le poursuivait de ses assiduités avec insistance. « Il a fallu que je mette un cadenas à la porte », plaisantait-il.

Le 1er septembre, John passa au doigt de Carolyn une petite bague en diamant et émeraude et lui demanda de l'épouser. « Je vais réfléchir », répondit-elle.

« Je souhaite à John tout le bonheur du monde, commenta le demi-frère de Jackie, Yusha Auchincloss, quand la nouvelle fut publiée dans les journaux. Je suis sûr que Jackie serait aux anges de voir que son fils n'a pas choisi encore une actrice hollywoodienne. »

Dans ce que certains considéraient comme une réticence à attirer jusqu'à la fin de sa vie l'attention des médias, et ce que d'autres voyaient comme une manœuvre calculée pour le déstabiliser, Carolyn laisserait John dans l'expectative pendant des mois. « Elle va faire traîner en longueur, raconte un ami commun, pour le seul plaisir de le laisser mariner. C'est sa spécialité. »

Cet été-là, John connut quelques ennuis de santé inattendus. Souffrant d'une extrême fatigue et d'une perte de poids inexpliquée (près de sept kilos en trois semaines), John se fit faire des analyses au New York Hospital. Compte tenu du combat qu'avait livré sa mère contre son lymphome et des antécédents de son père atteint de la maladie d'Addison (à l'issue potentiellement fatale), John avait le droit d'être nerveux. Ses appréhensions furent confirmées par le célèbre endocrinologue new-yorkais James Hurley, qui diagnostiqua que John souffrait non pas de la maladie d'Addison mais d'hyperthyroïdie.

Si John était stressé, cela ne se voyait pas le jour du lancement de *George*. Le 8 septembre 1995, plus de cent soixante journalistes s'entassèrent dans le célèbre Federal Building de New York pour cet événement médiatisé à outrance. « Je me fais un peu l'effet de Barry Manilow qui s'apprête à présenter Bruce Springsteen, plaisanta Michael Berman. Être l'associé de John Kennedy, ajouta-t-il, c'est comme être les pieds de Dolly Parton. C'est sympa mais on se fait légèrement éclipser. »

Sur ces bonnes paroles, John avança vers l'estrade et déclara : « Je ne crois pas vous avoir vus rassemblés si nombreux depuis l'annonce des résultats de mon premier certificat d'aptitude à la profession d'avocat. » Avec une grâce décontractée et un autodénigrement désarmant, il continua : « J'espère devenir un jour président... d'une aventure éditoriale prospère. » Puis il devança toutes les questions personnelles avant que quiconque puisse les poser : « Oui. Non. Nous sommes seulement bons amis. Cela ne vous regarde pas. Je vous le jure, c'est ma cousine du Rhode Island. J'ai porté les deux. Un jour, peut-être, mais pas dans le New Jersey. »

Son public totalement conquis, John expliqua la logique ayant présidé à la naissance de *George* : « La politique n'est pas une chose ennuyeuse. Pourquoi une couverture de magazine devrait-elle l'être ? La politique n'est qu'une histoire de triomphe et d'échec. La politique, c'est la recherche du pouvoir et le prix de l'ambition. »

Il insista cependant sur le fait que le magazine ne ferait pas de favoritisme. « Mon oncle Ted m'a dit : "John, si je t'adresse toujours la parole à Thanksgiving, c'est que tu fais mal ton métier." »

Qu'aurait pensé sa mère ? demanda quelqu'un. John reconnut être content qu'elle n'assiste pas à la conférence de presse, mais ajouta : « Ma mère serait un peu amusée de me voir là, et très fière. »

En couverture du premier numéro de *George*, on pouvait voir Cindy Crawford en George Washington affublée d'une perruque et le nombril à l'air. À l'intérieur, entre autres, il renfermait un article de l'amie de John, Madonna, intitulé : « Ce que je ferais si j'étais président », ainsi qu'un entretien entre John lui-même et l'ancien gouverneur de l'Alabama George Wallace. Avec un énorme tirage initial de cinq cent mille exemplaires et un record de 175 pages de publicité, le luxueux bimensuel illustré fut dans les kiosques le 26 septembre 1995. La confiance qu'avait placée Hachette Filipacchi en la valeur du patronyme de John sembla justifiée : *George*, en tout cas pour l'instant, remporta un éclatant succès commercial.

Sans se laisser impressionner par le fait qu'aux yeux du public il était inévitablement un dilettante, John aborda son nouveau métier en homme de terrain. Il se rendait au travail tous les matins en vélo ou en métro, travaillait la nuit et souvent le week-end. Il trouvait des idées d'articles, persuadait des personnalités établies d'en rédiger, corrigeait les épreuves et écrivait les gros titres ainsi que l'éditorial qui portait sa signature.

Durant les quatre années qui suivirent, John perfectionnerait également sa propre maîtrise du journalisme, interviewant des personnalités aussi diverses que Mohammed Ali (que John décrivait souvent comme l'un de ses héros), Billy Graham, le Nation of Islam leader Louis Farrakhan, Garth Brooks, la secrétaire d'État Madeleine Albright, et Fidel Castro.

Mais c'est en payant de sa personne que John apporterait à *George* sa contribution la plus précieuse. La semaine du lancement, les magazines *Newsweek*, *Esquire* et *New York* profitèrent tous de l'occasion pour mettre John à la une. Pour assurer la promotion de son magazine, cet homme qui, autrefois, redoutait tant les caméras se soumettait à présent à des dizaines d'interviews pour des journaux, des magázines et des radios. « J'ai des tendances légèrement contradictoires auxquelles je semble incapable de résister, dit John de sa décision de faire partie de la presse qui l'avait traqué toute sa vie. Parfois, les espoirs, les attentes que placent les gens en vous, peuvent constituer un fardeau un peu pesant. Personnellement, cela m'amuse plutôt de jouer avec les cubes et de voir si je ne peux pas construire quelque chose d'un peu original. »

Pour gonfler les ventes, il accepterait également des interviews télévisées avec notamment Barbara Walters, Rosie O'Donnell et Oprah Winfrey. John en profita même pour effectuer ses débuts d'acteur à la télévision en incarnant son propre rôle dans le sitcom à succès *Murphy Brown*. Durant sa participation de quatre-vingt-dix secondes, on le voit tendre à Brown (incarnée par Candice Bergen) un exemplaire de *George* dont elle faisait la couverture. Il lui offre un abonnement en guise de cadeau de mariage et, devant sa déception, il part en claquant la porte et en criant : « Vous n'allez pas me faire une scène, alors qu'en kiosque vous seriez obligée de le payer au prix fort ! »

Kennedy commenta tout cela avec un sourire en coin bienveillant. « Quelle ironie, n'est-ce pas ? plaisantait-il. Me voir appartenir à un conglomérat de médias... » Mais il ne doutait pas d'avoir fait le bon choix. « Ça se passe bien, dit-il. Il était important que je quitte l'arène pour un certain nombre de raisons. Je crois qu'on a tous besoin de sentir qu'on a accompli quelque chose de personnel, à la façon dont on l'entend. »

John et Carolyn décidèrent de passer les fêtes de Thanksgiving 1995 avec une douzaine d'amis dans une station balnéaire retirée, à Guanaja, au Honduras. Un des membres du groupe, l'écrivain Peter Alson, prenait son petit déjeuner avec JFK Jr quand il demanda : « Alors, si tu n'étais pas ici pour Thanksgiving, où serais-tu à l'heure qu'il est ? »

John le contempla, les larmes aux yeux. C'est alors seulement qu'Alson réalisa qu'on était le 22 novembre, le trente-deuxième anniversaire de l'assassinat de son père, et que c'était son deuxième Thanksgiving seulement depuis la mort de Jackie. Alson fut consterné par sa gaffe, « mais j'étais aussi ému de voir qu'il pouvait être, ne fût-ce qu'un moment, aussi vulnérable ».

Au début, le succès de *George* sembla fulgurant. Mais les choses ne tournaient pas aussi rond en coulisse. Carolyn s'irritait de plus en plus du temps que passait John loin d'elle. Elle ne s'habituait pas non plus à l'inévitable ruée médiatique dès qu'ils s'aventuraient dehors. « Carolyn était devenue une "chose" aux yeux du public, raconte l'ami des Kennedy, John Perry Barlow. Et on la traitait en conséquence. Elle n'avait aucune notion de ce que cela allait être. Les gens qui campent devant chez vous nuit et jour... Elle avait l'impression d'être une réfugiée. »

La situation atteignit son point critique le matin du 25 février 1996, alors que John et Carolyn sortaient leur chien Friday dans Washington Square Park. Leur tranquille promenade dominicale tourna au vinaigre, et les deux amants se mirent à crier et se malmener. « Mais qu'est-ce que tu as ? » cria Carolyn à John, alors qu'il posait brutalement la main sur son poignet et arrachait de son doigt la bague en diamant qu'il lui avait offerte.

Carolyn fondit en larmes, mais John lui prit la laisse des mains et commença à s'éloigner. Elle resta un moment immobile, puis se rua sur ses talons et lui sauta à la gorge en hurlant.

La querelle se poursuivit tandis qu'ils quittaient le parc. Enfin, John, épuisé émotionnellement, s'assit sur le trottoir, enfouit la tête dans ses bras croisés et se mit à pleurer. Elle avança jusqu'à lui et exigea la bague. « Donne-la-moi ! » cria-t-elle. Il la sortit de sa poche et la lui tendit.

Sa bague à la main, elle s'agenouilla près de lui, sa tête touchant la sienne, et commença à sangloter. Il la repoussa... et l'altercation reprit. Carolyn essaya de reprendre la laisse à John.

« Tu as ta bague ! hurla John. Tu n'auras pas mon chien ! »

« C'est *notre* chien ! » répliqua-t-elle sur le même ton. Ils tirèrent sur la laisse chacun de son côté et, après plusieurs coups secs, John la lui abandonna. Ils partirent dans des directions opposées mais, au bout de quelques minutes, Carolyn revint et conduisit John vers un banc. Ils reprirent leur calme tous les deux et commencèrent à discuter. Puis ils se levèrent, marchèrent un peu dans la rue, s'arrêtèrent au milieu du trottoir et, sous le nez des passants, s'étreignirent avec passion. Des larmes ruisselaient sur leur visage à tous les deux.

Pour quelqu'un qui essayait d'être pris au sérieux comme dirigeant d'un magazine, il était déjà embarrassant que la « Querelle dans le parc », comme on l'appela pas la suite, ait été vue par les dizaines de piétons qui passaient par là. Mais un photographe qui surveillait l'appartement du couple enregistra sur une cassette vidéo la choquante dispute d'amoureux.

Cette bataille en règle n'était pas sans rappeler les fréquentes prises de bec en public de John avec Daryl Hannah. Elle illustrait également l'aspect explosif – et l'intensité passionnelle – de la relation entre John et Carolyn. Quand on lui demanda la réaction de la famille Kennedy à cette querelle dont les médias avaient fait leurs choux gras, Caroline Kennedy

Schlossberg répondit sèchement : « C'est une affaire privée. Je n'ai rien à dire. John mène très bien sa vie. »

Pour sa part, John était mortifié. « Toute cette histoire l'embarrassait profondément, dit John Perry Barlow. Ce n'était pas digne d'eux... et cela ne ressemblait pas du tout à John. » Il parvint néanmoins à gérer le battage médiatique occasionné autour de cette histoire grâce à son humour caractéristique. Quelques jours seulement après l'épisode, John effectua une apparition surprise à l'émission de radio d'Howard Stern. Lorsque Stern lui demanda s'il avait vu la fameuse cassette objet de la controverse, John répondit : « Pour quoi faire ? J'y étais. »

À peine six semaines après cette fameuse empoignade, John et Carolyn, tous deux coiffés d'un béret, passaient un romantique week-end d'avril à se promener le long de la Seine et faire du lèche-vitrine à Paris. Bras dessus, bras dessous, ils s'arrêtaient dans la rue pour s'embrasser ou jouer à se battre – par exemple, Carolyn fit semblant de lui mordre le bras – et donnaient l'image d'un couple « profondément amoureux. Pour moi, soupire une amie, quand je regarde ce couple, je vois un type très simple et une fille très compliquée ».

Au printemps 1996, la mère de John allait refaire parler d'elle ; cette fois, presque deux ans après sa mort : la ville de New York avait déjà rendu hommage à sa résidente la plus célèbre en donnant son nom au réservoir de Central Park.

À présent, pendant quatre jours, en avril 1996, c'est un tout autre genre d'hommage qui lui était rendu : quelque 1 195 lots des biens de Jacqueline Kennedy Onassis furent vendus aux enchères chez Sotheby's, à New York. Cette vente historique rapporta 34 461 495 dollars à John et Carolyn. Jackie elle-même avait approuvé la vente avant son décès, afin de régler les très lourds impôts sur sa succession. Maurice Tempelsman, le principal conseiller financier des enfants, donna également son aval.

Défendant la vente, Nancy Tuckerman fit remarquer qu'avant de mettre quoi que ce soit aux enchères, John et Carolyn firent un tri parmi les biens de leur mère, en gardant une partie pour eux-mêmes et pour la bibliothèque Kennedy. Au final, ils firent don de trente-huit mille pages de documents, plus de quatre mille cinq cents photographies et deux cents objets et objets d'art, dont la robe que portait Jackie lorsqu'elle épousa JFK en 1953.

Malgré cela, beaucoup considérèrent cette vente d'objets personnels tels que la chaise haute de John-John, les bijoux de Jackie et les clubs de golf, la cave à cigares et le fauteuil à bascule de JFK, comme un déballage public d'un affreux mauvais goût. D'autres comprirent que John et sa sœur ne faisaient qu'exécuter les ordres de Jackie, et qu'elle n'aurait pas été déçue par le résultat. « Je suis sûre que Jackie aurait été *ravie* », dit son amie Dina Merrill.

Pas autant que John, qui se trouva soudain à la tête de 15 millions de dollars. Largement de quoi compenser sa part de taxes sur la succession de Jackie. Mais alors qu'il poursuivait sa tournée promotionnelle pour *George*, on commença à s'interroger sur la mystérieuse absence de Carolyn. Elle avait quitté son emploi chez Calvin Klein en juillet et disparu sans donner signe de vie, alimentant les soupçons quant à la conclusion de leur houleuse histoire d'amour.

En réalité, elle était enfin prête à se marier, et à signer le contrat de mariage qui devait lui donner 3 millions de dollars en cas de divorce. Les termes du contrat n'étaient pas aussi importants pour Carolyn que l'inévitable sacrifice de sa vie privée. « Et quand nous aurons des enfants ? Nous serons constamment harcelés », confia-t-elle à son amie Dana Gallo Strayton. « Elle était excitée mais elle voulait être sûre de prendre la bonne décision. Elle savait que les projecteurs ne la laisseraient jamais en paix. »

Projecteurs que John, en tant que rédacteur en chef, recherchait parfois lui-même, à présent. Il ne nourrissait aucune illusion quant à la valeur marchande de son nom. « Dès qu'on fait l'objet d'un battage médiatique, on vous attend au tournant en espérant que vous allez vous casser la gueule, disait-il. Mais nous avons réussi à atteindre des gens qui n'auraient probablement pas répondu à l'appel si je m'étais appelé Joe Smith. »

Sachant que cela déplairait à certains – et doperait les ventes –, il mit Drew Barrymore en couverture du *George* de septembre 1996, incarnant Marilyn Monroe chantant sa fameuse chanson d'anniversaire à JFK, « Happy Birthday, Mr *Pre-si-dent* ». « C'est l'évocation d'une chanson chantée à mon père en 1962, dit-il sans grande sincérité. Cela n'a rien à voir avec des questions de mauvais goût. Si je ne trouve pas cela de mauvais goût, je ne vois pas qui devrait s'en plaindre. Cela fait partie de l'iconographie de la politique américaine. C'est une image qui reste gravée dans les esprits. Je ne ferais pas bien mon travail si je ne trouvais pas d'idées intéressantes. » Quoiqu'intéressante, l'idée aurait « horrifié et mis en colère Jackie », observa son oncle Jamie Auchincloss.

*
* *

L'affaire fut menée avec la discrétion et la précision d'une opération commando. Après six mois d'une organisation méticuleuse, de secrets et de subterfuges, John et Carolyn accomplirent l'impossible le 21 septembre 1996 : un mariage dans l'intimité qui prit la presse et le public complètement au dépourvu. John réussit même à berner ses collègues chez *George*, hissant ostensiblement un sac de golf sur son épaule et annonçant qu'il s'échappait pour un week-end de golf.

Ce mariage surprise, dit Letitia Baldrige, « a requis l'adresse d'un James Bond et de toute la CIA. Jackie doit sourire aux anges ». (Les tensions endurées pour préserver le secret pesèrent apparemment sur John. Deux semaines plus tôt, JFK Jr, pourtant toujours courtois, s'était emporté contre un photographe qui le prenait en photo sur la plage d'Hyannis Port. John avait crié des obscénités au malheureux journaliste, John Paparo, et lui avait vidé un seau d'eau sur la tête. Puis, aussitôt, il s'était calmé et excusé.)

À partir du 18 septembre, une quarantaine d'invités, presque uniquement de la famille, commencèrent à arriver par bateau et avion privé sur la minuscule île de Cumberland, une bande de sable de 6,5 km de large sur 27 de long au large de la côte de Géorgie, habitée par des chevaux sauvages, des tatous, des lynx roux et vingt et une personnes.

La veille du mariage, un dîner eut lieu à Greyfield Inn, une imposante demeure construite pour servir de retraite à la famille Carnegie, la seule auberge de l'île. Carolyn essuya une larme lorsque John se leva et porta un toast en son honneur. « Je suis, dit-il en référence à son sobriquet d'"homme le plus sexy de la planète", l'homme le plus veinard de la planète. »

Le lendemain soir, les invités s'entassèrent dans la minuscule chapelle en bois blanc, la Brack Chapel de l'église First African Baptists, construite en 1893 par d'anciens esclaves. Ce fut une cérémonie très familiale. Tony Radziwill, le cousin préféré de John et son plus proche ami, fut son témoin. Caroline Kennedy Schlossberg fut l'autre témoin. Ses filles Rose et Tatiana étaient demoiselles d'honneur. Le neveu de John, Jack, alors âgé de trois ans, porta les alliances. La sœur de Jackie, Lee Radziwill Ross, était présente, ainsi qu'oncle Ted et le dernier amour de la vie de Jackie, Maurice Tempelsman. Du côté de la mariée, il y avait sa mère, son beau-père et sa sœur Lisa.

John portait un costume de drap bleu nuit et un gilet blanc, l'une des chemises de son père, la montre de son père et, de même que tous les hommes présents dans l'assemblée, un bleuet bleu à la boutonnière, fleur favorite de JFK. Lorsque la mariée apparut, longiligne dans une élégante robe longue en crêpe de soie perle, avec un voile de tulle de soie et de longs gants, le tout dessiné par son ami Narciso Rodriguez pour Nino Cerruti au prix de quarante mille dollars, les yeux du petit Jack s'écarquillèrent. Et le neveu de John s'écria soudain à voix haute : « Pourquoi est-ce qu'elle est habillée comme ça, Carolyn ? »

Plusieurs invités essuyèrent une larme en voyant que Carolyn tenait un bouquet de muguet, la fleur de prédilection de Jackie. La mariée avait tiré ses cheveux en arrière, retenus par un peigne qui avait appartenu à Jackie... un cadeau de Caroline. Quand elle « entra dans l'église, on aurait dit une enchanteresse apparition », commenta John Perry Barlow.

La brève cérémonie aux chandelles (la chapelle n'était pas électrifiée) fut célébrée par le père Charles J. O'Byrne, un diacre jésuite de l'église de Manhattan St. Ignace-de-Loyola. Il faisait si sombre à l'intérieur que le prêtre se servait d'une lampe de poche pour lire la messe. Derrière eux se dressait une croix rudimentaire faite de bâtons attachés ensemble avec de la ficelle.

« J'ai versé des larmes de joie absolue quand John et sa femme ont prononcé le serment du mariage, raconte Marta Sgubin. Il a toujours été un garçon très, très sensible, et en l'observant j'ai vu dans ses yeux combien il regrettait que sa mère ne soit pas là pour le voir au bras de son épouse. »

Personne ne lança de riz quand ils quittèrent l'église, mais le couple s'attarda dehors et savoura quelques instants sous une petite bruine. Alors qu'ils longeaient une barrière, Carolyn sentit que l'on tirait sur son bouquet. L'un des chevaux sauvages de l'île s'était approché et grignotait les fleurs.

Ce soir-là, au dîner, couronné par un gâteau de mariage à la crème au beurre vanillée de trois étages, Ted évoqua une nouvelle fois l'administration Kennedy en levant son verre à la santé des jeunes mariés. « Je sais, dit-il, que John et Jackie seraient très fiers d'eux et emplis d'amour pour eux au moment où ils commencent leur vie en commun. »

« C'était particulièrement touchant et poignant, commenta la porte-parole du sénateur, Melody Miller, et tout le monde en fut ému aux larmes. » Après le toast de Ted, le couple s'élança pour la première danse, au son de leur chanson *Forever in My Life*, un morceau de Prince.

À l'unanimité des gros titres, Carolyn fut très vite proclamée « la nouvelle reine de l'administration Kennedy ». Mais sous son propre nom. Avant la cérémonie, alors que Carolyn et John se faisaient faire les examens sanguins réglementaires et remplissaient les papiers nécessaires, la greffière du tribunal du comté de Camden, Shirley Wise, demanda si Carolyn allait prendre le nom de famille de John. « Je veux que l'on continue à m'appeler Bessette. Bessette-Kennedy, insista-t-elle. Avec un trait d'union entre les deux. »

« J'étais sidérée, raconte Shirley Wise. Après tout ça, elle ne voulait pas porter le patronyme le plus célèbre du monde ! »

Détail incroyable, John et Carolyn étaient mariés depuis deux jours quand la presse rapporta la nouvelle. À ce moment-là, ils étaient déjà partis en voyage de noces, d'abord trois jours en Turquie, puis pour une croisière de dix jours dans la mer Égée à bord de l'*Althea*, goélette à deux mâts de trente-sept mètres.

À la terrasse d'un café, en Turquie, Carolyn eut un avant-goût de ce que serait sa vie en tant que Mme John Kennedy. À la table voisine, dix rédacteurs de magazines new-yorkais en vacances, qui n'avaient pas remarqué la présence des jeunes mariés, racontaient qu'ils avaient aperçu le couple dans le bazar ce matin-là.

« Il était superbe, s'extasia l'une des femmes. Elle était avec lui, et je vous assure que cette fille n'est pas du tout aussi belle qu'on le croit. » Quand quelqu'un d'autre du groupe la qualifia de « mignonne », la femme répliqua : « Tu plaisantes, *Julie Nixon* est plus jolie qu'elle. »

C'est alors seulement qu'ils réalisèrent que les deux intéressés étaient assis juste derrière eux. « Il nous tournait le dos, comme un peu voûté. Ils avaient à l'évidence tout entendu, se rappelle l'une des rédactrices. Carolyn nous a fixés du regard pendant tout le temps qu'ils sont restés. On aurait dit qu'elle allait se lever et nous poignarder avec une fourchette. »

La lune de miel était bel et bien terminée quand ils émergèrent de 20 North Moore Street pour la première fois en tant que mari et femme et furent accueillis par un barrage de flashes. Bien élevé jusqu'au bout des ongles et avec un sourire chaleureux, John demanda à ses collègues de la presse de laisser respirer un peu une jeune mariée aux sourcils froncés. « C'est un changement énorme pour n'importe qui, dit-il à la foule de reporters, et pour un simple particulier encore plus important. Je vous demande de laisser Carolyn en paix et dans l'intimité autant que vous le pourrez. »

Ce fut, bien entendu, un coup d'épée dans l'eau. Quelques jours plus tard, alors qu'elle arrivait à une soirée donnée en l'honneur des jeunes mariés dans l'appartement tentaculaire de Caroline Kennedy Schlossberg sur Park Avenue et East 78th, Carolyn dut s'abriter les yeux des flashes aveuglants et supplier les photographes : « S'il vous plaît, je ne vois plus rien... »

« Ma femme est passée du statut de simple particulier à celui de personnage public et elle s'est vraiment très bien comportée, dit plus tard John de cette période. Je suis très fier d'elle. » Mais en réalité, se trouver ainsi au centre de l'attention des médias avait produit chez la versatile Mme Bessette-Kennedy une grande détresse émotionnelle. « La première année, la curiosité était épuisante, concéda-t-il avec circonspection. En ce qui me concerne, je suis blindé, mais je crois que les gens ont tendance à oublier combien cela peut être éprouvant. Carolyn est une femme très simple. Imaginez que vous menez une existence que vous vous êtes construit comme vous l'entendez et, soudain, on vous l'arrache. C'est difficile. »

Au début, Carolyn considérait la présence constante des paparazzi comme une « sorte de plaisanterie. Mais ensuite, c'est devenu bizarre », évoqua-t-elle plus tard. « J'ai compris qu'en fait, beaucoup de photographes ne m'aimaient pas. Ils attendaient que je commette une faute, n'importe quoi à se mettre sous la dent. »

Un jour, elle trébucha sur les marches en sortant de son immeuble et la meute de photographes « est devenue folle. Personne ne m'a aidée à me relever. Ils me mitraillaient inlassablement... »

L'un de ses refuges était Bubby, un restaurant en brique à la mode situé à deux pas de chez eux. Avec ses ventilateurs blancs au plafond, des ballons pour les enfants, un bar en cuivre, de vieilles photographies en noir et blanc encadrées sur les murs, représentant des familles afro-américaines, et les mots « TARTES MAISON » inscrits sur les vitrines, Bubby n'était pas le genre d'endroit où l'on pouvait s'attendre à rencontrer le couple le plus glamour de toute l'Amérique. C'était pourtant là que Carolyn et John venaient fuir les yeux indiscrets de la presse.

Généralement vêtu d'un pantalon de toile et d'un tee-shirt, coiffé d'un béret, John parcourait les journaux en engouffrant son petit déjeuner. Invariablement, il oubliait d'emporter du liquide (depuis ses années de prépa, ses amis se plaignaient qu'il les laissait toujours régler l'addition) et devait faire un saut au distributeur de l'autre côté de la rue pour pouvoir payer.

Un jour où il déjeunait chez Bubby, John vit par la fenêtre deux hommes cisailler la chaîne de son vélo et l'enfourcher. Il bondit, courut dehors et les poursuivit dans la rue. Les voleurs décidèrent finalement d'abandonner le vélo et détalèrent à pied. Ensuite, se rappelle un autre client de chez Bubby, Jaimie Collins, « il est revenu s'asseoir et a terminé son café ».

Un autre lieu de prédilection était Socrates, dans Hudson Street, où la serveuse Bia Ayiotis servait régulièrement à John son petit déjeuner. Elle fut surprise la première fois qu'il lui adressa quelques mots en grec. « Mon beau-père était grec », expliqua-t-il.

« Il s'asseyait au bar ou dans un coin, sa casquette de base-ball sur la tête, et lisait tranquillement son journal, dit-elle. Malgré sa puissance et sa fortune, c'était un homme très simple. C'est cela que j'aimais bien chez lui. C'était un amour. »

Si elle acceptait sereinement les regards et les murmures des autres clients, Carolyn avait souvent l'impression, comme elle le disait, d'être « un animal traqué ». Le copropriétaire de Bubby, Seth Price, raconte : « Elle était obligée de se cacher ici. Elle passait par la porte de derrière pour sortir. C'était épouvantable. Tout ce qu'elle voulait, c'était passer un peu de temps avec son mari. »

Pour compliquer encore la situation, John s'était lancé à la poursuite d'un nouveau rêve. Sa mère n'étant plus là pour s'opposer à ce projet, il avait décidé d'apprendre à piloter. Il acheta son premier ULM, un Buckeye, et prit les airs pour la première fois en août 1996, après seulement deux heures de leçon. Un brevet de pilote n'était pas nécessaire pour piloter l'ULM.

Dans les deux années qui suivirent, John se lia d'amitié avec Lloyd Howard, un ingénieur créant des modèles pour Buckeye Industries. Il se rendait parfois à Argos, dans l'Indiana, au siège de Buckeye, pour voir la famille d'Howard et se tenir au courant des derniers modèles sortis. « Il disait que sa mère se faisait toujours du souci pour lui, se rappelle Howard, qu'elle ne voulait pas qu'il vole. D'ailleurs, il se montrait plus prudent que la plupart des gens, *à cause* de sa mère... C'était ancré en lui. »

John fit aussi allusion au fait que Jackie avait des ambitions pour son fils. « Il m'a confié qu'il subissait des pressions de la part de sa mère pour se lancer dans la politique. Elle espérait qu'il allait suivre les traces de son père. Il en avait l'intention, mais ne sentait pas encore le moment venu. »

Lors de ses visites à Argos, John se retrouva une fois encore dans le rôle d'un tonton de substitution, cette fois auprès des petits-enfants d'Howard. Pour le trente-quatrième anniversaire de la mort de son père, John décida de fuir Manhattan avec Carolyn et d'aller passer un week-end tranquille dans l'Indiana avec les Howard.

John était très ouvert, mais Howard constata avec surprise que Carolyn l'était « encore plus. La première fois que je l'ai vue, elle m'a serré dans ses bras avec chaleur. Comme tout le monde, j'avais vu ces photos d'elle où elle paraissait distante, mais elle je l'ai trouvée très ouverte, très chaleureuse, très amicale ».

D'après Howard, la femme de John était également beaucoup plus bavarde que ce qu'on aurait pu imaginer. « Carolyn était un moulin à paroles. John l'écoutait sans rien dire, pendant qu'elle parlait, et parlait encore. Sa bête noire, on s'en doute, c'était la presse. Elle racontait que certains photographes faisaient de sa vie un enfer. Que personne ne comprenait ce que c'était de ne pas pouvoir sortir de chez soi sans qu'on vous fourre un appareil photo sous le nez. Carolyn admirait la façon dont John réagissait, et disait qu'elle apprenait beaucoup à son contact. Mais elle avait du mal. »

Howard observa également que Carolyn « maternait John. Elle le traitait comme s'il était un enfant, lui rappelait de mettre son écharpe, ce genre de choses ». Un soir, après avoir dîné à Loghouse Inn, à Argos, ils revenaient vers la voiture d'Howard quand ils réalisèrent que John avait disparu. « Nous sommes tous retournés dans le restaurant et John était là, à chercher partout son bonnet de laine noir. »

« Vous vous rendez compte ? dit-il. On m'a volé mon bonnet ! »

« Il était vraiment contrarié, raconte Howard. Mais en retournant à la voiture, nous nous aperçûmes que John avait fait tomber son bonnet derrière la banquette arrière. Il était ravi de le retrouver. » Plus tard, Carolyn prit Howard à part et lui expliqua pourquoi. « Ce bonnet noir, chuchota-t-elle à son oreille, est le dernier cadeau que sa mère lui ait fait. »

D'après Howard, Carolyn ne partageait pas l'inquiétude de Jackie concernant la sécurité de John dans les airs. Après qu'un moniteur l'eut emmenée dans l'une des machines volantes de Buckeye, elle raconta à Howard qu'elle voulait apprendre à piloter un ULM. « Elle était très excitée par l'idée de voler en solo », dit-il. Quant à voir son mari dans les airs : « Je ne sais pas ce qu'elle pensait de l'avion, mais Carolyn semblait prendre un réel plaisir à voir John à bord d'un ULM. »

Quelque chose d'autre tracassait l'âme de grand-père d'Howard. Outre son métier d'ingénieur-concepteur, il était également ministre du culte. Il avait vu les articles des tabloïds dans lesquels on parlait de problèmes couvant entre les jeunes époux, et il se sentait le devoir de savoir si ces rumeurs étaient fondées.

« Dites-moi, John et Carolyn, leur demanda-t-il de but en blanc. J'aimerais savoir si vous avez des problèmes. »

John et Carolyn secouèrent la tête en souriant. « Ils me répondirent sans ambiguïté que c'était faux, que leur union était plus solide que jamais et que je n'avais pas de souci à me faire. »

Cependant, dès leur retour à New York, ils se trouvèrent de nouveau assiégés. Les tranquilles journées passées loin des médias en Indiana avaient rappelé à

Carolyn ce que c'était qu'avoir une vraie vie privée, ce qui la déprima encore plus.

Quand vint la fin novembre, raconte une amie, Carolyn « s'effondrait sous le stress ». Le jour où John et elle ne firent même pas une apparition lors d'un gala au Metropolitan Museum of Art en l'honneur de feu le couturier Christian Dior, aucun invité ne fut plus amèrement déçu que la princesse Diana. Rappelons que, dans des cassettes rendues publiques par la « conseillère spirituelle » de la duchesse d'York, Mme Vasso Kortesis, « Fergie » avait prédit que Diana et elle se disputeraient l'homme qu'elles avaient toutes les deux rencontré et qu'elles convoitaient à présent : John F. Kennedy Jr.

En décembre, Carolyn partit en Allemagne rendre visite à sa sœur Lisa, qui faisait ses études là-bas. Dès son retour, John et elle furent importunés devant chez eux alors qu'ils promenaient leur chien, Friday.

Cette fois, John s'emporta. On lui avait dit que la femme qui attendait au volant de la Jeep en stationnement, la photographe des stars Angie Corqueran, était précisément celle qui avait tourné l'infâme vidéo de leur dispute dans le parc. John grimpa sur le capot, appuya son visage contre le pare-brise et se mit à crier : « Je sais qui vous êtes ! Je sais qui vous êtes et je vous aurai ! »

Stupéfaite, Carolyn essaya de le calmer mais John était lancé. Lorsque la photographe baissa sa vitre pour lui demander de descendre et de la laisser s'en aller, John, sans cesser de crier, l'attrapa par le col. Carolyn tira sur le bras de son mari pour le faire lâcher prise mais il se dégagea.

C'est alors qu'il vit le collègue d'Angie Corqueran sur un vélo. John courut vers l'homme et, les poings serrés, il lui hurla au visage : « Fichez-nous la PAIX, bon sang ! » répétait-il tandis que Carolyn essayait frénétiquement de le tirer en arrière.

Enfin, John s'en alla comme une furie, seul, laissant Carolyn et Friday tenter de le rattraper. Lorsqu'elle le rejoignit, Carolyn fondit en larmes. « Écoutez, dit plus tard John, j'ai choisi de m'exposer aux journalistes, mais pas elle. Elle n'a jamais convoqué de conférence de presse, jamais prononcé un discours. »

« Je ne lui en veux pas d'être sorti de ses gonds, commenta par la suite Angie Corqueran. Avant son mariage, il était doux comme un agneau avec nous... même quand il en avait marre. Il avait passé sa vie entière traqué par la presse et savait le gérer. Mais quand votre femme en souffre et que les paparazzi la font pleurer, vous la protégez, c'est instinctif. Je ne lui en veux pas du tout de s'en être pris à moi. Dans un sens, cela montre combien il était formidable : ce type a essayé de m'étrangler et me voilà *toujours* en train de le défendre. C'était vraiment quelqu'un. »

La photographe, témoin de leurs allées et venues depuis des années, avait également pitié de la détresse de Carolyn. Elle avait remarqué qu'en devenant Mme JFK Jr la jeune femme avait « changé. Autrefois, elle faisait un peu garçon manqué en survêtement-et-baskets-allons-jouer-dans-le-parc, et la voilà soudain transformée en cette créature de rêve en talons hauts et robe Versace. Je crois qu'elle s'efforçait d'être à la hauteur alors qu'elle aurait préféré rester insouciante et gaie comme avant ».

Il était devenu de plus en plus difficile pour le couple de préserver son équilibre affectif au milieu de l'incessant tourbillon de spéculations des médias, d'après lesquels John aurait renoué avec Daryl Hannah, et qui prêtaient diverses liaisons à Carolyn, notamment avec son ancien petit ami Michael Bergin. Les articles persistants depuis leur mariage affirmant que Carolyn était enceinte, qu'elle avait fait une fausse couche et qu'ils souffraient de problèmes de fertilité, étaient particulièrement douloureux.

Bien que John eût déjà choisi Flynn comme prénom de garçon, leur décision de ne pas fonder immédiatement une famille était délibérée. « Ils attendaient, raconte leur amie Christa D'Souza, parce que ni l'un ni l'autre ne pouvait supporter l'idée que les médias se jetteraient sur eux. »

Carolyn, en particulier, refusait de soumettre un enfant à une telle inquisition. « Ce serait complètement injuste, trop cruel, dit-elle. Cela reviendrait exactement au même que de lui infliger des mauvais traitements. »

En attendant, John et Carolyn se délectaient du temps qu'ils passaient avec les enfants de leurs amis. « Mes trois filles adoraient John, se rappelle John Perry Barlow. Mais quand Carolyn est entrée dans sa vie, ils ne parlaient plus que d'elle. Ils la considéraient comme une fée sortie d'un conte.

« John et Carolyn avaient tout à fait l'intention de fonder une famille, poursuit Barlow. Mais ils voulaient attendre que les choses se tassent un peu. Ils se trouvaient déjà sous l'implacable feu des médias et n'osaient imaginer ce que ce serait avec un enfant. Ils n'étaient pas pressés. Ils pensaient qu'ils avaient le temps... »

Des tensions professionnelles affectaient également John. À l'instar de sa relation avec Carolyn, le partenariat de John et de Michael Berman, le cofondateur de *George*, était parfois orageux. Avant même que le premier exemplaire ne soit en vente, les deux copains de collège s'étaient déjà disputés quant au contenu du magazine.

En février 1997, leur conflit latent se déclara après que John eut envoyé Carolyn en Europe pour convaincre les plus grands couturiers de devenir annonceurs dans *George*. Peu après, elle commença à proposer des idées quant à l'orientation du magazine, et John l'écoutait. Quand Berman donna son avis sur la question (« Elle ne sait pas de quoi elle parle »), John vit rouge. Les deux hommes en vinrent même aux mains dans un couloir des bureaux de *George* et durent être séparés par des gardiens. John se retrouva avec une chemise déchirée. Trois mois plus tard, c'en était fini de leur association... et d'une amitié de dix-sept ans.

La bouffée d'immaturité qui l'avait conduit à l'affrontement avec Berman n'était pas étonnante chez John. En mars, des policiers furent appelés par les habitants de Hyannis Port, prévenus qu'un homme aux commandes d'un petit ULM était poussé par les vents de plus en plus loin au-dessus de l'océan glacé. À l'arrivée des policiers, John avait réussi à ramener son engin jusqu'au rivage et à se poser sur la plage. Quand ils lui dirent qu'il aurait pu facilement y rester, John haussa les épaules : « Je n'étais pas inquiet. »

Mais son ami Richard Wiese l'était, lui. Avant de fonder *George*, John avait envisagé de s'associer avec Wiese pour vendre des engins ultra-légers motorisés. « Un jour, je lui parlais des accidents qui surviennent souvent avec les ULM, raconte Wiese. Il n'a rien voulu écouter. Il disait que je cherchais à le décourager. » Cela ennuyait son vieux copain de fac. « Un bon pilote doit savoir évaluer les risques, et décider comment les éviter », dit-il.

Ce qui préoccupait le plus Wiese et d'autres, qui connaissaient bien John, c'était qu'il se montrait parfois très distrait. « Il était très intelligent, raconta Wiese, mais il avait un problème avec les objets. Il égarait tout le temps quelque chose. Il avait toujours ses clefs attachées à son pantalon. Je ne sais pas combien de dizaines de bicyclettes il a perdues. »

En juin de cette année-là, John emmena Carolyn à Milan pour un deuxième voyage de noces. Comme pour le premier, ils quittèrent peu leur chambre. Cet intermède sembla salutaire : après leur retour à New York, les amoureux furent photographiés bras dessus bras dessous dans les rues. Mais Carolyn replongea dans la dépression lorsqu'elle retourna à Milan quelques semaines plus tard seulement : cette fois, pour les obsèques de son ami Gianni Versace, abattu dans une rue de Miami par le tueur en série Andrew Cunanan.

Pendant la messe, la princesse Diana était tellement occupée à bavarder avec le musicien Sting et à réconforter un Elton John très affligé qu'elle ne reconnut pas Carolyn, assise juste à côté d'elle. Quand Diana trouva la mort dans un accident de voiture à Paris, cinq semaines plus tard seulement, Carolyn et John furent, comme le reste du monde, pétrifiés. « Les pauvres garçons... », dit Carolyn en secouant la tête à la lecture du journal chez Bubby.

Lorsqu'on sut que Diana avait voulu que ses fils sachent se comporter vis-à-vis des médias comme le faisait JFK Jr, il réagit avec sa modestie caractéristique. « C'est très gentil, dit-il. Mais la situation n'est pas tout à fait la même. J'ai pu mener une vie normale vers l'âge de cinq ans, environ. Je suis allé en pension, puis à la fac. Les fils de Diana, eux, auront constamment affaire aux médias à partir de maintenant. »

Que John ait vraiment mené une « vie normale » reste sujet à caution. Mais il avait appris l'art de se cacher au nez et à la barbe de tout le monde. « John était un magicien, raconte John Perry Barlow. Il était capable de disparaître comme ça, subitement. » Un jour, après un concert de Bruce Springsteen à Madison Square Garden, JFK Jr et Barlow se dirigeaient vers une sortie quand soudain ils furent cernés par les photographes. « John était juste derrière moi, se rappelle Barlow, mais quand je me suis retourné vers lui, il s'était volatilisé. Quelques instants plus tard, la foule un peu dispersée, j'ai entendu un bruit. "Psst. Psst, par ici." Et John a surgi de derrière un poteau. Il était là, au milieu de la mêlée, depuis le début. Il savait se faire petit quand il ne voulait pas qu'on le voie, et il usait souvent de cette faculté. »

Cet été-là, le clan fut ébranlé par deux scandales qui firent la une des journaux et plusieurs Kennedy ont dû envier le don qu'avait John de disparaître. Joe Kennedy, membre du Congrès en pleine campagne pour le poste de gouverneur, fut cloué au pilori pour avoir tenté de faire annuler son mariage avec Sheila Rauch, union qui avait duré douze ans. Un autre fils de Bobby, Michael Kennedy, avait un problème beaucoup plus embêtant : il fut accusé d'avoir couché avec la baby-sitter de ses enfants, mineure.

Carolyn avait contribué à la rupture entre John et son associé Michael Berman. Cette fois, sur les encouragements de sa femme et non sans espérer faire remonter les ventes de son magazine qui s'effondraient, John rompit la loi du silence et se désolidarisa de ses cousins Kennedy. Reprochant à Michael et à Joe leur « mauvaise conduite », John se servit de l'éditorial de l'exemplaire de septembre 1997 de *George* pour lancer une attaque cinglante contre la branche de la famille Kennedy dont sa mère l'avait protégé avec succès. « Le premier a abandonné une épouse amère, écrivit-il de Joe. L'autre, pour peut-être se sentir immortel, est tombé amoureux de la jeunesse et ce faisant, y a laissé son jugement. »

Quant à l'opprobre dont avaient déjà été accablés Joe et Michael, John écrivit : « Ils le méritent peut-être. Ils n'auraient pas dû faire ce qu'ils ont fait. De celui qui a beaucoup reçu, beaucoup est attendu, n'est-ce pas ? » Pour jeter de l'huile sur le feu de la controverse, la photo accompagnant la lettre accablante de John le montrait nu – quoique pudiquement dans l'ombre – contemplant la pomme interdite sous la légende suivante : « Ne vous asseyez pas sous le pommier. »

Joe Kennedy, qui, à la suite de cette histoire, se désisterait de sa candidature au poste de gouverneur du Massachusetts, se montra philosophe au sujet de la diatribe de John dans *George*. « Ma première réaction a été de me dire, raconte Joe : "Ne te demande pas ce que tu peux faire pour ton cousin, mais ce que tu peux faire pour son magazine." » Michael essaya également de prendre avec désinvolture le désaveu d'un des siens, et insista sur le fait qu'il considérait toujours John « comme non seulement [son] cousin, mais [son] ami ».

« Il a dévalorisé son image », commenta l'institut de sondage John Zogby, reflétant le sentiment des nombreuses personnes qui estimaient que John avait trahi les siens. « C'était idiot de faire une chose pareille. » Mais les défenseurs de John arguèrent qu'il avait eu parfaitement raison de condamner ses cousins. « John F. Kennedy a adopté un rôle de leader au sein de sa génération dans la famille Kennedy », déclara John Davis, un cousin de Jackie. La prise de position dans le magazine de JFK Jr se présentait, ajouta-t-il, comme « une première démarche visant à laver le nom de la famille face aux alarmantes critiques dont elle fait l'objet. Je trouve que c'est bon signe ».

Pour John Perry Barlow, l'éditorial s'inscrivait pour John dans le cadre de sa découverte de lui-même. « Il se demandait toujours comment se définir en tant qu'individu et non en tant que Kennedy. Il avait un très grand sens de la loyauté à l'irlandaise, mais se sentait différent. Et il l'était. John était beaucoup plus Bouvier que Kennedy. »

Si Jackie avait à cœur de voir son fils se lancer à la conquête de la Maison-Blanche, elle voulait cependant qu'il le fasse à sa manière. « Jackie avait un grand sens des responsabilités, pas des obligations, et elle a réussi à le transmettre à son fils. Elle fut l'un des grands personnages de ce monde. »

Il est néanmoins peu probable qu'elle eût approuvé l'éditorial controversé de *George* critiquant ses cousins. Bien que Jackie n'aimât pas Ethel, et malgré ses efforts – couronnés de succès – pour tenir John à l'écart de la bande de Hickory Hill, elle resta toujours fidèle au nom des Kennedy. De Chappaquidick à l'overdose d'héroïne de David Kennedy, en passant par le procès pour viol de Willie Smith et les nombreux autres scandales et polémiques, Jackie soutint toujours sans faillir les Kennedy. « Quels qu'aient pu être ses sentiments personnels, dit Pierre Salinger, Jackie avait toujours à cœur de présenter au monde un front uni. »

Quoi qu'il en soit, les exemplaires de George se vendirent comme des petits pains cette semaine-là, et John s'accorda en récompense huit jours de canoë-kayak en Islande en compagnie de trois amis. Carolyn demeura à New York. « La pauvre dame ne savait pas quoi faire d'elle-même, raconte une voisine. On la voyait sortir le chien et faire ses courses à l'épicerie, mais la plupart du temps, elle restait cachée chez elle. »

À son retour, John partit avec Carolyn pour Martha's Vineyard, où ils rejoignirent la sœur de John à une soirée donnée en l'honneur de Bill et Hillary Clinton le 20 août. Le lendemain, Carolyn rentra à New York car elle avait rendez-vous chez son coiffeur, laissant John seul.

Entre Daryl Hannah. Elle arriva à Martha's Vineyard le jour précis où partait Carolyn et prit la chambre 201 au Edgartown's Harbor View Hotel. Daryl se cachait derrière des foulards, des chapeaux et des lunettes noires, et personne n'a rapporté avoir vu John et Daryl ensemble ce week-end-là.

Deux jours plus tard, Carolyn rejoignait John à Hyannis Port pour une réunion de famille organisée par oncle Ted. Le week-end de football visait à raccommoder John et ses cousins, et à prouver au monde extérieur que le clan restait soudé. En privé, Ted fulminait depuis l'éditorial cinglant de John. Mais, en public, il écartait allègrement toute allusion à une querelle de famille.

C'est seulement à leur retour à New York que Carolyn entendit parler de la présence de Daryl Hannah à Martha's Vineyard la semaine précédente... le jour même où John s'y trouvait seul. On comprend que Carolyn ait préféré accompagner John lorsqu'il y retourna pour le week-end de la fête du travail. Pendant qu'ils attendaient de décoller à l'aéroport de Newark à bord d'un petit avion Continental Express, les époux se disputèrent bruyamment, oublieux de la dizaine de passagers qui n'en perdirent pas un mot cruel.

« On ferait peut-être mieux de divorcer, cria John à Carolyn. Depuis le temps qu'on en parle !

— Oh, non ! répliqua-t-elle. On a attendu la mort de ta mère pour se marier, on attendra la mort de la mienne pour divorcer. »

L'altercation dura presque toute l'heure de trajet. Carolyn rentra à New York par charter privé le lendemain, laissant John calmer sa colère en faisant du vélo sans but pendant des heures sur l'île.

Cet automne-là, tout en essuyant les retombées de son éditorial contre Joe et Michael Kennedy, John essaya de recoller les morceaux avec Carolyn. Il transforma un de ses voyages d'affaires en Californie en une romantique escapade pour fêter leur deuxième anniversaire de mariage. Après deux nuits à San Francisco, où on les vit très amoureux dans le bar du Huntington Hotel dans lequel ils restèrent un moment avant de gagner leur suite, ils descendirent au Ventana Inn, à Big Sur, deux cent cinquante kilomètres plus au sud.

Quand ils revinrent à New York, John était déterminé à empêcher Carolyn de replonger dans un état de déprime. Il se réserva deux déjeuners par semaine pour elle, et ordonna au personnel de le déranger chaque fois qu'elle appelait : « Même si je suis en rendez-vous ou au téléphone avec la Maison-Blanche, passez-moi Carolyn », demanda-t-il.

Mais la jeune femme, toujours exposée au mitraillage des photographes dès qu'elle mettait le nez dehors, recommença à s'ennuyer et à se replier sur elle-même. Lorsqu'ils s'aventuraient hors de chez eux, son attitude était réfrigérante. « John se comportait en vrai gentleman, rapporte le photographe David McGough. Poli avec les photographes lors des événements mondains, il s'arrêtait pour leur sourire. Il savait donner... Elle ne le sut jamais. Carolyn souriait rarement. Elle pouvait être aussi froide que de la glace. Son ressentiment était évident. Elle ne faisait rien pour le cacher. »

La colère, attisée par le sentiment d'isolement croissant de Carolyn, se répercutait à la maison. Un soir, John fut emmené d'urgence à l'hôpital pour se faire recoudre : un nerf de sa main droite avait été mystérieusement sectionné dans ce qui fut décrit par le porte-parole de *George* comme un « accident domestique survenu dans la cuisine ».

Ce mystérieux incident, à la suite duquel il eut la main et l'avant-bras bandés et dut porter une attelle, n'empêcha pas John de s'envoler pour La Havane le 23 octobre 1997, pour une rencontre historique avec le dictateur cubain Fidel Castro. Là, trente ans après la crise cubaine, John interviewa celui qui incarnait le châtiment de son père ; durant le dîner de cinq heures composé de pamplemousse, crevettes, poulet et glace, John s'étonna quand Castro professa être un grand admirateur de JFK, et lorsqu'il sembla s'excuser d'avoir refusé à Lee Harvey Oswald un visa d'entrée à Cuba en octobre 1963... ce qui aurait certainement empêché Oswald de se trouver à Dallas un mois plus tard.

En décembre, à New York, une nouvelle confrontation avec les paparazzi se produisit. Un jour, John réserva une surprise aux photographes stationnés devant son appartement : il les filma. Cela servirait de preuves, expliqua-t-il, au procès pour harcèlement qu'il comptait bien leur intenter.

Plus que jamais, John éprouvait le besoin d'échapper à tout cela. Il commença à prendre en secret des leçons de pilotage à la Flight Safety Academy de Vero Beach, en Floride. Mais Carolyn n'approuvait pas. Elle n'avait pas opposé d'objection à l'ULM car c'était plutôt un jouet d'adultes qu'un avion à proprement parler. Et John lui répétait si souvent que le Buckeye était tellement inoffensif que l'on n'avait même pas besoin de brevet pour être aux commandes.

En revanche, piloter un avion semblait à Carolyn infiniment plus risqué. John avait parlé à sa femme des inquiétudes de sa mère, et maintenant qu'elle faisait partie du clan maudit, voilà qu'elle nourrissait les mêmes. De retour de Floride, le lendemain de Noël, ils s'apprêtaient à monter dans un avion à Atlanta quand ils se disputèrent à ce sujet. « Je parle sérieusement, John, disait Carolyn. J'ai un mauvais pressentiment. Je ne veux pas que tu apprennes à piloter. »

Cinq jours plus tard, le 31 décembre, Michael Kennedy se tua à Aspen, Colorado, en percutant un sapin lors d'un match nocturne de football à skis entre Kennedy, d'une inconscience typique. La sœur de Michael, Rory, lui soutenait la tête en criant : « Reste avec nous, Michael ! » Elle essaya de lui faire reprendre connaissance tandis que les enfants de Michael sanglotaient à ses côtés. Il avait trente-neuf ans. Ce ne serait pas la seule tragédie familiale qui affecterait Rory.

Malgré leur réconciliation à Hyannis Port l'été précédent, la mort brutale et choquante de Michael ranima le ressentiment qui couvait encore parmi les cousins au sujet des incriminations publiques qu'avait faites John de Michael et de Joe. Lors des obsèques, à Centerville, dans le Massachusetts, Joe murmura des paroles de réconfort aux personnes présentes, mais accueillit John avec un silence de pierre. « C'était délicat, se rappelle un membre de la famille. Tout le monde était encore sous le choc... Le fait que la condamnation de John soit survenue si peu de temps avant sa mort n'a pas rendu les choses faciles. »

Pendant qu'ils attendaient d'embarquer à l'aéroport de Hyannis, John et Carolyn furent acculés par deux photographes. « Vous ne pouvez donc pas nous laisser tranquilles ? » dit John. Puis il sortit son propre appareil photo et commença à les photographier à son tour. Les deux photographes allaient s'éloigner quand Carolyn prit l'appareil photo des mains de John et leur courut après. Lorsqu'elle rattrapa la photographe Laura Cavanaugh, elle lui cracha à la figure.

Carolyn était à l'évidence à la limite de la dépression nerveuse pour plusieurs raisons, la crainte que son casse-cou de mari ne termine comme Michael n'étant pas la moindre. « Avec tout ce qui se passe dans cette famille, John est la dernière personne au monde qui devrait piloter son propre avion, confia Carolyn à une amie de l'époque de Calvin Klein. Je ne peux pas m'empêcher de penser que John pourrait être le prochain à disparaître... »

Elle lui fit part de ses appréhensions. « Renonces-y maintenant, pendant que tu le peux encore... s'il te plaît, fais ça pour moi », le supplia-t-elle.

John dédramatisa. « Tu es paranoïaque et superstitieuse, lui dit-il. Ne t'inquiète pas, je ne prendrai aucun risque. »

Mais Carolyn n'avait pas dit son dernier mot. Elle s'assura le concours de Ted Kennedy pour convaincre John d'arrêter ses cours de pilotage. Oncle Ted lui fit remarquer que sa femme subissait déjà des tensions considérables. Pour soulager l'angoisse de Carolyn, et par respect envers les désirs de sa mère, John devrait renoncer à sa carrière de pilote. À contrecœur, John accepta. Il annonça à ses instructeurs qu'il ne reviendrait pas, en raison de « conflits personnels et familiaux ».

Quatre jours après l'enterrement de Michael Kennedy, le 7 janvier 1998, Carolyn Bessette-Kennedy fêtait son trente-deuxième anniversaire. Avant de souffler les bougies sur son gâteau, elle dit à John : « La seule chose que je souhaite, pour mon anniversaire, c'est de savoir que tu seras toujours là avec moi. »

Elle commença à l'appeler « Souris ». Il l'appelait « Chaton ». Et pendant les quelques mois qui suivirent, John et Carolyn semblèrent atteindre, comme il le dit à sa sœur, un certain équilibre dans leur vie. En février, ils se rendirent à un dîner officiel en l'honneur du Premier ministre britannique Tony Blair à la Maison-Blanche. Alors qu'ils attendaient leur tour d'être accueillis, Joseph Nye, doyen de l'école Kennedy à Harvard, se tourna vers John et demanda : « Vous souvenez-vous de ce lieu ?

— Seulement vaguement, répondit John.
— Avez-vous envie d'y revenir ? »
John sourit à Nye. « Seulement vaguement », répéta-t-il.
Le président Bill Clinton, croyant à tort que c'était la première fois que JFK Jr y remettait les pieds, fit faire une visite guidée complète à John et Carolyn... en veillant à ce que les photographes de la Maison-Blanche immortalisent l'événement. En réalité, cela faisait presque vingt-sept ans que John avait perdu son pari avec sa sœur et renversé son verre sur les genoux de Nixon.
De là, ils partirent en jet faire un séjour aux sports d'hiver dans l'Utah, puis revinrent à New York pour une fête d'anniversaire au Saint-Regis Hotel en l'honneur d'oncle Ted, où tout le gratin était présent. En avril, ils restèrent enlacés pendant tout un dîner cérémonieux à la Municipal Arts Society.
Gala après gala, John et Carolyn semblaient plus heureux et plus à l'aise qu'on ne les avait jamais vus depuis leur mariage. Pour le plus grand plaisir de John, Carolyn venait vers lui dans une soirée et s'asseyait sur ses genoux. « Elle lui chuchotait quelque chose à l'oreille et il éclatait d'un rire tonitruant, raconte le photographe new-yorkais David McGough. C'était peut-être pour la galerie, mais allez savoir ? Il paraissait sincèrement heureux. Peut-être l'était-elle aussi, à cette époque. »
Pas complètement. Quelques semaines seulement après avoir promis à Carolyn et à son oncle Ted qu'il abandonnait les leçons de pilotage, John convainquit sa femme de le laisser retourner à la Flight Safety Academy de Vero Beach. Carolyn l'accompagna en Floride lors de deux occasions distinctes au moins, mais passa la plupart de son temps au gymnase et à la piscine de l'hôtel.
Comme il l'avait fait si souvent auparavant, John se trouva une « mère » à qui se confier en la personne de Lois Cappelen, une serveuse de cinquante-six ans chez

C.J. Cannon, une cafétéria située près de l'école d'aviation. « Le premier jour, j'ai cru voir entrer quelqu'un que je connaissais. Un jeune homme, un mannequin qui, nous le trouvions tous, était le portrait de John Kennedy Jr. Mais en m'approchant de lui, j'ai réalisé que ce n'était pas mon ami », raconte Lois Cappelen. « Alors je me suis présentée : "S'il vous plaît, appelez-moi John", m'a-t-il répondu. » C'est seulement lorsque sa jeune collègue la prit à part et lui cria : « C'est JFK ! C'est JFK ! », que Lois comprit à qui elle avait affaire.

Tous les matins, pendant plusieurs semaines, John vint chez J.C. Cannon. Il s'asseyait à la table de Lois, le dos aux autres clients, et commandait comme petit déjeuner des flocons d'avoine, des œufs, des fruits et du jus d'orange. Elle fut immédiatement frappée par son attitude « ouverte et simple. Des inconnus venaient à lui et il se levait, leur serrait la main et leur parlait ». Elle fut aussi frappée par son humour. Quand Lois lui apprit qu'elle avait des jumeaux comme petits-enfants, John lui fit remarquer que curieusement, dans sa vaste famille, on n'avait jamais eu de jumeaux. « Hmmm, maintenant que je pense à mes cousins, ajouta-t-il, un seul exemplaire de chaque est amplement suffisant ! »

« Quand nous nous sommes un peu mieux connus, raconte Lois Cappelen, je lui ai demandé pourquoi il avait attendu si longtemps avant d'apprendre à piloter. La plupart des élèves officiers sont des gamins. Il m'a répondu qu'il avait envie de piloter depuis qu'il était enfant, que lorsqu'il était petit, il croyait qu'Air Force One était *son* avion, et que rien ne lui procurait plus de plaisir que voler. Mais sa mère ne supportait pas cette idée et lui avait demandé de ne plus jamais y songer. Cependant, après sa disparition, il avait pris la décision de s'y mettre... »

Un samedi d'avril, John rencontra Richard Wiese à Central Park pour un match de football. « Dorénavant, tu peux m'appeler aviateur John Kennedy, pilote breveté ! », annonça-t-il. Wiese offrit à son ami une affiche du film *Top Gun* avec le visage de John collé à la place de celui de Tom Cruise. Sur l'affiche, Wiese écrivit : « Les cieux ne seront plus jamais les mêmes. »

Malgré les invitations répétées de John, Wiese refusa de se faire emmener en avion par lui. Tous ses autres amis firent de même, sans parler des membres de sa famille. « John a peut-être poussé les limites en passant son brevet de pilote, dit son cousin Willie Smith. Mais il ne les a pas encore dépassées. Il lui reste à convaincre un membre de sa famille de se laisser piloter par lui. »

Il ne s'avoua pas vaincu. Lors du week-end de la fête nationale à Hyannis Port, en juillet, John essaya de persuader les uns et les autres de monter à son bord. Sans succès.

Cela n'assombrit pas les festivités. Pieds nus, John joua à la bagarre avec ses neveux, plaisanta avec ses cousins, et chatouilla Carolyn jusqu'à ce qu'elle crie grâce. De son côté, la jeune femme, ses longs cheveux flottant dans son dos, était parfaitement dans son élément avec les Kennedy. Pratiquement tous les membres de la famille l'embrassèrent chaleureusement, et elle se donna en spectacle elle aussi en faisant la roue sur la pelouse. « C'était une journée parfaite, dit John à ses cousins. Absolument parfaite. » Oncle Ted, posté à côté du buffet, ne perdait rien du tableau familial et fut impressionné. « Mon Dieu, ces gosses sont vraiment amoureux, non ?, lança-t-il à la cantonade. Comme ses parents auraient aimé voir cela... »

Le mois suivant, Carolyn et John se rendirent en Italie au mariage de Christiane Amanpour. Sa vieille colocataire à la Brown University, devenue une célèbre correspondante de guerre pour CNN, épousait le porte-parole du ministère des Affaires étrangères, James Rubin, dans la chapelle médiévale de Santo Stefano. Les Kennedy se tinrent la main pendant toute la cérémonie et, lorsque le prêtre dit au marié d'embrasser la mariée, John se pencha pour embrasser tendrement Carolyn.

Nul n'était plus heureux pour le jeune ménage que la sœur de John. « Caroline savait qu'ils avaient traversé une crise, observa un ami. John ne disait jamais une parole négative sur sa femme à Caroline, mais elle était au courant de leurs disputes. Et lorsque apparemment Carolyn se fut faite à l'idée qu'elle était au centre de l'attention des médias, Caroline en fut particulièrement ravie. »

Ce qui la ravissait moins, en revanche, c'était le nouveau statut de pilote de son frère. « À la première occasion, elle lui rappelait que leur mère ne voulait pas le voir piloter des avions, que cela lui briserait le cœur de savoir qu'il le faisait contre sa volonté. Mais au bout d'un moment, quand il devint évident qu'il ne voulait pas en entendre parler, Caroline finit par baisser les bras. »

Mme JFK Jr renonça également à le faire changer d'avis. Durant l'automne 1998, Carolyn passa de plus en plus de temps avec sa sœur Lauren, qui revenait d'un an à Hong Kong et s'était installée dans un superbe appartement en terrasse à deux pâtés de maisons du 20 North Moore Street. Les deux femmes faisaient fréquemment des courses dans des magasins chics comme Barney ou Prada, et déjeunaient ensemble au moins une ou deux fois par semaine, sinon plus. Régulièrement, Carolyn passait la nuit chez sa sœur.

La jeune femme voyait aussi beaucoup ses amis du milieu de la mode. Nombre d'entre eux étaient homosexuels et presque tous restaient à distance discrète de John. Donatella Versace observa que John était « extrêmement large d'esprit à l'égard des amis de Carolyn, qui étaient très différents des siens. Il adorait sa personnalité, sa façon de voir la vie ».

Parallèlement, John avait fort à faire avec *George*. En grande partie grâce aux rebondissements de l'affaire Monica Lewinski qui menaça de renverser le gouvernement Clinton, *George* afficha des ventes d'espaces publicitaires record d'un million de dollars en avril 1999.

Misant sur l'impact de films politiques tels que *Primary Colors* et le satirique *Des hommes d'influence*, sans parler de la perspective d'un procès où l'on laverait pas mal de linge sale, John était optimiste quant à l'avenir de son magazine.

« Du jour au lendemain, le lien entre la politique et la culture pop devint frappant, dit-il. Avec la sortie de ces deux films et du fait des événements de Washington, les gens pensent davantage à la politique. Soudain, ils s'intéressent au facteur humain, ce qui a toujours été notre domaine. »

En fait, la sensation croissante d'une absence de points de repères moraux dans la capitale du pays nourrissait les spéculations selon lesquelles John allait entrer dans le jeu politique. « John n'était pas insensible à la pression ni aux conjectures, raconte son ami John Perry Barlow. Mais il n'aimait pas obtenir quelque chose s'il n'avait pas l'impression de l'avoir gagné. John était également très libre d'esprit sous de multiples angles. Il avait l'habitude d'être observé et analysé d'une certaine façon : une façon importune, mais qui lui permettait tout de même de rester lui-même, John. Il ne voulait pas se lancer dans la politique tout de suite pour ne pas être examiné sur toutes ses coutures d'une façon très différente, beaucoup plus intense. Il avait peur, en devenant candidat, de ne plus pouvoir continuer à être celui qu'il était. »

Cela n'empêchait pas ses amis de mettre le sujet sur le tapis de temps à autre. Lors d'un banquet de remise de prix organisé conjointement par John et par un autre philanthrope Paul Newman en mai 1999, John pensa qu'il serait « amusant » d'asseoir Barlow en face de lui, et entre des personnes aussi disparates que l'ancien sénateur républicain Alfonse D'Amato et la superstar du rap controversée, Puff Daddy.

« D'Amato et moi avons essayé de convaincre John de présenter sa candidature au poste de maire de New York... en tant que républicain, dit Barlow. C'était plus une plaisanterie qu'autre chose, mais John y a vraiment réfléchi. À beaucoup d'égards, John était très conservateur. Socialement, je pense qu'il était plus républicain que démocrate. Il avait de telles convictions sur l'intégrité. John savait reconnaître le bien et le mal. Il aurait fait un maire formidable. Il comprenait vraiment bien New York et aimait beaucoup cette ville. »

Détail ironique, John était un militant plus rodé qu'aucun de ses cousins pourtant lancés dans la vie politique active. « Tous ceux qui l'ont rencontré vous diront la même chose : "C'est un type réglo." John avait une façon de faire oublier aux gens le côté "Oh, mon Dieu, c'est lui, c'est John !", de les faire s'intéresser à *lui*, à la personne, raconte Barlow. Il vous mettait à l'aise instantanément parce qu'il était vraiment fasciné par la vie des autres. Il voulait connaître votre histoire. »

JFK Jr ne cachait pas à ses proches qu'un jour ou l'autre, il effectuerait le grand saut. « Il comptait se présenter lorsqu'il aurait l'impression de l'avoir mérité, dit Barlow. Il croyait qu'il avait tout le temps... »

John avait prédit avec assurance que *George* réaliserait un bénéfice en 1999. Un an en avance sur les prévisions. Mais en octobre 1998, les ventes et les recettes publicitaires firent un nouveau plongeon inexplicable. Plus que jamais, John s'immergea dans les affaires. Il restait souvent au bureau jusqu'à l'aube, et parfois venait y travailler le week-end.

Dès la naissance du magazine, tous les employés, depuis ceux chargés de l'entretien et de la sécurité jusqu'aux secrétaires et rédacteurs, tous le considéraient comme quelqu'un d'attentionné et d'amical. Un soir, alors que les membres de l'équipe avaient un délai très serré à respecter, John sauta sur son vélo, sortit sous la pluie jusque chez le vendeur de pizzas le plus proche et revint, trempé des pieds à la tête, avec cinq pizzas. « C'était le genre de personne à vous tenir la porte de l'ascenseur ouverte et à toujours dire bonjour, raconte une documentaliste du magazine. Un type chaleureux, ordinaire. Pour moi, c'était le patron idéal. »

Pour trouver de nouveaux annonceurs parmi les couturiers italiens, John voyagea à Rome et à Milan. Sans Carolyn. Dans une image rappelant le voyage de la princesse Diana au Taj Mahal sans Charles, John fut photographié en train de visiter Rome, flânant seul sur la Piazza Navona.

Le jour du trente-cinquième anniversaire de l'assassinat de son père, John était encore seul. Cette fois, il commandait un repas chinois à emporter après avoir emmené son chien Friday en promenade. Quelques jours plus tard, il passait Thanksgiving à Hyannis Port avec le reste du clan Kennedy. Carolyn, qui avait été si chaleureusement accueillie par la famille, préféra rester à New York et fêter Thanksgiving avec plusieurs de ses amis du milieu de la mode.

En décembre, on les vit se sourire et manifester leur affection mutuelle lors d'une soirée de bienfaisance à la Tavern on the Green de New York ; pourtant, cette tentative délibérée de mener des vies séparées mais sur un pied d'égalité commençait à faire des ravages au sein du couple. John et Carolyn virent un conseiller conjugal en mars 1999. On murmurait qu'elle consommait des stupéfiants et qu'ils n'avaient plus de vie sexuelle depuis des mois. Un reportage dépeignait John assis sur un tonneau de bière Beck chez Walker, un bar proche de chez lui, racontant d'un ton larmoyant à un ami que Carolyn était accro aux antidépresseurs et à la cocaïne. John aurait aussi avoué qu'elle s'était installée dans la chambre d'amis et qu'ils n'avaient pas eu de relations sexuelles depuis un an.

Des rumeurs circulaient également selon lesquelles Carolyn aurait eu de nombreuses liaisons, et que, par désespoir, John l'avait trompée avec au moins deux autres femmes. Mais pour beaucoup de gens, elle était plus satisfaite que jamais de son rôle de Mme JFK Jr. L'une des raisons, confia-t-elle au *New York Daily News*, était qu'elle avait cessé de lire dans la presse les histoires la concernant. « Je suis heureuse, et peut-être meilleure, en restant dans l'ignorance. » Au dîner des journalistes de la Maison-Blanche, au mois de mai, elle s'assit sur les genoux de John comme elle le faisait auparavant, ils rirent et se firent un câlin pour les photographes.

Ce dernier été, il y eut des problèmes dans leur couple, indiscutablement. Mais c'était tout simplement dans la logique de leur relation passionnelle et tumultueuse. « Ils riaient beaucoup ensemble », rapporte Paul Wilmot, reflétant l'opinion de nombre de leurs amis. « Ils formaient un couple très chaleureux, très heureux. » Cela ne faisait aucun doute lorsque John et Carolyn dînèrent chez Josephine, un restaurant français du quartier des théâtres de New York. John se leva de table pour aller demander un morceau spécial au pianiste Chris Curtis : la poignante ballade d'Elton John, *Your Song*.

Longtemps avant de rencontrer Carolyn, John avait affiché la nature ardente qui le conduisait à des querelles en public avec l'autre femme qu'il avait aimée assez sérieusement pour songer à l'épouser, Daryl Hannah. Ce qui manquait apparemment à Daryl, Carolyn l'avait en abondance : une fougue colérique égale à celle de John. Pour ceux qui les connaissaient, cela constituait un ingrédient essentiel pour préserver une dimension de passion dans leur couple. « Carolyn était un être impétueux, passionné, dit Barlow. D'une grande sensibilité. La vérité, c'est qu'ils étaient très profondément épris l'un de l'autre. » Et Wilmot d'insister : « Il avait probablement trouvé en elle sa véritable âme-sœur. »

Quelles qu'aient été les relations de John et de Carolyn à l'époque, ils ne manquaient jamais de soutenir leurs amis communs et se montraient toujours à la hauteur quand quelqu'un de leur groupe traversait une crise. Le fils unique de Lee, Tony Radziwill, avait été plus pour John qu'un cousin ou son meilleur ami. Ils représentaient l'un pour l'autre, dit un jour Caroline Kennedy, « le frère que l'autre n'avait pas eu ».

Pendant dix ans, Radziwill s'était battu contre le cancer. Mais en 1998, il devint évident qu'il perdait la bataille. « La maladie de Tony Radziwill a vraiment anéanti John, la dernière année, raconte John Perry Barlow. Il faisait tout ce qu'il pouvait pour Tony mais il le voyait mourir sous ses yeux... ils s'adoraient tous les deux. »

John continua de voir son ami, mais ce fut Carolyn Bessette-Kennedy qui passa dix jours au chevet de Radziwill dans sa chambre d'hôpital pendant qu'il subissait une chimiothérapie débilitante.

Dans un tout dernier effort visant à sauver Tony après l'échec de la chirurgie, des rayons et de la chimiothérapie, Carolyn emmena Radziwill consulter le docteur Gil Lederman au Staten Island University Hospital pour une radiochirurgie extracorporelle stéréotaxique, technique révolutionnaire délivrant des doses spécifiques de radiation contre le cancer avec une précision extrême.

Carolyn accompagna la femme de Radziwill, Carole Ann, chez le docteur Lederman. « Carolyn était assise tout contre l'épouse du patient, se rappelle-t-il, leurs doigts étaient entrecroisés. » Carolyn se tenait aux côtés d'Anthony lorsqu'il arriva pour son traitement, et elle resta pour le ramener ensuite. « Ses yeux brillants et sa tendresse lui donnaient une confiance énorme, raconte le docteur Lederman. Elle était apaisante et rassurante. » Dans la salle d'attente, Carolyn appela John sur son téléphone portable pour le tenir au courant de l'état de son cousin.

Cet été-là, John et Carolyn insistèrent pour que Tony reste à Red Gate Farm pendant toute la durée de son traitement à Martha's Vineyard. Comme John, Radziwill était un cycliste invétéré. Pâle et amaigri, il stupéfia les médecins en se rendant à bicyclette à ses séances de chimiothérapie à l'hôpital du coin.

Si Jackie s'était rarement aventurée hors de son paradis terrestre retiré, faisant du canoë sur un de ses étangs, se promenant sur la lande ou courant sur ses mille quatre cents mètres de plage privée à Red Gate Farm, son fils, lui, faisait partie du décor du côté de Martha's Vineyard. Le week-end, pendant les mois d'été, on pouvait le voir se rendre en vélo à la plage de Katama, faire du roller devant la Kelly House dans Edgartown, se dresser sur le minuscule ferry allant à Chappaquiddick ou se promener du côté de Menemsha dans sa Pontiac GTO décapotable de collection. Il n'était pas rare non plus de le voir survoler la plage de Martha's Vineyard aux commandes de sa « tondeuse volante », l'ULM Buckeye, tandis que les habitants s'abritaient les yeux du soleil en faisant des paris pour savoir s'il serait emporté vers le large.

Plus récemment, John survolait Martha's Vineyard dans le Piper Saratoga qu'il venait de s'acheter. « C'était un magnifique jeune homme, le décrivait Tony Di Lorenzo, un vieil habitant du pays. Un type formidable, mais malheureusement frimeur. Comme beaucoup de jeunes, il faut croire. » D'après Di Lorenzo, John avait commencé à faire du rase-mottes au-dessus de Red Gate Farm l'été précédent dans son Cessna, avec le matricule N529JK s'étalant sur le fuselage. « Tout l'été, raconte Di Lorenzo, il rasait la maison de sa mère. Il la frôlait, remontait, descendait en piqué et montrait à tous ses copains où se trouvait sa maison. »

Mais Kennedy n'était pas le seul jeune pilote à survoler en rase-mottes des propriétés de l'île, et il était suffisamment populaire auprès des habitants pour que jamais personne ne se plaigne. En raison des liens de sa mère avec la région, John se faisait un devoir de contribuer aux œuvres caritatives locales. Fidèle à sa discrétion coutumière, il ne faisait pas étalage de sa générosité. À une rare exception près, la vente aux enchères de 1996 au profit de la communauté de Martha's Vineyard, durant laquelle un couple donna

12 500 dollars pour le plaisir de se promener dans l'île en vélo avec JFK Jr.

Presque tous les week-ends, cet été-là, Carolyn et John se retrouvèrent à Martha's Vineyard. Lui en avion, et elle, souvent en ferry depuis Hyannis ou par un vol régulier de LaGuardia. Résignée à voir son mari piloter mais toujours inquiète que quelque chose ne tourne mal, Carolyn rencontra une autre épouse nerveuse, la femme d'Harrison Ford, Melissa Mathison. Et elles décidèrent toutes les deux d'apprendre à piloter. Harrison Ford possédait trois avions, dont son précieux Husky, au Teterboro Airport, dans le New Jersey, à quelques minutes du Piper Saratoga de John qui restait entreposé au Essex County Airport. (Au début, John décollait de Teterboro, où John Travolta et Bill Cosby possédaient également des avions, mais il avait ensuite changé d'aérodrome, préférant l'Essex County Airport, plus petit, où l'ambiance était plus détendue.)

Carolyn et Melissa Mathison redoutaient toutes les deux ce qui se passerait si leur mari se trouvait subitement incapable de maîtriser les commandes. Inquiétude que partageait du reste JFK Jr. « John et moi avions plusieurs fois évoqué l'idée que Carolyn apprenne à piloter, se rappelle son ami également pilote David A. Green. Il voulait qu'elle sache prendre le relais au cas où quelque chose tournerait mal. Il lui avait même procuré un livre intitulé *The Pinch Hitter's Manual*, un guide montrant aux néophytes comment piloter et faire atterrir un avion en cas d'urgence. »

Dans cet esprit, Carolyn et Melissa convinrent de commencer l'apprentissage fin juillet, une semaine après le mariage de Rory Kennedy à Hyannis Port. (En octobre 1999, Harrison Ford et son moniteur s'écrasèrent dans un hélicoptère Bell 206 Jet Ranger à 70 km au nord-ouest de Los Angeles. Par miracle, ils s'en sortirent indemnes tous les deux.)

Le samedi 10 juillet, John et Carolyn allèrent dîner au Wharf, un restaurant de fruits de mer sans prétention à

Edgartown. Plus tard, ils traversèrent l'île jusqu'à Oak Bluff, pour boire quelques margaritas avec des amis au Lamppost, un bar avec de la sciure de bois par terre.

Lorsque leurs amis réglèrent l'addition peu après 1 heure du matin, Carolyn prit à part la serveuse Meredith Katz, une étudiante de vingt ans à Tulane University. Elle lui tendit 20 dollars en chuchotant : « Je sais que les loyers sont exorbitants, sur l'île. »

Lorsqu'ils quittèrent le Lamppost, ce soir-là, leurs amis leur demandèrent s'ils viendraient le week-end suivant à Martha's Vineyard, comme d'habitude. « Non, répondit John. Le week-end prochain, c'est le mariage de ma cousine Rory, à Hyannis Port. J'ai promis d'y être... »

10

« Nous sommes liés à l'océan. Et quand nous retournons à la mer... nous retournons d'où nous venons. »

John F. Kennedy

« Les cinq années à venir auraient dû être leurs plus belles années. »

Paul Wilmot

« John est un bon garçon, mais il a le chic pour se fourrer dans le pétrin. »

Jackie

Vendredi 16 juillet 1999,
21 h 40

Un pêcheur solitaire qui taquinait la perche sur l'étang de Squibnocket, à Martha's Vineyard, vit un petit avion voler vers l'île. Victor Pribanic, un avocat de Pittsburgh âgé de quarante-cinq ans qui venait à Martha's Vineyard depuis vingt ans, ne vit là rien que de très banal et se concentra de nouveau sur sa pêche. Quelques instants plus tard, il entendit un grand boum au-dessus de son épaule droite, peut-être le bruit d'une explosion, ou de quelque chose qui percutait l'eau. Lorsqu'il se retourna, il ne distingua que la surface de l'Atlantique, noire comme de l'encre, se fondant dans le ciel nocturne. Pribanic gratta ses cheveux en brosse, haussa les épaules et continua de pêcher jusqu'à une heure du matin. Il n'attrapa qu'une perche avant de rentrer se coucher.

Des rires fusaient dans toute la maison et jusque sur la pelouse de la propriété des Kennedy à Hyannis Port, où ondulait une gigantesque tente à six pointes dressée pour le mariage qui devait être célébré le lendemain. En trente ans d'existence, Rory avait enduré plus que sa part de tragédie... même pour une Kennedy. Née six mois après l'assassinat de son père Robert, elle n'avait que quinze ans quand son frère David mourut d'une overdose. Tandis que ses frères allaient d'un scandale sordide à l'autre, comme les autres femmes de la famille, elle sembla toujours rester au-dessus de tout cela. Et c'était Rory, à présent cinéaste de documentaires à New York, qui avait fait, en vain hélas, du bouche-à-bouche à son frère Michael lorsqu'il avait heurté un arbre de plein fouet en dévalant une piste à skis.

Dehors, la même épaisse nappe de brume qui avait privé John de visibilité enveloppa la propriété aux murs verts et aux bardeaux blancs. Mais, dans la maison, la fête battait son plein et personne ne se souciait du temps qu'il faisait. Le lendemain, Rory devait épouser l'écrivain Mark Bailey. On portait des toasts, on offrait des cadeaux, notamment un dessus-de-lit dont chaque carré contenait une trace de main, de pied ou un symbole représentant chaque membre de la famille. « Tout le monde était gai et heureux, raconte un ami de la famille. C'était une soirée formidable, parfaite. Nous étions tous tellement contents pour Rory... »

Personne ne remarqua l'absence de John et de Carolyn. Puisqu'ils devaient d'abord déposer Lauren Bessette à Martha's Vineyard, on savait qu'ils arriveraient en retard au dîner.

Mais dans le minuscule aérodrome en bois de Martha's Vineyard, le couple qui était venu chercher Lauren commença dès 20 h 30 à demander où se trouvait l'avion de JFK Jr. Un employé du bureau des opérations de vol, Barry Bissaillon, n'avait pas vu l'avion de John mais vérifia auprès de la tour de contrôle si Kennedy avait déposé un plan de vol. La réponse fut négative.

Plus d'une heure plus tard, les amis de Lauren demandèrent de nouveau si on avait des nouvelles de JFK Jr. Comme dans la plupart des petits aérodromes du pays, la tour de contrôle de Martha's Vineyard venait de fermer à 22 heures, ne laissant en service qu'Adam Budd, un stagiaire de vingt et un ans.

À 22 h 15, Budd, dont le principal travail consistait à s'occuper de l'entretien, appela la Federal Aviation

Agency (l'administration fédérale de l'aviation civile) de Bridgeport, dans le Connecticut.

Spécialiste du contrôle du trafic aérien à la FAA : Allô, bonsoir, ici Bridgeport.

Adam Budd : Bonjour. Je voulais savoir si vous pouviez me retrouver la trace d'un avion. Sur Teterboro ou Westchester, cela vous est possible ? Il y a deux numéros sur la queue.

FAA : Qu'est-ce que c'est que cette histoire ? Qui êtes-vous ?

Budd : Je travaille aux opérations de l'aérodrome.

FAA : Où cela ?

Budd : À l'aérodrome de Martha's Vineyard.

FAA : O.K.

Budd : En fait, c'est Kennedy Jr qui est à bord. Il est... euh, ils voudraient savoir... euh, où il se trouve.

FAA : Voyons cela, a-t-il déposé un plan de vol IFR [vol aux instruments] ?

Budd : Ils n'en savent rien.

FAA : Avez-vous un numéro d'immatriculation ?

Budd : Oui, il y en a deux. C'est soit 592JK, soit 9253N.

FAA : O.K. Et qui êtes-vous ? De la part de qui appelez-vous ?

Budd : De l'aérodrome de Martha's Vineyard. Celui qu'il ralliait.

FAA : Votre nom ?

Budd : Adam.

FAA : Adam quoi ?

Budd : Adam Budd.

FAA : Butt ?

Budd : Budd.

FAA : O.K., et vous êtes responsable des opérations là-bas ?

Budd : Oui. Si ça ne vous ennuie pas...

FAA : C'est que... on ne donne pas ce genre de renseignements aux gens par téléphone.

Budd : Ah, je comprends, si c'est trop compliqué, dans ce cas...

FAA : Voilà.

Budd : Je vais leur dire de prendre leur mal en patience.

FAA : Quoi ?

Budd : D'accord, ça ne fait rien.

FAA : Bien.

Budd : Au revoir.

L'homme de la FAA raccrocha, peu convaincu de l'identité de Budd et ne décelant nul caractère d'urgence dans la voix du jeune homme. Aucune initiative ne fut prise.

Ted Kennedy se trouvait à Washington ce vendredi-là, pour mener un combat devant le Sénat en faveur du droit des patients. Quand un ami de la famille appela le sénateur, peu avant 23 heures, pour lui apprendre que l'avion de John n'était pas encore arrivé, Ted téléphona à l'appartement de son neveu, à TriBeCa.

Pendant une fraction de seconde, il fut soulagé d'entendre quelqu'un décrocher. Mais c'était un ami du couple, dont la climatisation était en panne. Avec des températures avoisinant les 32 °C, John et Carolyn avaient invité l'ami en question chez eux pendant qu'ils étaient en week-end.

« L'avion de mon neveu n'est toujours pas arrivé à Martha's Vineyard, expliqua Ted. Savez-vous s'ils ont quitté New York ? »

La réponse tomba, positive. Oui, ils avaient bien quitté New York.

Ted et plusieurs autres membres de la famille et amis prirent d'assaut les lignes téléphoniques reliant Cape Code à Washington pour essayer de localiser John. À minuit, la FAA, réagissant aux questions du sénateur Kennedy, téléphona enfin au centre de télécommunications de Martha's Vineyard, qui gère les appels d'urgence, et demanda si l'avion de John avait atterri. Le veilleur de nuit de l'aérodrome, Paul Ronhock, alla vérifier et vint annoncer que l'avion des Kennedy n'était pas là.

Ce fut seulement à 2 h 15 du matin qu'une amie de la famille, Carol Ratowell, appela le centre d'opérations des garde-côtes à Woods Hole. Son appel, contrairement à celui de Budd, était pressant. À leur tour, ils contactèrent le First Coast Guard District Command de Boston, qui contacta la FAA. Chose incroyable, c'est seulement à ce moment-là que la FAA vérifia si l'avion de John, comme tant d'autres désorientés par le brouillard ce soir-là, s'était rabattu sur un autre aéroport.

À 3 heures du matin, n'ayant pas pu localiser l'avion disparu, la FAA alerta les garde-côtes et le centre de sauvetage aérien de la base aérienne Virginia's Langley. Les cotres des garde-côtes passèrent les trois heures suivantes à essayer de localiser l'avion, vérifiant des informations sans fondement faisant état de débris que l'on aurait retrouvés au large de Long Island, ou d'une radiobalise repérée au fond de l'eau au-delà de Montauk (l'avion de Kennedy était équipé d'un transpondeur, mais qui n'était pas capable de fonctionner sous l'eau).

Peu après 5 heures du matin, le téléphone sonna chez les Bessette à Greenwich, dans le Connecticut. Ann Freeman « espéra pendant quelque temps que John avait pu s'en sortir sain et sauf avec ses filles. Mais ensuite, raconte un ami de la famille, le bon sens prit le dessus ».

Tony Radziwill essaya de joindre Caroline en vacances à Stanley, dans l'Idaho, mais les lignes téléphoniques de l'hôtel où résidaient les Schlossberg étaient défectueuses. Enfin, il put contacter le chef de la police Philip Enright, l'unique représentant de l'ordre de Stanley. Enright se rendit à l'hôtel et, à 4 h 30 du matin heure locale (6 h 30 sur la côte Est), il réveilla Caroline en lui annonçant qu'on l'appelait d'urgence du Massachusetts.

Caroline et Ed avaient prévu de fêter leur treizième anniversaire de mariage en même temps que les cinquante-quatre ans d'Ed le 19 juillet en faisant du rafting dans la région appelée Rivière Sans Retour. Le vendredi soir, ils s'étaient arrêtés dans la suite 231 du Mountain Village Resort pour se reposer de leur aventure.

Ce fut Tony qui annonça à Caroline que l'avion de son frère était porté disparu ; aussitôt, elle téléphona à différents amis proches et parents. Lorsqu'elle put enfin joindre Teddy, il se fit rassurant, disant qu'il y avait encore une chance pour que John se soit posé dans un petit aéroport et ait négligé de les prévenir. « Tu sais bien que John s'en sort toujours », dit-il à sa nièce. Mais, depuis le début, Caroline, qui comme sa mère avait redouté ce genre d'accident s'il apprenait à piloter, ne sembla se faire aucune illusion sur le sort de son frère. Caroline et Ed attendirent jusqu'à 19 heures le samedi soir avant de retourner à New York à bord d'un avion privé et de se rendre directement dans leur résidence secondaire de Bridgehampton, à Long Island.

Une demi-heure après que Caroline eut été prévenue, le secrétaire général de la Maison-Blanche, John Podesta, appela Camp David et apprit au président Clinton que l'avion de JFK Jr était porté disparu. Clinton, autorisant toutes les mesures nécessaires pour retrouver l'avion, demanda à être tenu au courant régulièrement de l'état des recherches.

À 7 h 45 du matin, un hélicoptère de l'Air National Guard, un avion cargo Hercules C-130, un Falcon UH-25, quinze avions de la Civil Air Patrol et deux hélicoptères Jayhawk HH-60 avaient décollé à la recherche de l'avion de JFK Jr. Sur mer, une flottille de patrouilleurs, de navires de sauvetage et de cotres des garde-côtes sillonnèrent une zone comprise entre Martha's Vineyard et l'extrémité de Long Island.

Pendant ce temps, dans le New Jersey, Kyle Bailey se levait. Bailey, qui avait décidé pour sa part de ne pas prendre le risque de se rendre à Martha's Vineyard ce soir-là, avait regardé la veille John, Carolyn et Lauren Bessette décoller d'Essex County Airport. Lorsqu'il se renseigna le samedi matin pour savoir si les conditions météorologiques s'étaient améliorées, il entendit en même temps que l'enregistrement météo un communiqué annonçant qu'on était sans nouvelles d'un avion portant le numéro d'immatriculation 9253N.

Quelques minutes plus tard, Bailey se brossait les dents quand, raconte-t-il, « je me suis rappelé avoir vu la lettre N sur l'avion de Kennedy. Et soudain, je me suis dit : "Oh, mon Dieu, se pourrait-il que ce soit son avion ?" »

Bailey se rendit à l'aéroport. « Pendant tout le trajet, je priais le ciel, se rappelle-t-il. Je me disais qu'il avait simplement oublié de déposer son plan de vol. Ou que peut-être il avait fait demi-tour devant les conditions météorologiques. »

À son arrivée à l'Essex County Airport, Bailey fut rassuré de constater que la décapotable blanche de John avait disparu. « Elle n'était pas là où je l'avais vu la garer, donc pour moi cela signifiait qu'il était revenu et probablement retourné à Manhattan en voiture. Mais j'ai cherché si son avion était là... et je ne l'ai pas vu. »

C'est alors que Bailey aperçut un policier. « Dites, appela-t-il, on recherche John Kennedy, c'est ça ? »

L'homme leva les yeux et répondit d'un ton glacial : « Pas de commentaires. » Bailey apprendrait par la suite que, lorsque les policiers avaient trouvé la voiture de John, ils avaient remarqué quelque chose d'étrange : un message coincé dans un essuie-glace. Craignant que le véhicule n'ait été piégé, ou que JFK Jr n'ait été kidnappé et que le bout de papier soit en fait une demande de rançon, ils avaient fait appel au FBI.

On avait remorqué la voiture à l'écart sur l'aéroport et examiné le message. En fait, il s'agissait d'un mot d'une certaine Brooke Olitsky, âgée de dix-sept ans, l'une des adolescentes qui avaient aperçu John alors qu'il achetait une banane, une bouteille d'Evian et des piles à la station service Jack's Friendly Service and Sunoco. « Il marchait avec des béquilles quand je l'ai vu, raconta Brooke Olitsky. Alors je lui ai laissé un mot disant : "J'espère que votre jambe va mieux, ça m'a fait plaisir de vous voir." »

Ce matin-là, les enquêteurs étaient allés rendre visite à la jeune fille. « J'ai vu le FBI il y a une demi-heure, dit-elle, ils voulaient être sûrs que je n'étais pas une cinglée qui aurait saboté son avion ou je ne sais quoi. »

Prenant lentement conscience de la réalité, Bailey éprouva « une espèce de sentiment irréel et terrifiant, écœurant. Soudain, j'ai réalisé que j'étais peut-être la dernière personne à les avoir vus en vie ». C'était le cas.

Au bout de cinq heures infructueuses, on appela la CIA. Trois satellites photographiques KH-11 furent utilisés pour balayer visuellement toute la zone. Vers 13 heures, les élégants yachts qui participaient à la régate du yacht club d'Edgartown voguèrent devant l'armada de vaisseaux déployés sur une zone de trente-deux kilomètres sur trente-deux, à vingt-sept kilomètres à l'ouest de Martha's Vineyard.

Simultanément, les premiers débris commençaient à être rejetés sur la plage de Philbin, pratiquement à la lisière de la propriété de cent soixante hectares que John et Caroline avaient héritée de leur mère. On retrouva une roue d'avion et un sac marin. Damon Seligson, un habitant de Boston en vacances à Martha's Vineyard, aperçut un objet noir qui flottait entre deux eaux près du rivage et alla le récupérer. « J'ai éprouvé une sensation atroce au creux de l'estomac, raconta-t-il. C'était un petit sac de voyage. La carte de visite de sa propriétaire était parfaitement visible sous une pochette en plastique transparent. On pouvait y lire : "Lauren G. Bessette. Morgan Stanley Dean Witter. Vice-Présidente." »

Des dizaines de policiers dans des véhicules tout-terrain passaient la plage au peigne fin à la recherche de nouvelles épaves. Dans les heures qui suivirent, la mer rejetterait d'autres pièces du puzzle : un morceau de train d'atterrissage, des débris d'isolant en polystyrène expansé, un appui-tête de siège d'avion, une trousse de toilette noire contenant un flacon de préparation pharmaceutique appartenant à « Carolyn Kennedy ».

De nouveaux bateaux se joignirent aux recherches. Le *Rude*, un bâtiment de 27,50 mètres de la National Oceanic and Atmospheric Administration, utilisa des sonars ultramodernes pour passer le sable au crible, par 30 mètres de fond. Entre-temps, le U.S.S. *Grasp*, un navire de sauvetage de la marine américaine, équipé d'un grappin articulé capable de soulever les morceaux d'épave les plus volumineux, filait vers le lieu présumé de l'accident.

Pendant tout ce temps, Rory Kennedy et ses invités, dans la propriété familiale de Hyannis Port, étaient rivés à leur télévision, priant le ciel pour que l'on trouve un indice prouvant que John et ses passagers étaient en vie. « Ils répétaient : "Il y a encore de l'espoir, raconte un ami qui se trouvait là-bas. Il ne faut jamais baisser les bras." »

Malgré tout, à 18 heures, la décision fut prise de retarder le mariage de Rory pour une durée indéterminée. Sur le perron de la maison, la future jeune mariée réussit à esquisser un sourire en faisant ses adieux à ses hôtes. Sous la tente où auraient dû se dérouler les festivités, on dit une messe le samedi matin, le samedi soir, et le dimanche matin.

Entre-temps, dans le Wyoming, John Perry Barlow lisait l'e-mail que John lui avait envoyé le vendredi pour consoler son ami de la mort de sa mère. « Comme c'est étrange, se dit-il. Au début de notre amitié, j'incarnais pour lui l'image du père, et à la fin, c'était l'inverse. C'était moi qui allais le trouver pour lui demander des conseils. J'ai fini par réaliser que c'était tout simplement l'homme le plus pénétrant, le plus subtil que j'aie jamais rencontré. »

Quinze jours plus tôt, Barlow eut l'occasion de dire à John tout le bien qu'il pensait de lui. « Tout le monde passait son temps à lui répéter qu'il était voué à accomplir de grandes choses, mais il demandait "N'est-il pas plus stimulant d'être quelqu'un de bien que quelqu'un de grand ?" Je lui ai dit qu'il l'était déjà et qu'en temps utile, il serait aussi grand. »

À Hyannis Port, la sombre réalité commençait seulement à faire son chemin. « Sortons en mer », dit Ethel à ses fils alors que les Kennedy devaient une fois encore affronter le deuil brutal d'un des leurs. « Nous avons besoin d'aller faire un tour en mer. » Pieds nus, vêtue d'un short blanc, d'une chemise bleue et d'une casquette de base-ball bleu marine, son fils Maxwell et sa femme Victoria à ses côtés, Ethel descendit jusqu'à l'appontement, vers leur voilier.

Avant qu'ils puissent y monter, une voisine vint à leur rencontre et Ethel l'étreignit avec chaleur. La femme demanda comment la famille prenait la nouvelle. « Nous tenons le coup, répondit Ethel. Nous tenons le coup. » Puis ils montèrent dans le bateau et prirent le large. Dans les jours qui suivirent, plusieurs des cousins de John, Bobby Kennedy Jr, William Kennedy Smith et Ted Kennedy Jr, notamment, prirent la mer ou nagèrent ou coururent le long de la plage pour atténuer leur angoisse.

Caroline se dépensait elle aussi physiquement pour oublier. Tout comme John avait fait du roller dans Park Avenue le jour des obsèques de sa mère, sa sœur coiffa un casque et, dans une chaleur étouffante de 37,5 °C, enfourcha son vélo et s'éloigna du bataillon de photographes qui avaient élu domicile devant chez elle.

Dans tout le pays et dans le monde entier, ce dimanche-là, des millions de gens prièrent pour que, par miracle, John, Carolyn et Lauren soient encore en vie. Mais dans la nuit, le contre-amiral des garde-côtes Richard Larrabee annonça à contrecœur qu'avec une eau à 19 °C, il n'y avait plus d'espoir de retrouver John,

Carolyn et Lauren en vie. De « recherche et sauvetage », la mission devenait « recherche et repêchage ».

Le lundi, Caroline et Ed Schlossberg auraient fêté leur treizième anniversaire de mariage. Au lieu de cela, ils partirent une nouvelle fois faire un tour en vélo dans la canicule estivale. Entre-temps, oncle Ted arriva pour consoler sa nièce et passa une partie de l'après-midi dans l'allée à essayer de jouer au basket avec Rose, Tatiana et Jack. Le sénateur ne fut pas sans relever que cette journée marquait également le trentième anniversaire de Chappaquiddick.

Le pape Jean Paul II, en vacances dans les Alpes italiennes, prononça une prière spéciale pour John et tous les Kennedy. Il évoqua la vision du petit John-John âgé de trois ans saluant le cercueil du premier et, jusqu'à ce jour, de l'unique Président américain de confession catholique. « Ce n'est que la plus récente des tragédies qu'ait affrontées cette famille », se lamenta le souverain pontife.

Devant le 20 North Moore Street, les marches en métal rouillé furent transformées en sanctuaire : des centaines de personnes franchirent les barrages de la police pour déposer des fleurs, des bougies, des cartes, des drapeaux américains et des messages de condoléances. À Washington, le président Clinton, très grave, luttait contre les larmes en adressant des paroles de soutien aux Kennedy et aux Bessette. « Depuis plus de quarante ans, maintenant, la famille Kennedy a suscité des vocations politiques chez les Américains, renforcé notre foi en l'avenir et fait progresser notre nation, dit-il. Pendant tout ce temps, ils ont souffert plus que leur part, et donné davantage encore. »

Le lundi soir, accablée de douleur, la famille de John renonça à tout espoir. Dans un communiqué émanant de Hyannis Port, Ted Kennedy annonça : « La disparition de John et Carolyn, et de Lauren Bessette, nous emplit d'une indicible douleur. John était une source de lumière dans nos vies à tous, ainsi que pour la nation et le monde, qui l'ont découvert tout petit.

« C'était un mari aimant pour Carolyn, un frère très attaché à Caroline, un oncle formidable, un ami proche et fidèle pour ses cousins, et un neveu bien-aimé pour ma sœur et moi-même. Il était le fils chéri d'un père et d'une mère fiers de lui, qu'il vient de rejoindre auprès de Dieu. Nous l'aimions de tout notre cœur...

« John possédait de multiples talents et nous a procuré beaucoup de joies, poursuivit-il. En particulier lorsqu'il a fait entrer dans nos vies sa merveilleuse épouse, Carolyn. Ils opéraient une sorte de magie qui touchait tous ceux qui les connaissaient et les aimaient. Nous sommes heureux qu'elle ait existé et qu'ils aient vécu ensemble. »

Comme ils l'avaient fait par le passé à de trop nombreuses reprises, les Kennedy commencèrent à organiser les obsèques. Bien qu'unis dans leur douleur, Ted et Caroline furent une fois de plus en désaccord au sujet de l'ampleur de la cérémonie. Cinq ans plus tôt seulement, le sénateur avait demandé pour Jackie des funérailles en grande pompe à la cathédrale St. Patrick, mais la décision de Caroline l'avait emporté.

Cette fois, Ted, connaissant l'affection de tout le pays pour John et avec le penchant naturel de l'homme politique pour le spectacle, voulait que l'on donne à son neveu des funérailles grandioses. La tante de Caroline, Eunice, fit également pression sur sa nièce pour que la messe soit dite dans l'imposante cathédrale de la Cinquième avenue. Mais la dernière chose que voulait Caroline, c'était un défilé de médias. Et elle s'opposa vivement à ce que la messe ait lieu à St. Patrick. « Caroline garde un souvenir vivace de l'enterrement de Bobby en ce lieu, dit un ami. C'était très traumatisant et très impressionnant, pour une petite fille de dix ans, et elle n'a pas envie d'exhumer ce genre de passé. C'est aussi pour cela qu'elle n'avait pas voulu non plus que les obsèques de sa mère soient célébrées à St. Patrick. »

Celle-ci plaida donc en faveur d'une cérémonie dans l'intimité à l'église St. Thomas More sur East 89th Street, à deux pas de Madison Avenue, la petite église en pierre néo-gothique où Jackie emmenait ses enfants à la messe le dimanche et où ils célébraient toujours l'anniversaire de l'assassinat de JFK. On finit par trouver un compromis : une messe commémorative serait dite à St. Thomas More, mais sur la liste des invités, figureraient le Président, son épouse, et d'autres dignitaires. À la demande de Caroline, Ted, qui avait déjà été chargé tant de fois de cette triste mission, prononcerait l'éloge funèbre.

Il restait à savoir si l'avion ou ses occupants seraient un jour retrouvés. Des dizaines de plongeurs bravèrent les requins, les températures glaciales et les traîtres courants mais au bout de quatre jours, l'avion était toujours porté disparu. Puis, peu après 23 h 30 le mardi, une caméra sous-marine télécommandée repéra le fuselage du Piper Saratoga de John renversé par trente-cinq mètres de fond à une douzaine de kilomètres au sud-ouest de Martha's Vineyard. Le corps écrasé de John était nettement visible, emprisonné dans le siège du pilote. Mais aucune trace de Carolyn ni de Lauren.

Le lendemain à l'aube, le *Grasp* mouilla au-dessus du lieu où s'était échoué l'avion. C'était une de ces journées d'été à Martha's Vineyard où les rayons blancs du soleil transforment la surface de l'eau en un tapis de diamants. Compte tenu de la macabre tâche qui s'annonçait, le temps n'aurait pas pu être plus inapproprié.

À 10 h 30, deux plongeurs de la marine descendirent vers l'épave à l'aide d'engins télécommandés ROV. Ils découvrirent que les ailes de l'avion avaient été arrachées et que diverses pièces plus petites étaient éparpillées sur un périmètre de trente-six mètres. Mais une partie de la carlingue de trois mètres de long était restée intacte. À l'intérieur, le corps de John était attaché à son siège dans le cockpit. Sous la violence de l'impact, le pare-brise s'était arraché. En se relayant toutes les quarante minutes, les plongeurs parvinrent enfin à localiser Carolyn et Lauren à plusieurs mètres de là au fond de l'océan, toujours attachées dans leur siège.

Quand les plongeurs fixèrent des grappins au fuselage, cet après-midi-là, Ted Kennedy, accompagné de ses fils Ted Jr et du membre du Congrès du Rhode Island Patrick Kennedy, avaient déjà été emmenés à bord d'une embarcation des garde-côtes sur le *Grasp*. Tous les bateaux et avions non autorisés reçurent l'ordre de ne pas approcher à plus de huit kilomètres du *Grasp* alors qu'il commençait à hisser l'appareil hors de l'eau. Debout sur le pont, livide, en short beige, polo bleu et blanc et pieds nus dans ses chaussures de bateau, Ted regarda les câbles remonter lentement le Piper Saratoga.

Peu après 16 h 30, le premier des corps, atrocement mutilé, rompit la surface luisante de l'eau. Impénétrable derrière ses lunettes noires, Ted prit une profonde inspiration. L'un après l'autre, ils furent remontés et placés sur des civières. Puis, l'épave fut treuillée sur le pont du *Grasp*. L'identité des victimes ne faisait aucun doute, mais Ted avait promis à Caroline d'être présent à l'heure de l'horrible moment. Des larmes coulèrent sur le visage d'au moins un des membres de l'équipage tandis que les autres luttaient pour contenir leur émotion.

À peu près au moment où l'on repêchait les corps, le président Clinton essuyait les critiques : on lui reprochait cet extraordinaire déploiement de recherches qui avait duré cinq jours, le plus important jamais mis en œuvre pour retrouver un avion privé, et qui avait coûté des millions de dollars aux contribuables. « En raison du rôle de la famille Kennedy dans la vie de notre nation, et des pertes terribles qui l'ont endeuillée à maintes reprises, dit-il lors d'une conférence de presse, j'ai jugé opportun de lui accorder quelques jours de plus. » Il n'avait pas l'intention de s'excuser de sa décision. « Si certains d'entre vous trouvent que c'est un tort, ce ne sont pas les garde-côtes qui sont à blâmer, mais moi seul. Compte tenu des circonstances, cela s'imposait comme une évidence. »

Le *Grasp* rapporta les dépouilles à Woods Hole, où elles furent placées dans deux fourgonnettes du médecin légiste du comté de Barnstable. Ted et ses fils prirent alors place dans des limousines qui feraient partie du cortège accompagnant les fourgons à l'hôpital du comté de Barnstable, à Bourne. Les corps arrivèrent à l'hôpital vers 19 h 10 et furent transportés à la morgue, où deux médecins légistes attendaient, prêts à entamer la sinistre tâche de l'autopsie.

Corpulent, rougeaud, épuisé par le manque de sommeil, Ted Kennedy tenait encore à garder la situation en main. Il fut convenu que seul le corps du pilote serait soumis à une autopsie complète, mais Ted se heurta aux autorités locales quant à la question de photographier les corps – procédure habituelle en de telles circonstances.

Comme on pouvait s'y attendre, après un accident brutal et cinq jours passés au fond de la mer, les corps étaient, selon les termes d'un témoin occulaire « dans un sale état ». Ted et le reste de la famille redoutaient de découvrir des photographies publiées dans des journaux à sensation ou sur Internet. Mais la police d'État fut formelle. On trouva un compromis : des photographies de l'autopsie furent prises comme l'exige la loi, mais la pellicule ne serait développée qu'en cas d'une éventuelle enquête.

L'autopsie de John dura quatre heures. Elle fut menée par le médecin légiste en chef, le Dr Richard J. Evans et son associé, le Dr James M. Weiner. Les trois victimes, conclurent rapidement les médecins, étaient décédées sur le coup de multiples blessures survenues quand l'avion avait percuté l'eau à près de 100 km/heure. Hormis cela, les autorités se refusèrent à fournir des détails. Avant même qu'ils ne commencent les autopsies, le gouverneur du Massachusetts Paul Cellucci avait ordonné aux deux médecins de ne parler à personne.

Ted avait consulté Caroline et les familles Bessette et Freeman, accablées de douleur, et tout le monde était tombé d'accord : les corps seraient incinérés le plus rapidement possible. Peu avant minuit, ce mercredi, à peine sept heures après avoir été sortis de l'eau, les corps de John, Carolyn et Lauren furent conduits au crématorium de Duxbury, la ville voisine. Leurs cendres furent ensuite remises à Ted Kennedy.

Le désir de Ted d'empêcher les horribles photos de l'autopsie de tomber entre les mauvaises mains était compréhensible. Mais la précipitation avec laquelle on avait incinéré les corps, ainsi que la décision de ne pas pratiquer d'autopsies sur les sœurs Bessette, soulevèrent des objections.

Depuis le drame de Chappaquiddick, Ted avait manœuvré la famille à travers une succession de terrains minés juridiques. Les médias avaient déjà largement critiqué la décision de John de prendre les commandes de l'avion ce soir-là et lui reprochaient son imprudence, trait de famille congénital qui avait coûté à JFK Jr non seulement sa vie, mais celle de deux passagères innocentes. On fit remarquer que John n'avait pas seulement décollé dans des conditions contestables et sans qualification pour voler aux instruments, mais de plus avec un pied gravement blessé qui a pu le gêner pour manœuvrer la gouverne de direction et les freins.

Prévenu que les Bessette avaient peut-être là de quoi intenter un procès s'il pouvait être prouvé que John avait agi de manière irresponsable, et indubitablement pressé de tirer un trait sur ce cauchemar pour tous les parents endeuillés, Ted avait fait en sorte que des funérailles en mer soient organisées sans délai.

Beaucoup de gens, bien sûr, avaient pensé que John serait inhumé à Arlington aux côtés de ses parents et de ses frère et sœur. À la Maison-Blanche, le président

Clinton lui-même approuva le projet de faire reposer John à côté de la flamme éternelle. Mais l'invitation ne s'étendait pas à Carolyn Bessette, et la mère des filles Bessette insista de Greenwich pour que John et Carolyn soient enterrés ensemble.

On suggéra que, peut-être, John pourrait être enseveli avec Carolyn au cimetière de Brookline, où reposent Joe, Rose et d'autres membres de la famille Kennedy. Mais la famille Bessette souligna que ni Carolyn ni Lauren n'avaient aucun lien les rattachant au Massachusetts.

Caroline, sensible au fait qu'Ann avait perdu deux de ses trois enfants dans un avion piloté par son frère, chercha une solution. C'est alors qu'elle se rappela que John avait un jour dit souhaiter des funérailles en mer.

La petite fille qui s'était autrefois accrochée au bras de sa mère pour regarder passer le cheval sans cavalier de JFK sembla avoir hérité de Jackie le sens inné de ce qui est juste dans ce genre de circonstances. Elle ne voulait pas retourner à Arlington, ni transformer un petit coin de cimetière privé en un sanctuaire comme Graceland. Après consultation avec les Bessette, il fut décidé que la meilleure manière d'éviter le tumulte et de préserver l'intimité des familles était de disperser les cendres des trois victimes au-dessus de l'Atlantique.

Le jeudi matin, à 9 heures, dix-sept parents proches embarquèrent sur le cotre *Sanibel* et furent emmenés à bord du *Briscoe*, un contre-torpilleur de la marine mobilisé sur ordre du secrétaire de la Défense William Cohen alors qu'il croisait au large de la Virginie pour des exercices d'entraînement. Les hélicoptères de la presse furent maintenus à quinze kilomètres tandis que le *Briscoe* descendait le détroit de Vineyard escorté par trois cotres. À bord, les membres de la famille tenaient trois drapeaux américains, chacun replié en triangle, trois couronnes composées de fleurs rouges, jaunes et blanches, et trois urnes renfermant les cendres de John, de sa femme et de sa belle-sœur. Caroline, ses yeux rouges cachés derrière des lunettes noires, était assise sur une chaise à lattes de bois, tête baissée.

Au bout de trente minutes, le *Briscoe* fit une halte et se tourna vers Red Gate Farm en hommage symbolique à Jackie. Puis il reprit son cap, s'arrêtant non loin de l'endroit où le *Grasp* poursuivait sa triste mission de repêchage des morceaux de l'avion.

C'est alors que la famille, de noir vêtue, flanquée des membres de l'équipage tout en blanc, s'avança vers la poupe et s'assit tandis qu'on mettait le pavillon en berne. Deux aumôniers catholiques de la marine assistèrent le père Charles O'Byrne, le prêtre qui avait marié John et Carolyn, durant la sobre cérémonie de quinze minutes. On lut des textes du *Livre de la Sagesse* : « Les âmes des justes sont dans la main de Dieu, et nul tourment ne les atteindra plus. » Puis un quintette de cuivres de l'orchestre de la marine de Newport joua *Abide with me* et *For all the Saints*.

Un officier descendit une échelle, chargé des trois urnes, jusqu'à une plate-forme située juste au-dessus de la surface clapotante de l'eau. Caroline, Ted et les autres membres de la famille le suivirent puis, tandis que le quintette entonnait l'hymne de la marine, ils dispersèrent sur les vagues les cendres de ceux qu'ils aimaient. « Nous confions leurs éléments à l'Océan, prononça l'un des aumôniers, le contre-amiral Barry Black, car nous sommes poussière et nous retournerons à la poussière, mais le Seigneur Jésus-Christ transformera nos corps à l'image du sien dans sa gloire, car Il est ressuscité le premier d'entre les morts. Nous recommandons notre frère et nos sœurs au Seigneur, qu'Il les accueille dans la paix éternelle. »

Au même moment, une messe commémorative était célébrée au large de la côte de Virginie, à bord du *John F. Kennedy*, le porte-avions baptisé par Caroline en 1967. Lorsque les cinq mille hommes d'équipage eurent observé une minute de silence, l'aumônier du bateau, le capitaine de corvette Sal Aguilera, prononça une prière. « Nous, qui sommes réunis à bord du *John F. Kennedy*, prions pour que soient consolés les cœurs de la famille Kennedy et de tous les Américains qui, aujourd'hui, pleurent ces jeunes gens. »

« On aurait pu croire que Jackie avait orchestré ces cérémonies », commenta Tish Baldrige, admirant les messes pour leur élégante sobriété. En vérité, la main du destin semblait être présente partout en cette aveuglante journée de juillet. Les cendres de John furent répandues non loin de la maison de sa mère, en ce qui aurait été le cent neuvième anniversaire de Rose Kennedy.

Sur une falaise, à proximité de Red Gate Farm, plusieurs centaines de personnes s'étaient rassemblées pour regarder le *Briscoe* prendre la mer vers sa triste mission. Charlotte Cook, de Sacramento, expliqua qu'elle était là pour dire adieu au « fils de l'Amérique ». Tout le monde s'accorda à trouver qu'étant donné les liens historiques des Kennedy avec la mer, la cérémonie était tout à fait adéquate. « Quel merveilleux endroit pour des funérailles, dit Kathy O'Donogue de Rochester, Massachusetts. C'est le lieu idéal pour un homme idéal. »

À l'autre bout du continent, à Los Angeles, la femme qui avait failli devenir Mme John F. Kennedy Jr prit la parole pour la première fois depuis l'accident. J'ai beaucoup de mal à réaliser que John n'est plus là, avoua Daryl Hannah lors d'une conférence de presse. Mais nous devons maintenant admettre la réalité et garder en nous le souvenir de son énergie et de son formidable appétit de vie, qui perdurera éternellement. Je m'associe de tout cœur à la douleur des deux familles. »

Depuis les marches de leur immeuble à TriBeCa jusqu'au Vatican, en passant par l'ambassade américaine à Paris et la résidence ancestrale des Kennedy à Duganstown, en Irlande, des sanctuaires furent improvisés spontanément partout. Aucun ne fut plus poignant que la simple croix sur la plage de Philbin, faite de bois flotté attaché avec des lianes de vigne. Sous la croix, les noms JOHN, CAROLYN et LAUREN étaient inscrits sur de petites pierres. Sur l'une des pierres, quelqu'un avait griffonné les mots TROP TÔT.

Tandis que le *Briscoe* rentrait au port, les membres de la famille semèrent une pluie de pétales de fleurs à l'arrière du bateau. Les fleurs mêmes qui étaient destinées à décorer les tables au mariage de Rory Kennedy. Tony Radziwill, qui continuait à livrer son combat personnel contre le cancer, avait été monté à bord dans un fauteuil roulant. Le plus proche cousin de John et son meilleur ami, l'homme qu'il avait choisi comme exécuteur testamentaire, était assis avec les autres sur le pont du *Briscoe*, reposant sa main sur une canne, les yeux fixés vers l'horizon de la mer. « John est mon frère, dit-il. Il a rendu ma vie infiniment plus gaie. Je l'aime et il me manquera toujours. »

« C'était très difficile d'assister à tout cela, raconte un simple membre de l'équipage. Beaucoup de gars étaient très émus, en particulier deux ou trois officiers. Ils ne pleuraient pas, ni rien, mais on voyait bien qu'ils luttaient contre les larmes. »

Ce soir-là, à Hyannis Port, épuisé, Ted Kennedy prépara son éloge funèbre jusqu'à 1 heure du matin. Le lendemain matin, il prit un avion pour New York et le retravailla dans l'appartement de sa sœur, Pat Lawford. Quelques heures plus tard seulement, trois cent quinze parents, amis et dignitaires entrèrent les uns après les autres dans l'église St. Thomas More, dans l'étroite rue bordée d'arbres de Manhattan, East 89th Street. Le Président, la First Lady et leur fille Chelsea étaient présents, ainsi que le héros d'enfance de John, Mohammed Ali, quelques personnes du magazine *George* triées sur le volet, des amis avec qui il jouait au frisbee à Central Park, de vieux copains de Brown, et des anciens de New Frontier comme Robert McNamara, John Kenneth Galbraith, et Arthur Schlesinger Jr. Presque tous durent présenter une invitation écrite avant d'être autorisés à entrer.

Le soleil brillait, éclatant, mais l'intérieur de St. Thomas More était sombre et solennel. Les quelques rayons du soleil qui parvenaient à s'infiltrer à travers les vitraux surchargés mouchetaient le sol de pierre d'une multitude de couleurs sourdes et ethérées. De part et d'autre de l'autel se dressaient deux hortensias blancs.

Le sénateur Kennedy avança vers la chaire, s'éclaircit la gorge et, avec poésie et humour, s'acquitta de la tâche à laquelle il était déjà beaucoup trop rompu. Un jour, alors qu'on demandait à John ce qu'il ferait s'il se lançait dans la politique et était élu président, il répondit : « Je suppose que je commencerais par appeler mon oncle Ted pour me vanter. » « J'ai adoré cette réponse, dit Ted en inclinant sa tête de côté. Elle me rappelait tellement son père. »

La voix cassée par l'émotion, Ted évoqua le souvenir du petit garçon qui gambadait dans la Maison-Blanche et qui salua le cercueil de son père. « Mais John représentait tellement plus que ces vieilles images gravées dans nos cœurs. L'enfant était devenu un homme, il aimait la vie, il aimait l'aventure. C'était le joueur de flûte de Hamelin, il nous entraînait tous dans son élan. Il eut le bonheur d'avoir un père et une mère pour lesquels rien ne comptait plus que leurs enfants. »

Ted rendit également hommage à l'« inaltérable force d'esprit » de Jackie, qui guida John « vers l'avenir dans la foi et la confiance – Par-dessus tout, Jackie lui donna la place d'être lui-même, de grandir, de rire et de pleurer, de rêver et de se battre.

« Il était touché par la grâce. Il s'acceptait tel qu'il était, mais ce qui lui importait surtout, c'était ce qu'il pouvait et qu'il devait devenir », poursuivit Ted en soulignant que John conduisait sa propre voiture et pilotait son propre avion parce que c'était « ainsi qu'il le souhaitait. Il était le roi de son domaine ».

Ted rendit également hommage à John pour avoir fondé *George* et Reaching Up, et pour son œuvre auprès de la fondation Robin Hood à vocation humanitaire, mais il revint rapidement au sujet de John le fils, le frère et l'époux. « John était aussi le fils autrefois protégé par sa mère. Il était devenu sa fierté, puis vers la fin des jours de Jackie son protecteur. Il était le Kennedy qui nous aimait tous, continua Ted d'une voix tremblante, mais qui chérissait tout particulièrement sa sœur Caroline, célébrait son génie et puisait force et bonheur dans leur entente depuis toujours et l'admiration réciproque qu'ils se vouaient. »

S'inspirant de l'expression qui dépeignait de façon si poignante le court temps que passa JFK à la présidence, Ted poursuivit : « Et pendant mille jours, il fut un mari qui adorait son épouse, celle qui était devenue sa parfaite âme-sœur. »

Ted respira un grand coup avant de reprendre : « John était l'un des deux miracles de Jackie. Il devenait tout de même la personne qu'il allait être, mais au son de son propre tambour. Il ne faisait que commencer. Il y avait en lui d'immenses promesses. »

Puis le patriache du clan promit que les Kennedy chériraient à jamais la mémoire de leur prince. « Il fut perdu pour nous en cette fatale nuit, mais nous le veillerons toujours, afin que son existence..., réduite de moitié, survive à jamais dans nos mémoires et dans nos cœurs par lui charmés et brisés.

« Nous avions osé croire... que ce John Kennedy vivrait assez vieux pour peigner ses cheveux gris, sa Carolyn bien-aimée à son côté. Mais comme son père, dit Ted la gorge serrée, il avait tous les dons hormis celui de longévité.

« Nous qui l'avons aimé depuis le jour de sa naissance, et qui avons vu au fil des années l'homme remarquable qu'il est devenu, nous lui disons aujourd'hui adieu. Que Dieu vous bénisse, John et Carolyn. Nous vous aimons et vous aimerons toujours. »

Lorsque Ted descendit de la chaire, Caroline se leva pour le serrer dans ses bras. Malgré l'indéniable éloquence de son oraison, ce fut Caroline qui porta la célébration à l'apogée de son émotion. Rappelant que Jackie avait instillé en ses deux enfants l'amour de la littérature, elle récita un passage dit par Prospero dans *La Tempête*, de Shakespeare, une pièce que son frère avait jouée à Brown en 1981. « Nos festivités s'achèvent, cita-t-elle. Nous sommes de l'étoffe dont sont faits les rêves, et notre petite vie se termine par le sommeil. »

Tandis que l'artiste de hip-hop Wyclef Jean, des Fugees, entonnait la chanson reggae de Jimmy Cliff *Many rivers to cross* (« L'heure était venue pour moi de rentrer, Et je sourirai au paradis »), les enfants de Caroline, Rose, âgée de onze ans, Tatiana, neuf ans, et Jack, six ans, allumèrent des bougies. Ce moment fut chargé de trop d'émotion pour beaucoup de personnes présentes, dont les sanglots s'entendirent nettement au-dessus de la musique.

À l'évidence, la mort de John avait porté un coup sévère au légendaire esprit battant des Kennedy. « J'ai vu cette famille en d'autres circonstances douloureuses, rapporte l'une des personnes présentes, mais je peux vous dire que cette fois, c'était différent. Le clan est en état de choc, totalement anéanti. Là, il ne s'agissait pas de se rassembler et de dire "le flambeau est passé, place à la nouvelle génération". Non. C'était un enterrement, au vrai sens du terme. »

Et pourtant, contrairement à plusieurs autres en ce vendredi ensoleillé à St. Thomas More, Caroline ne s'effondra jamais. Elle resta maîtresse d'elle-même, accueillant les parents et les proches avec chaleur, réconfortant même les siens, moins habiles à masquer leur peine. À la sortie de l'église, Caroline esquissait même un petit sourire tendu lorsqu'elle descendit les marches de pierre. Sa fille Rose, elle, fit le genre de choses que John-John aurait pu faire à onze ans et tira la langue aux photographes. Tandis que la limousine de Caroline s'éloignait, elle baissa sa vitre et agita la main devant les milliers de curieux qui s'entassaient sur les trottoirs.

Le lendemain soir, Caroline et Ted figurèrent parmi les vingt-cinq Kennedy présents à la messe dite pour Lauren Bessette à l'Episcopal Christ Church de Greenwich. Ann Freeman s'occupa de toute l'organisation ; son seul enfant encore en vie, la jumelle de Lauren, Lisa, était trop bouleversée pour l'aider. À juste titre. À un moment, Ann Freeman marchait avec la sacristaine, Mary Marks, quand elles passèrent devant une femme racontant à une autre qu'elle avait récemment donné naissance à des jumelles. Ann se tourna vers Mary Marks et lui dit doucement : « J'avais des jumelles, moi aussi... »

La vie reprit son cours. Dans les semaines qui suivirent, ce qui avait été si soudainement, si inexplicablement perdu se rappellerait constamment au souvenir des uns et des autres. Ann et Richard Freeman se rendirent à l'appartement du 20 North Moore Street et firent eux-même le tri des biens de leur fille. Le docteur Freeman avait le visage marqué par la douleur lorsqu'il emporta vers sa voiture une série de photographies encadrées montrant Carolyn et John dans les bras l'un de l'autre. Les Freeman repartirent également avec une boîte à bijoux turque en cuivre et cuir, souvenir du voyage de noces des Kennedy, les vieilles bottes de cheval de Carolyn, et un carton sur lequel était inscrit J. K. MES LIVRES. Entre autres titres, figuraient *Healing and the Mind*, de Bill Moyer, *No Bad Dogs*, de Barbara Woodhouse, et deux livres de cuisine que John avait offerts à Carolyn en plaisanterie. Sur la page de garde, étaient notés les numéros de téléphone de leurs restaurants préférés qui faisaient des plats à emporter.

Curieusement, l'une des possessions de John serait oubliée pendant onze jours après l'accident. Sa décapotable blanche resta garée à l'Essex County Airport jusqu'à ce que quelqu'un remarque enfin qu'elle était toujours là-bas et la fasse remorquer.

Le plus perturbé de tous était peut-être Friday, le chien noir et blanc qu'aimaient tant ses maîtres. Détail ironique, la vie de Friday n'avait été épargnée que parce que le chien détestait prendre l'avion et qu'il était devenu impossible à tenir dans la cabine de celui de John.

Après l'accident, Friday fut confié, de même que le chat de Carolyn, Ruby, à Red Gate Farm, aux bons soins du fidèle maître d'hôtel de Jackie, Ephigenio Pinheiro. « On entend Friday pleurer la nuit, dit un voisin. Il ne comprend pas pourquoi John ne rentre pas à la maison. » Pinheiro aurait raconté à un ami : « Friday est devenu très léthargique, il refuse de s'alimenter. Il se languit de John et j'ai peur qu'il se laisse mourir de tristesse. »

Donna Dodson, qui avait vendu le chien à John, s'inquiétait elle aussi. « John m'a dit combien il aimait Friday et comme ce chien s'était incroyablement attaché à lui. Je me désole à l'idée du traumatisme que vit Friday. » Par la suite, Friday partirait vivre avec la petite famille de Caroline sur Park Avenue.

Le 2 août, deux douzaines d'invités regardèrent Rory Kennedy et Mark Bailey convoler dans la villa grecque du magnat des transports maritimes Vardis Vardinoyannis. « Ce fut l'heureux dénouement qu'ils méritaient tous les deux », raconte un membre de la famille de la mariée.

Mais il n'y eut pas de happy end pour Tony Radziwill. Le 10 août, moins de trois semaines après qu'il eut assisté aux obsèques de John, son frère de cœur perdit sa bataille contre le cancer. (Autre coup du sort étrange, le photographe qui avait pris les fameuses photos de John-John regardant de sous la table de son père dans le Bureau Ovale mourut trois jours après JFK Jr.)

Ces aspects humains n'entamèrent en rien l'empressement avec lequel on cherchait à désigner un coupable pour l'accident. Le Piper Saratoga présentait d'excellents résultats en matière de sécurité, et après avoir examiné l'épave, les experts du National Transportation Safety Board, le bureau national de la sécurité dans les transports, déterminèrent qu'aucune défaillance mécanique n'était à l'origine de l'accident. Le NTSB mit l'épave dans des caisses et les fit parvenir à Caroline. Craignant que les pièces de l'avion ne terminent entre les mains de chasseurs de souvenirs, Caroline décida de faire détruire ce qui restait du Piper Saratoga de son frère.

Différents experts en aviation suggérèrent que John n'avait peut-être pas tout à fait assez d'expérience pour piloter le Piper Saratoga, un avion performant au train d'atterrissage escamotable. D'autres rétorquèrent qu'au contraire, le Piper Saratoga « pardonnait beaucoup », comme on dit dans le jargon aéronautique, que c'était le genre d'avion facile à utiliser, absolument pas trop sophistiqué pour les compétences d'un pilote ayant l'expérience de John.

En dépit des rapports météorologiques erronés de la FAA, de plus en plus de gens s'accordaient à croire que le NTSB attribuerait la responsabilité de l'accident à une erreur de pilotage, citant en particulier le fait qu'après le décollage, John n'appela pas une seule fois par radio pour demander de l'aide. D'autres pilotes avaient plutôt tendance à mettre cela sur le compte d'une erreur banale, quoique fatale. « En toute sincérité, il pilotait vraiment avec application, affirme Andrew Ferguson, le président de Air Bound Aviation, où John garait son Piper Saratoga. Il n'était pas inconscient. Il a commis une erreur stupide. Comme quand on brûle un stop. Mais quand un Kennedy brûle un stop, il semble toujours y avoir un poids-lourd qui arrive de l'autre côté. »

La tragique « erreur » de John souleva la question de savoir si des pilotes non qualifiés pour voler aux instruments devraient avoir l'autorisation de voler la nuit dans n'importe quelles conditions. S'il avait été au

Canada, en Grande-Bretagne ou dans la plupart des pays européens, John n'aurait pas eu le droit de décoller, ce soir-là, ni jamais de nuit, à moins d'apprendre à piloter en ne se servant que des instruments.

Avec en tête la conclusion d'une erreur de pilotage, Ann Freeman déposa une demande à Manhattan pour devenir l'administratrice des biens de ses filles. La fortune de Carolyn était estimée à environ 500 000 dollars, celle de Lauren étant considérablement supérieure. Elle demanda également à déposer une plainte contre X avec constitution de partie civile.

Si la colère grondait chez les Bessette-Freeman à l'idée qu'une négligence de John eût pu contribuer à l'accident, la teneur de son testament ne fit qu'aggraver les choses.

Homologué le 24 septembre 1999 auprès du tribunal compétent à Manhattan, l'acte de trois pages et demie léguait la totalité de ses biens, estimés à 100 millions de dollars, à un fidéicommis établi en 1983.

Sur les quatorze héritiers cités dans le testament, Caroline et ses enfants Rose, Tatiana et Jack étaient les principaux bénéficiaires. Mais John fit également des legs à Marta Sgubin, sa nounou, devenue par la suite la cuisinière de Jackie ; au maître d'hôtel de Jackie, Ephigenio Pinheiro : à l'assistante de John à *George*, RoseMary Terenzio ; à ses cousins Robert F. Kennedy Jr et Timothy Shriver ; et aux deux organisations à but non lucratif Reaching Up et la bibliothèque JFK. Timothy Shriver était également nommé exécuteur testamentaire, en lieu et place de la personne initialement prévue par John, Tony Radziwill.

John laissait aux enfants de Caroline sa moitié de la propriété de Red Gate Farm. S'il avait eu un fils, il lui aurait spécifiquement légué « une collection d'objets sculptés par des marins sur de l'ivoire et de l'os ayant appartenu à mon père ». Mais puisque le fils unique de JFK mourut sans enfant, le petit Jack Kennedy Schlossberg recevrait ce souvenir. Deux autres mineurs étaient cités dans le testament, Phineas Howie, alors âgé de sept ans, et Olivia Howie, quatre ans, les enfants de sa camarade de classe à Andover, Alexandra Chermayeff, qui étaient les filleuls de John.

Curieusement, si Carolyn lui avait survécu, John avait uniquement spécifié qu'elle hériterait ses biens personnels et leur appartement de TriBeCa, évalué à plus de 2 millions de dollars. Puisque les dispositions du trust de 1983 restèrent secrètes, il est probable que le trust aurait laissé Carolyn à l'abri du besoin.

Ce qui ne faisait aucun doute, en revanche, était le fait que le testament de John, qui léguait l'appartement à Carolyn « si elle est en vie trente jours après ma mort », ne laissait absolument rien à sa belle-famille. « Visiblement, John n'avait aucun contact avec sa belle-famille, commenta le célèbre avocat new-yorkais spécialisé dans les divorces, Raoul Felder. Je crois qu'ils ne vont pas du tout apprécier ce testament. »

Dans l'espoir d'empêcher un procès, Caroline, qui était également solidaire de la douleur des parents de Carolyn, rencontra à plusieurs reprises Ann Freeman et sa dernière fille, Lisa Bessette, dans le courant des cinq mois suivants, afin de trouver une solution. « Les deux familles, Ann Freeman et Caroline Kennedy Schlossberg, ont su tout arranger de façon très personnelle et concertée, concéda l'avocat d'Ann Freeman, Constantine Ralli. Je crois que les familles vont gérer cette affaire dans la coopération et la discrétion. »

Au bout du compte, la sœur de John décida sans faire de bruit de payer à la famille de Carolyn ce qu'on évalue à 10 millions de dollars sur la succession de John.

Le fait d'avoir évité un pénible procès public était un bien maigre réconfort pour Caroline. Derrière ce masque de calme qui faisait d'elle la digne fille de sa mère, la sœur de John était anéantie et, on le comprendra, au bord de la dépression. « Caroline était très proche de John, elle a été effondrée par sa mort, brisée, raconte Marta Sgubin. Elle pleurait constamment. Très souvent, après les obsèques, j'ai vu Ted, sans un mot, lui mettre un bras autour des épaules et la serrer contre lui tandis qu'elle pleurait toutes les larmes de son corps. »

La perte de son frère se fit sentir d'autant plus cruellement le 27 novembre, jour de ses quarante-deux ans. Les souvenirs de l'anniversaire commun qu'ils avaient fêté, John et elle, comme ceux remontant à quelques jours seulement après l'assassinat de leur père, revinrent en force. Trois jours plus tard, lors d'une soirée politique organisée pour collecter des fonds, elle faillit avoir une crise de nerfs. « Sans Teddy, avoua-t-elle ensuite, je ne pense pas que j'aurais pu survivre à ces quelques mois. » Et il serait toujours là pour épauler sa nièce. « Caroline est encore très affectée, commenta Marta Sgubin, mais au moins, avec Ted, elle n'est jamais seule. »

Seule, Caroline l'était pourtant, unique survivante d'une remarquable famille qui avait connu des triomphes démesurés et des tragédies atroces. Sa consolation était de savoir que des millions et des millions de gens partageaient sa peine, non pas à cause de ce que John avait pu dire ou faire, mais simplement parce qu'il existait. « Dès le premier jour de sa vie, remarqua son oncle Ted, John a semblé faire partie non seulement de notre famille, mais de la famille américaine. Le monde entier connaissait son nom avant qu'il ne le connaisse lui-même... »

C'était le prince héritier de l'administration Kennedy, l'étoile la plus brillante de leur firmament. Il possédait un charme renversant, une gentillesse, une simplicité incroyables. Mais avant tout, ce qui nous fascinait et nous séduisait, c'était le sentiment qu'il était comme nous, ou plus précisément, comme un fils ou un frère ou un neveu chouchouté, peut-être.

Observé par le reste de la planète, John menait sa vie, parfois mondain, souvent exalté, toujours en éveil. De sa naissance tant annoncée à ses pitreries sous le Bureau Ovale, sans oublier son déchirant salut, puis

Onassis, l'école préparatoire et l'université, le certificat d'aptitude à la profession d'avocat, les petites amies, la mort de sa mère et la naissance de son magazine, et son mariage de conte de fées, nous avions sur lui le regard qu'aurait eu n'importe quel membre de la famille : intéressé, affectueux, et empli d'espoir.

Malgré ce qu'elles avaient de déchirant, les images de la jeune veuve courageuse et de ses deux petits enfants recelaient de merveilleuses promesses. Il ne faisait aucun doute que cette femme remarquable, qui serrait fort ces petites mains, protégerait John et Caroline, et qu'un jour ils apporteraient leur contribution à l'héritage laissé par leur père.

Depuis ce fatal jour à Dallas, confia le demi-frère de Jackie, Yusha Auchincloss, « Jackie s'inquiétait plus pour John que pour Caroline, qui avait mûri rapidement et était très influencée par son père. Jackie s'occupait tout particulièrement de John ». Elle prenait soin également de ne pas étouffer son fils, allant jusqu'à l'encourager à aller au bout de lui-même dans les contrées sauvages de l'Afrique et sous la mer. Mais Jackie, que son voyage spirituel personnel emmenait en pèlerinages annuels en Inde, écoutait ses rêves et ne lui avait interdit que l'exaltation de piloter son propre avion.

Si tragique que fût la mort de JFK à l'âge de quarante-six ans, celle de John à trente-huit ans véhicula la même insondable ironie. Jack et Jackie s'étaient rapprochés à la suite du décès de leur bébé Patrick, mais la balle d'un assassin allait briser dans l'œuf ce nouveau départ. De même, John et Carolyn avaient surmonté une crise au sein de leur couple et semblaient prêts à fonder une vraie famille au moment où la mort les avait cueillis.

Seule maigre consolation, s'il en fût, Jackie n'était plus là pour supporter cette ultime perte.

« Ce qu'il y a de plus intéressant en lui, je crois, dit un jour John de son père, c'est qu'on se rend compte qu'il était tout simplement un homme, qu'il vivait sa vie, comme tout le monde. » C'était exactement cela que faisait le fils de JFK : il vivait à fond, et comme il l'entendait, tout en veillant précieusement sur son héritage.

Arthur Schlesinger Jr remarqua un jour qu'il y avait en Jackie une « galanterie caractéristique ». On pourrait en dire autant de son fils. Contrairement aux autres personnages de légende dont les conflits et les contradictions nous déconcertent et nous fascinent, John était d'une simplicité trompeuse.

Il n'occupa aucun poste élevé, n'écrivit pas de livres importants, ne créa aucun chef-d'œuvre, n'accomplit aucun exploit héroïque. Il ne guérit rien, ne découvrit rien. Il n'en avait pas besoin. Depuis le tout début, John était le fils de l'Amérique.

Remerciements

Le samedi 17 juillet au matin, notre fille aînée, Kate, accourut en bas et nous demanda si nous avions entendu la nouvelle : l'avion de John Kennedy était porté disparu au large de Martha's Vineyard. Deux ans plus tôt, elle avait joué le même rôle malheureux en nous annonçant, à ma femme, nos invités et moi-même, qu'une autre remarquable jeune personne, la princesse Diana, avait été tuée dans un accident de voiture à Paris.

Étant l'auteur de *Le dernier jour de Diana* et de deux livres à succès sur les Kennedy, *Jackie et John* et *Jackie après John*, je ne me faisais aucune illusion sur le sort de John, de sa femme Carolyn et de la sœur de cette dernière, Lauren. Que le fils de John et de Jackie trouve la mort de façon si tragique et si prématurée semblait inconcevable, et en même temps complètement prévisible.

Une biographie exhaustive demande énormément de recherches. Ce fut particulièrement vrai pour le dernier volet de cette trilogie sur la famille Kennedy. En fait, j'avais commencé à travailler sur *John-John ou la malédiction des Kennedy* il y a six ans. Bien sûr, à l'époque, je ne prévoyais pas les circonstances qui feraient publier ce livre à l'occasion du premier anniversaire de sa mort. J'ai interrogé des centaines de membres de la famille, amis, camarades de classe, professeurs, collègues, voisins, petites amies, employeurs, aviateurs et employés, ainsi que les photographes et les journalistes ayant couvert John et sa famille au fil des années. Seules quelques-unes de ces sources ont insisté pour ne pas être identifiées, souhait auquel je me suis conformé.

Pour la sixième fois, j'ai la chance de travailler avec l'une des meilleures équipes du monde de l'édition. J'éprouve une gratitude particulière envers mon éditrice, Betty Kelly, qui a apporté la même lucidité et le même don d'elle-même pour *John-John ou la malédiction des Kennedy* que pour *Le Dernier Jour de Diana*. Je remercie également toute ma famille à Morrow et HarperCollins, en particulier Jane Friedman, Cathy Hemming, Lisa Queen, Michael Morrison, Dominique D'Anna, Beth Silfin, Laurie Leonard, Laurie Rippon, Richard Aquan, Brad Foltz, Rome Quezada, Betty Lew, Michele Corallo et Camille McDuffie de Goldberg-McDuffie Communications.

Au bout de dix-huit livres, je suis plus que jamais convaincu qu'Ellen Levine est tout simplement l'un des agents littéraires les plus parfaits qui soient, de même que, denrée très précieuse dans le domaine de l'écriture, une amie avisée et loyale. Depuis presque autant d'années, il me semble, je suis reconnaissant aux formidables associées d'Ellen, Diana Finch et Louise Quayle. Ce livre ne fait pas exception.

Je remercie, comme chaque fois, ma mère, Jeanette, et mon père, Edward, à qui ce livre est dédié à l'occasion de son quatre-vingtième anniversaire. Ma fille Kate, qui part pour Oxford à l'heure où j'écris ces lignes, est une source inépuisable de fierté et d'émerveillement, de même que sa sœur Kelly, tout aussi éblouissante. Ce qui n'a rien d'étonnant, compte tenu de la femme extraordinaire qu'elles ont pour mère. Mon épouse, Valerie, est telle qu'elle était lorsque je l'ai rencontrée il y a plus de trente ans, impétueuse, magnifique, volontaire, brillante, et foncièrement excentrique.

Je remercie également John Perry Barlow, Pierre Salinger, Marta Sgubin, Kyle Bailey, David Halberstam, Keith Stein, Theodore Sorenson, Letitia Baldrige, Arthur Marx, Kitty Carlisle Hart, Arthur Schlesinger Jr, John Kenneth Galbraith, Angie Coqueran, Michael Cherkasky, Charles « Chuck » Spalding, Lloyd Howard, Sœur Joanne Frey, Hugh « Yusha » Auchincloss, Julie Baker, Jamie Auchincloss, Peter Duchin, George Smathers, Lois Cappelen, Jacques Lowe, Rick Guy, Holly Owen, David McGough, Michael Berman, John Husted, feu Roswell Gilpatric, Helen Thomas, Larry Lorenzo, Tom Freeman, Frank Ratcliff, Oleg Cassini, John Marion, Ray Robinson, Priscilla McMillan, feu Evelyn Lincoln, Wendy Leigh, Michael Gross, Anne Vanderhoop, James Hill, Paul Adao, feu Roy Cohn, Joseph Pullia, Ralph Diaz, Michael Foster, Paula Dranov, Dudley Freeman, Jerry Wiener, Larry Newman, Rosemary McClure, Ron Whealen, Steve Karten, feu Alfred Eisenstaedt, Anthony Comenale, Tobias Markowitz, Jeanette Peterson, James E. O'Neill, Godfrey McHugh, Jean Chapin, feu Clare Boothe Luce, Lawrence Leamer, Mesfin Gebreegziabher, Lawrence R. Mulligan, Robert Drew, William Johnson, Alex Gotfryd, Valerie Wimmer, Wikham Boyle, feu Nancy Dickerson Whitehead, Aileen Mehle, le Dr Janet Travell, Ricardo Richards, Betty Beale, Megan Desnoyers, feu Theodore White, Charles Furneaux, Robert Pierce, Brad Darrach, Hazel Southam, Patricia Lawford Stewart, Cranston Jones, Vincent Russo, Dorothy Oliger, Betsy Loth, feu Doris Lilly, Earl Blackwell, Molly Fosburgh, June Payne, Jeanette Walls, Gary Gunderson, Janet Lizop, Michelle Lapautre, la comtesse de Romanones, Ham Brown, Yvette Reyes, Norman Currie, feu Charles Collingwood, Michael Shulman, Fred Williams, Denis Reggie, Bob Cosenza, Maura Porter, Patrice Hamilton, Debbie Goodsite, Ray Whelan, Jr et Arlete Santos.

Merci également au personnel de la bibliothèque et du musée John F. Kennedy, au National Transportation

Safety Board, la Rockefeller Library de Brown University, Sotheby's, la fondation Robin Hood, Reaching Up, Phillips Academy, les services chargés de la protection du président américain, le FBI, la New York Public Library, le Columbia University Oral History Project, la Butler Library, la Redwood Library and Atheneum de Newport, la bibliothèque municipale de Barnstable, la Gunn Memorial Library, l'archidiocèse de Boston, l'archidiocèse de New York, l'église St. Thomas More, l'Essex County Airport, l'aérodrome de Martha's Vineyard, la Silas Bronson Library, la Southbury Library, la New Milford Library, la Brookfield Library, la Brancroft Library à la University of California à Berkeley, la New York University Law Library, Corbis, Corbis-Sygma, DMI, Archive Photos, le Coqueran Group, Gamma-Liaison, AP, Wide World, Reuters, Globe Photos, Retna, the Associated Press, Planned Television Arts, Barraclough Carey Productions, *The Folding Kayak*, United States Coast Guard, la St. David's School, Collegiate, le *Cape Cod Times*, la Edgartown Library, Design to Printing, et Graphictype.

Pour tous renseignements complémentaires concernant les sources et la bibliographie, se référer à l'édition américaine.

Photocomposition Nord Compo
Villeneuve d'Ascq

5882

Composition Nord Compo
Achevé d'imprimer en Europe (France)
par Maury-Eurolivres – 45300 Manchecourt
le 17 août 2001.
Dépôt légal août 2001. ISBN 2-290-31100-6

Éditions J'ai lu
84, rue de Grenelle, 75007 Paris
Diffusion France et étranger : Flammarion